城市群综合交通系统管理理论与方法丛书

城市群交通行为分析
与需求管理

黄海军　田　琼　张源凯　杨星琪　等　著

国家自然科学基金重大项目成果（71890970）

科学出版社

北　京

内 容 简 介

　　《城市群交通行为分析与需求管理》是一本专注于城市交通行为和需求管理的学术著作。本书以城市群为研究对象，深入探讨城市群内部的交通行为特征、需求管理策略及其对经济、社会和环境的影响。全书共分为11章，从多个角度和层面，系统地分析城市群交通行为的复杂性及其管理需求。

　　本书不仅为城市群交通行为分析与需求管理提供了系统的理论框架和实证支持，也为政策制定者和实践者提供了有益的参考和启示，对于推动城市群交通系统的可持续发展具有重要意义。

图书在版编目（CIP）数据

城市群交通行为分析与需求管理 / 黄海军等著. --北京 ： 科学出版社，2025.6. -- （城市群综合交通系统管理理论与方法丛书）. -- ISBN 978-7-03-080054-1

　Ⅰ. F57

中国国家版本馆 CIP 数据核字第 2024CW5483 号

责任编辑：魏如萍 / 责任校对：贾娜娜
责任印制：张　伟 / 封面设计：有道设计

科 学 出 版 社 出版
北京东黄城根北街 16 号
邮政编码：100717
http://www.sciencep.com
北京中科印刷有限公司印刷
科学出版社发行　各地新华书店经销
＊
2025 年 6 月第　一　版　　开本：720×1000　1/16
2025 年 6 月第一次印刷　　印张：17 3/4
字数：345 000
定价：198.00 元
（如有印装质量问题，我社负责调换）

总　序

随着我国城镇化进程的推进，以北京、上海、广州、深圳等为代表的大城市出现了严重的资源短缺、环境污染、交通拥堵等问题。为着力解决城镇化快速发展过程中的突出矛盾和问题、促进经济全面发展与社会和谐进步，习近平总书记在党的二十大报告中指出要"深入实施区域协调发展战略、区域重大战略、主体功能区战略、新型城镇化战略，优化重大生产力布局，构建优势互补、高质量发展的区域经济布局和国土空间体系"、"以城市群、都市圈为依托构建大中小城市协调发展格局"和"提高城市规划、建设、治理水平，加快转变超大特大城市发展方式，实施城市更新行动，加强城市基础设施建设"①。城市群（urban agglomeration）作为城市发展到成熟阶段的最高空间组织形式，通常包括 3 个或 3 个以上相距 50～250 公里、社会经济活动紧密联系、行政隶属关系有差异、各自人口超过百万的城市。2015 年以来，中共中央、国务院相继印发《京津冀协同发展规划纲要》《粤港澳大湾区发展规划纲要》《长江三角洲区域一体化发展规划纲要》等多个国家级城市群发展的纲领性文件，我国城市群进入了快速发展时期。

2021 年 3 月，《中华人民共和国国民经济和社会发展第十四个五年规划和2035 年远景目标纲要》中明确提出要"推进城市群都市圈交通一体化，加快城际铁路、市域（郊）铁路建设，构建高速公路环线系统，有序推进城市轨道交通发展"。新型城镇化导向下的城市群发展战略为破解大城市交通困局提供了新机遇，同时也给交通运输规划与管理提出了新挑战，存在大量的交通科学问题亟待解决。不仅对发展交通管理科学具有重要的学术价值，而且对加快新型城镇化建设、缓解城市交通拥堵、解决交通污染、提高城市可持续发展能力等具有非常重要的现实意义。

2018 年，我们有幸承担了国家自然科学基金重大项目"新型城镇化导向下的城市群综合交通系统管理理论与方法"（71890970）的研究任务。作为国内第一个城市群交通方面的重大项目，我们面向国家重大战略需求，推动城市群协调绿色发展，融合管理科学、信息科学、数据科学、网络科学、地理经济学、交通运输工程科学、数学、行为科学、系统科学等学科，前瞻性地从城市群交通行为分析与需求集成管理、城市群综合交通系统可持续发展理论、城市群综合交通系统

---

① 《习近平：高举中国特色社会主义伟大旗帜　为全面建设社会主义现代化国家而团结奋斗——在中国共产党第二十次全国代表大会上的报告》，https://www.gov.cn/xinwen/2022-10/25/content_5721685.htm，2022-10-25。

风险辨识与应急管理、城市群综合交通系统设计与运营优化等四个方面，深入研究我国新型城镇化导向下城市群发展中与交通运输相关的一系列重大基础问题（研究框架如图 0.1 所示）。针对我国城市群发展的特定社会经济环境，通过该项目，我们系统深入地研究城市居民出行的复杂行为和多层次交通需求的生成机理，探索复杂交通需求的时空分布规律，剖析地面公交网络—轨道交通网络—道路交通网络的相互协调关系，建立多方式交通网络系统的耦合理论，发展多方式协作运营过程中的组织、调控与协同理论，构建匹配多层次交通需求的城市群综合交通管理理论。

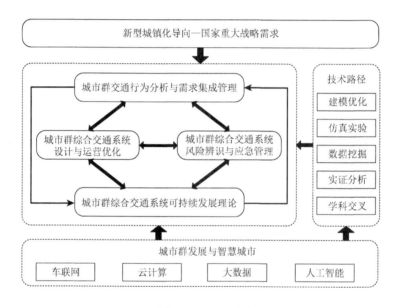

图 0.1   项目研究框架

为此，我们组织了一支以北京航空航天大学、北京交通大学、同济大学、香港科技大学和华中科技大学的优秀学者为核心的研究团队，开展创新研究。团队着眼于我国城市群发展的历史和现状，牢牢把握传播中国发展经验、讲好中国故事的总方针，围绕通过交通解决国家城市群发展中问题、填补国际城市群交通科学研究空白的总目标，采取多学科交叉、多单位协同的方法，产出了丰硕的研究成果。主要研究成果包括以下几个方面。

（1）对城市群交通行为分析与需求集成管理问题进行了系统深入研究，凝练出多城市尺度下出行需求预测等科学问题；研究了城际通勤对城市空间结构和房价的影响以及福利最大化下的社会最优分配；构建了双城市系统的静态完美信息博弈模型，研究了通勤补贴博弈对空间结构可能产生的影响；考虑特大城市多模式综合交通系统的耦合关系,建立了不同耦合方式下的多模式交通网络可靠性模型;针对大城市的人口膨胀问题,研究了税收调控对城市群人口规模的影响;建立了三城市空间均衡模型,该模型允许城市群居民在城市间通勤和迁移,从而可以用来研究通勤税和工资税对城市群人口分布、空间结构和土地租金的影响。

(2)针对不确定交通需求和运输成本的城市群多模式交通枢纽选址优化问题,分别构建了随机需求和随机成本下的两阶段随机规划模型;优化了城市群高速公路廊道非常规瓶颈的交通流控制策略;建立了基于出行时间和基于出行效用的多模式交通网络可靠路径模型,设计了双因素可靠性边界收敛算法;基于多源数据,提出了包括步行时间、等待时间和出行时间在内的联合测算方法,建立了城市群多模式交通网络随机可达性评估模型。

(3)在大城市交通弹性与韧性研究方面,归纳出系统弹性、工程弹性和适应周期弹性三个框架,以深入理解城市群交通复杂网络的弹性与韧性;针对灾变的两种典型状态,分别提出了无容量限制交通路网的灾变性能评估算法,使用蒙特卡罗仿真方法评估了随机灾变下城市群路网的通行能力;研究了不同路径选择策略下的行人疏散特征和规律,以帮助提高低密度情况下的整体疏散效率;提出了交叉口黎曼问题求解的通用框架,并给出几类典型交叉口的黎曼解表达式,为城市群交通枢纽行人场所的设计、信息发布和应急管理提供科学依据。

(4)聚焦于机场运营策略和空铁联运服务对城市群多机场系统的影响,根据机场所有权的不同,分类讨论了航空公司和高铁、枢纽机场和中转机场不同关系下的六种组合情景,对不同情景下的机场费、航空公司和高铁服务频率进行了优化;探讨了中欧城市群货运市场班列补贴和班轮硫排放控制区问题,考虑托运人、承运人和监管者之间的相互作用,构建了班轮与班列竞争和合作下的多阶段顺序博弈模型,以实现系统福利最大化;建立了一个出行时间不确定性下的网约车平台定价模型,基于双头垄断市场提出了城市群网约车平台拼车定价及奖惩机制;研究了公共资源在空间中的不同分配形式对于城市群居民的住址选择、出行、就业以及房价、开发商利润、社会福利的影响,并利用实际数据对模型进行参数校正。

基于以上研究成果,团队在国内外被广泛认可的高水平学术刊物上发表了较多的论文,特别是在综合交叉、交通科学、管理科学等学科领域的顶级刊物如 *Proceedings of National Academy of Sciences of the United States of America*、*Nature Communications*、*Informs Journal on Computing*、*Transportation Science*、*Transportation Research Part A/B/C/D/E* 等上面发表了近百篇论文;举办了 The 24 th International Symposium on Transportation and Traffic Theory(ISTTT24)(第 24 届国际运输与交通理论会议)、计算交通科学国际研讨会(The Workshop on Computational Transportation Science,CTS)、"交通行为与交通科学"前沿研讨会等重要国内外学术会议,团队成员受邀做大会报告 100 余次。这些成果反映出团队通过此重

大项目为国际交通科学做出了具有中国背景、中国特色的重要贡献,得到了国际同行们的广泛认可。同时,我们还申请或授权发明专利30多项,提出的多项政策建议被全国人大、全国政协、中央统战部、交通运输部、北京市委及其他省部级单位采纳。团队通过与交通运输部科学研究院、港铁公司、北京中科数遥信息技术有限公司合作,完善了具有宏观城市群综合交通、中观城市交通分析以及微观交通流分析等多层次功能的城市群综合交通管理与决策支持系统、基于遥感和空间大数据的城市群动态监测与模拟预测系统,开发了城市轨道交通智慧运营决策平台,力图实现理论与实践之间的深度融合。

征得团队全体成员同意,针对不同课题和不同研究角度,我们现将部分成果结集出版。本系列专著除了向公众展示我们项目的研究成果外,更希望进一步推进城市群交通研究,吸引更多的学者关注这个领域。本系列目前由四部专著组成:《城市群交通行为分析与需求管理》(黄海军等著)、《城市群综合交通系统设计与运营优化研究》(吴建军等著)、《城市群交通系统风险与应急管理》(张小宁等著)、《城市群综合交通系统可持续发展理论与实践》(罗康锦等著)。

虽然本系列专著成稿于项目结束之际,然而对城市群交通的研究远没有结束。随着信息技术的发展和城市更新步伐加快,新的城市群交通问题将具有更大的挑战性。首先,互联网、物联网、自动驾驶、人工智能等新兴技术会极大地影响居民的生产行为、消费行为和出行偏好,进而重塑城市群空间形态、经济形态和生活形态,因此面向未来的城市群与交通之间的关系值得更加深入和广泛的研究。其次,城市群是一个复杂系统,涉及居民、企业、政府、交通运营商等众多利益相关方,研究各利益相关方之间如何相互影响是未来城市群能否协调、可持续发展的关键。最后,城市与交通每时每刻都在产生海量数据,随着机器学习等新型智能技术的发展,需要设计针对城市群交通的模型和算法,构建能更加准确预测城市群发展的数据平台,为我国在下一个五年计划或更长远的规划提供理论依据。

本项目能够顺利执行并取得重要进展和成果,离不开许多组织和个人的关怀和鼎力支持。首先感谢国家自然科学基金委员会管理科学部的多任领导吴启迪主任、丁烈云主任、高自友副主任、杨烈勋副主任、刘作仪副主任、霍红处长、卞亦文流动项目主任等在推动城市群交通研究方面的支持与对项目执行的具体指导。衷心感谢住房和城乡建设部原部长汪光焘教授、钱七虎院士、钟志华院士、张军院士、徐伟宣教授、华中生教授、郭继孚教授、马寿峰教授等对本项目的立项申报、年度和中期检查等工作的宝贵指导和帮助。感谢承担各课题的北京航空航天大学、北京交通大学、同济大学、香港科技大学为本项目的研究团队提供的科研条件和技术支持,以及一大批企事业单位在项目研究过程中的配合和协助。感谢所有参与该项目的老师和同学们,主要成员除下面列出的六位学者外,还包括课题一徐猛教授、刘天亮教授、王晨岚副教授、刘鹏副教授、李欣蔚副教授等,课题二吴建军教授、孙会君教授、杨凯教授、郭仁拥教授、吕莹教授、康柳江教授、赵建东教授、杨欣教授等，课题三李大庆教授、梁哲教授、王晓蕾教授、谢驰教授、许项东教授等，课题四盛典副研究员、槐悦副研究员等。衷心感谢大家一直以来的真诚配合和全心投入，正是大家的齐心协力才保障了项目的顺利进行。最后，向参加本系列专著撰写的所有作者和科学出版社的编辑致以诚挚的谢意。

黄海军　北京航空航天大学

吴建军　北京交通大学

张小宁　同济大学

罗康锦　香港科技大学

李志纯　华中科技大学

田　琼　北京航空航天大学

2024 年 8 月

前　　言

随着城市化的快速推进，城市群已成为区域经济发展的重要载体。城市群的交通系统作为连接城市间经济、社会和文化的纽带，其运行效率和稳定性对城市群的发展至关重要，其内部复杂的交通行为及其管理需求日益凸显。然而，当前我国城市群交通面临着一系列问题和挑战，如城际交通拥堵、城市空间结构失衡等"大城市病"，这些问题严重影响了城市群的可持续发展。本书正是在这样的背景下，通过深入探讨城市群内部及城际间的交通行为特征，并研究如何通过有效的需求管理策略来优化城市群交通，进而提升其整体运行效率。

本书综合运用交通工程学、城市经济学、空间经济学等多学科的理论与方法，对城市群交通行为进行全面而深入的分析。在内容安排上，本书第 1 章阐述了研究背景、研究意义和主要研究内容，为后续章节奠定理论基础和研究框架。第 2 章至第 11 章则围绕城市群交通行为分析与需求管理这一核心主题，层层深入，逐步展开：第 2 章探讨城际道路收费及收费收入再分配；第 3 章构建双城经济系统社会最优及竞争均衡理论模型；第 4 章分析高铁车站位置选择对城市空间结构的影响；第 5 章研究城际交通网络对城市群经济空间结构的影响；第 6 章评估高铁对城市群城际出行、效用和社会福利的影响；第 7 章分析城市群内城市增长控制策略的影响；第 8 章探讨治理"大城市病"的城市群税收政策；第 9 章研究高铁网络下城市群大规模航班备降选择策略；第 10 章聚焦双城居民周通勤行为及社会最优的实证研究；第 11 章则基于多源数据研究城市居民出行空间特征。

城市群交通行为分析与需求管理已成为一个跨学科的综合性前沿课题。本书注重理论模型与实证研究的紧密结合，系统地研究一系列关键问题，不仅具有重要的理论价值，也具有迫切的现实意义。我们希望通过本书的研究，为城市群交通问题的解决提供理论支持和政策参考，为推动城市群交通系统的可持续发展贡献智慧和力量。

最后，衷心感谢所有参与本书撰写和审阅的专家与学者，他们的辛勤工作和宝贵意见使得本书得以顺利完成。同时，也要感谢广大读者对本书的关注和支持，希望本书能够为大家带来有益的启示和帮助。

2024 年 12 月

目　　录

第1章 引 言

1.1 研究背景与意义

随着我国城镇化进程的推进，以北京、上海、广州、深圳、天津、重庆等为代表的大城市乃至超大城市出现了资源短缺、环境污染、交通拥堵等"大城市病"。为了着力解决城镇化快速发展过程中的突出矛盾和问题、促进社会全面发展与和谐进步，2014 年 3 月 16 日，中共中央、国务院印发了《国家新型城镇化规划（2014—2020 年）》，该规划旨在有序推进农业转移人口市民化、优化城镇化布局和形态、提高城市可持续发展能力、推动城乡发展一体化以及完善城市群发展协调机制。2016 年 3 月，《中华人民共和国国民经济和社会发展第十三个五年规划纲要》中明确提出："坚持网络化布局、智能化管理、一体化服务、绿色化发展，建设国内国际通道联通、区域城乡覆盖广泛、枢纽节点功能完善、运输服务一体高效的综合交通运输体系。"在建设现代高效的城际交通方面，提出"在城镇化地区大力发展城际铁路、市域（郊）铁路，鼓励利用既有铁路开行城际列车，形成多层次轨道交通骨干网络，高效衔接大中小城市和城镇。实行公共交通优先，加快发展城市轨道交通、快速公交等大容量公共交通，鼓励绿色出行"；在打造一体衔接的综合交通枢纽方面，提出"优化枢纽空间布局，建设北京、上海、广州等国际性综合交通枢纽"。

一个城市群通常包括三个或三个以上相距 50～250 公里、社会经济活动紧密联系、行政隶属关系有差异、各自人口超过一百万的城市。我国已经出现多个符合这些特征的城市群。科学构建和有效运行城市群内城市之间与城市内部的综合交通运输体系，是现代社会可持续发展面临的巨大挑战。党的十八大以来，习近平总书记多次对加快建设交通强国做出重要指示[1]，我国交通运输行业取得了重大成就，站在了交通大国的历史起点上。习近平在党的十九大报告中提出"以城市群为主体构建大中小城市和小城镇协调发展的城镇格局"[2]，并提出建设"交通强国"的宏伟目标，我国交通运输系统将在新时代奋力开启建设交通强国的新征程。

2018 年全国交通运输工作会议构筑起交通强国建设的"四梁八柱"，明确了基本内涵、总体思路、战略目标等。该会议提出从 2020 年到 21 世纪中叶，分"两步走"来建设交通强国。第一步，从 2020 年到 2035 年，奋斗 15 年，基本建成交通强国，进入世界交通强国行列。第二步，从 2035 年到 21 世纪中叶，奋斗 15 年，全面建成交通强国，进入世界交通强国前列。①

城市群可以以多种形式出现。它可以是由几个中心城市组成的集群，也可以是包含不同规模城市的都市圈。它可以包含多核、双核或单核。换句话说，它可以是放射状发展，也可以是松散发展。当前，中国城市群正处于粗放与集约并存的发展阶段，空间形态、土地利用、产业布局、人口分布、交通结构都在同时发生着巨大的变化。这不仅会改变城市群居民出行和商品流动的时空尺度，还会深刻影响城市间交往和城市内活动的层次关系以及耦合关系。

新型城镇化导向下的城市群发展战略为破解大城市交通困局提供了新机遇，同时也给交通运输规划与管理提出了新挑战。针对我国城市群发展的社会经济环境，系统深入地研究城市居民出行的复杂行为和多层次交通需求的生成机理，探索复杂交通需求的时空分布规律，剖析地面公交网络-轨道交通网络-道路交通网络的相互协调关系，建立多方式交通网络系统的耦合理论，发展多方式协作运营过程中的组织、调控与协同理论，构建匹配多层次交通需求的城市群综合交通管理理论，不仅对发展交通管理科学具有重要的学术价值，而且对加快新型城镇化建设，缓解直至解决城市交通拥堵、交通污染、交通安全等问题，提高城市可持续发展能力，都具有非常重要的现实意义。

1.2　研　究　内　容

新型城镇化的战略导向和大数据时代的到来，深刻影响着城市间的交往，即城市内活动的层级与耦合关系，改变着城市群居民出行在时空尺度的主体决策行为。本书主要介绍城市群交通行为分析与需求管理方法，主要分为三个部分。

第一部分是双城系统的基本理论，包括城际道路收费及收费收入再分配、双城经济系统社会最优及竞争均衡、高铁车站位置对城市空间结构的影响分析等研究内容，为开展城市群交通行为分析奠定坚实基础。第二部分是城市群核心理论，主要包括城际交通网络对城市群经济空间结构的影响分析，高铁对城市群城际出行、效用和社会福利的影响，城市群内城市增长控制策略影响评估，治理"大城市病"的城市群税收政策研究，高铁网络下城市群大规模航班备降选择策略等研究内容，形成城市群交通行为分析与需求集成管理基础理论与方法体系。第三部分是基于实际数据对城市群进行理论应用分析和验证，包括双城居民周通勤行为及社会最优实证研究、基于多源数据的城市居民出行空间特征研究，通过数据解

---

① 构筑"四梁八柱"明确 2035 年进入世界交通强国行列，http://jtyst.jl.gov.cn/kys/xxdt/yjshydt/201801/t20180126_5312907.html[2024-03-06]。

析城市群交通行为,并进一步完善城市群交通行为分析与需求管理的理论方法。研究内容框架如图1.1所示。

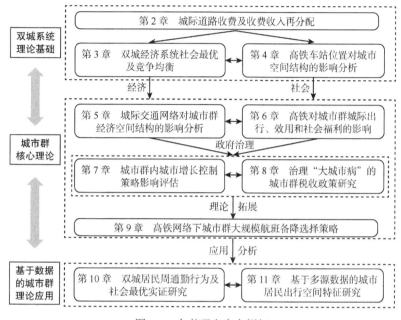

图 1.1 本书研究内容框架

本书的研究内容及结构安排如下。

第1章,引言,主要介绍研究背景、研究意义与研究内容。

第2章,城际道路收费及收费收入再分配。以瓶颈模型为基础,探讨在实施定额收费及不同收费收入返还策略的情况下,城际通勤者的福利变化情况。

第3章,双城经济系统社会最优及竞争均衡。针对一个双城经济系统,分别从社会福利最大化和个人效用最大化的角度,建立双城经济系统社会最优和竞争均衡模型。

第4章,高铁车站位置对城市空间结构的影响分析。提出一个考虑高铁车站位置的两城市系统空间均衡模型,研究高铁车站位置对家庭职住选择和住宅市场以及城市空间结构的影响。

第5章,城际交通网络对城市群经济空间结构的影响分析。提出一个多城市系统空间一般均衡模型,考虑家庭的市内通勤行为、城际出行行为和可贸易商品的运输过程,通过刻画居民消费中必需品城市产地差异和价格调整,探讨城际高铁等多种交通基础设施对多城市系统内生产要素流动的影响。

第6章,高铁对城市群城际出行、效用和社会福利的影响。针对包括一个中心城市和两个外围城市的典型城市群,通过对两个外围城市之间高铁投资前后两种情景的比较，揭示高铁投资对城际客流量、居民效用以及各城市和城市群（系统）社会福利的影响。

第 7 章，城市群内城市增长控制策略影响评估。采用城市经济学模型和空间博弈理论，研究城市增长控制政策对于城市群内居民的职住选择，以及城市和城市群社会福利的影响，填补包含三个及以上城市的城市群交通问题研究的空白。

第 8 章，治理"大城市病"的城市群税收政策研究。为了从城市群经济分析的角度研究税收调控政策对"大城市病"治理的作用，提出一个人口内生分布的"三城市空间均衡模型"，在城际通勤可能发生的情况下，分析税收调控政策对城市群人口分布、空间结构和土地租金的影响。

第 9 章，高铁网络下城市群大规模航班备降选择策略。考虑在城市群范围内，将高铁备选模式应用于航班备降后的乘客出行选择，融合中断旅客的行为选择构建空中备降选址决策模型，研究高铁备选模式对备降选址方案的影响并验证这一策略提升乘客满意度的有效性。

第 10 章，双城居民周通勤行为及社会最优实证研究。一方面利用京津之间城际高铁的售票数据，分析京津之间的城际周通勤行为；另一方面通过将一个离散的经济系统进行连续化处理，进而计算双城经济系统社会最优和竞争均衡的结果，并分析关键参数对潜在交通政策的福利经济影响。

第 11 章，基于多源数据的城市居民出行空间特征研究。通过对以厦门为中心的厦漳泉城市群的通勤 OD（origin-destination，起讫点）、POI（point of interest，兴趣点）等多源数据进行可达性和社区网络发现分析，揭示厦门市内部通勤社区的分布和构成。

参 考 文 献

[1] 交通运输部加快建设交通强国领导小组办公室. 加快建设交通强国[EB/OL]. http://www.qstheory.cn/dukan/hqwg/2022-12/10/c_1129198097.htm[2024-03-06].

[2] 新华社. 习近平：决胜全面建成小康社会 夺取新时代中国特色社会主义伟大胜利——在中国共产党第十九次全国代表大会上的报告[EB/OL]. https://www.gov.cn/zhuanti/2017-10/27/content_5234876.htm[2024-03-06].

第 2 章 城际道路收费及收费收入再分配

2.1 引　　言

当今中国广泛存在着城际通勤现象。城际通勤是指居住和工作在不同城市的人从居住地所在城市借助某种交通工具到工作地所在城市上班的过程。根据住房和城乡建设部城市交通基础设施监测与治理实验室、中国城市规划设计研究院、百度地图慧眼联合发布的《2020 年度全国主要城市通勤监测报告》[1]，从其他城市通勤到北京、上海、广州和深圳的人数分别占这几个城市总通勤人数的 2%、1%、2% 和 4%。由于这几个城市单日通勤人数的基数都很大，因此这四个超一线城市的城际通勤人数并不少。如果把居住在郊区、选择到市中心去上班的人也计算在内，那么城际通勤的规模就更高了①。

在没有城际铁路连接的两个城市，自驾和乘公交是城际通勤者上下班所采取的两种主要的交通方式。北京周边的小城镇就是一个很好的例子。每天早上，有大量居住在香河等小城市（镇）的居民通勤到北京工作。这些城际通勤者中，一部分没有小汽车，因此他们只能乘公交上下班。而对于有车用户，他们既可以选择自驾出行，也可以选择乘公交出行。显然，在城际道路上收费将会对城际通勤者的福利产生直接影响。为了评估这种影响，本章将以瓶颈模型为基础，探讨在实施定额收费及不同收费收入返还策略的情况下，城际通勤者的福利变化情况。

2.2 模 型 基 础

考虑一个由两个不占土地的城市（城市 1 和城市 2）组成的经济系统②。城市 1 在该系统中占据绝对优势地位，以至于城市 2 的产业在该系统中几乎没有竞争力。因此，可以将城市 2 视为城市 1 的卫星城。为叙述方便，以下称城市 1 为母城（mother city），城市 2 为子城（satellite city）。每天早上有固定数量（记为 N）

---

① 根据《2020 年度全国主要城市通勤监测报告》发布的数据，居住在北京、上海、广州以及深圳这四个城市的郊区，又选择到这几个城市市中心区域工作的人数分别占到了各自城市总通勤人数的 18%、9%、9% 和 2%。
② 本章研究的主题是城际通勤，并且关注的焦点是出行市场的均衡，因此两个城市的内部空间结构可以忽略，进而可以将两个城市视为两个质点。

的子城居民通勤到母城工作。根据通勤者是否拥有小汽车将他们划分为有车族和无车族两大类。记 φ 为无车族的人数占总的通勤人数的比重，那么无车族和有车族的人数分别为 φN 和 $(1-\varphi)N$。母城与子城之间建有快速路，快速路上设立了公交专用道。图 2.1 给出了该系统的示意图。

图 2.1　子城-母城快速通道示意图

居民选择城际通勤所得到的期望效用是一定值，而居民获得的实际效用等于期望效用减去出行成本。人们都致力于最大化自己的效用（也就是最小化自己的出行成本）。有车族可以选择合适的出行方式（自驾或乘公交）和出发时刻来实现这一目标，而无车族只能通过选择合适的公交班次来最小化自己的出行成本。人们的这种理性选择行为会使得系统实现用户均衡。在均衡状态，同一类型的出行者的出行成本都相等。对于有车族而言，没有人能通过单方面改变出行方式或出发时刻来降低自己的出行成本；对于无车族而言，没有人能通过单方面改变公交班次来降低自己的出行成本。为了便于描述，以下称有车族中选择自驾出行的人为司机，选择乘公交出行的人为第一类乘客；称无车族为第二类乘客。下面分别推导无收费时司机、第一类乘客和第二类乘客的均衡成本。

2.2.1　司机的均衡成本

本节运用经典的瓶颈模型[2-3]来推导司机的均衡成本。假定快速路上有一瓶颈路段（如桥梁），这一路段决定了整条道路的通行能力。通勤者从子城出发立刻进入瓶颈路段，如图 2.1 所示。所有司机的期望到达时刻都相同（记为 t^*），换句话说，他们都希望在同一时刻到达工作地。由于快速路的通行能力由瓶颈路段决定，因此，当瓶颈处的车辆到达率超过其通行能力（记为 s_1）时，将出现排队现象。车辆在行驶过程中不允许超车，这意味着先加入排队的车辆也会先离开瓶颈，即遵循先进先出原则（first-in, first-out principle）。因此，司机从居住地到达工作地所需时间包括在途行驶时间 T_c①和在瓶颈处的排队等候时间 $w(t)$。由于瓶颈路段

---

① 显然，司机的在途行驶时间与道路上的拥挤程度有关。然而，将 T_c 视为与交通流量相关的变量会极大地提高分析的难度。为了简化分析，本章将 T_c 视为一个与交通状态相关的参数。比如，在自由流状态，T_c 的值比较小，而在拥挤状态，它的值比较大。

通行能力有限，会出现早到和迟到的现象。对于早到或迟到的司机，他们额外遭受一个计划延误成本（schedule delay cost）。每个司机致力于选择合适的出发时刻来最小化自己的出行成本（包括在途行驶时间成本、排队等候时间成本和计划延误成本）。在均衡状态，所有司机的出行成本均相等，且没有人能通过单方面改变出发时刻来降低自己的出行成本。特别地，t 时刻到达瓶颈处的司机遭受的成本为

$$c(t) = \alpha\left(w(t) + T_c\right) + \max\left\{\beta\left(t^* - t - w(t) - T_c\right), \gamma\left(t + w(t) + T_c - t^*\right)\right\} \quad (2.1)$$

其中，α 表示单位在途时间（包括行驶时间和排队等候时间）的货币成本；β 和 γ 分别表示单位早到时间和单位迟到时间的货币成本，且满足 $\gamma > \beta$，即迟到惩罚更大[4]。在均衡状态，人们的出行成本不随出发时刻的变化而变化，即

$$dc(t)/dt \equiv 0 = \alpha\, dw(t)/dt + \max\left\{\beta\left(-1 - dw(t)/dt\right), \gamma\left(1 + dw(t)/dt\right)\right\}$$
$$(2.2)$$

由式（2.2）可知：

$$\frac{dw(t)}{dt} = \begin{cases} \beta/(\alpha - \beta), & t + w(t) + T_c < t^* \\ -\gamma/(\alpha + \gamma), & t + w(t) + T_c > t^* \end{cases} \quad (2.3)$$

分别用 $A(t)$ 和 $D(t)$ 表示 t 时刻瓶颈处的累积到达车辆数和累积离开车辆数。根据先进先出原则可得

$$A(t) = D\left(t + w(t)\right) \quad (2.4)$$

在式（2.4）两边同时对 t 求导可得

$$u(t) \equiv \frac{dA(t)}{dt} = \frac{dD\left(t + w(t)\right)}{dt}\left(1 + \frac{dw(t)}{dt}\right) \quad (2.5)$$

其中，$u(t)$ 表示 t 时刻瓶颈处的车辆到达率。此外，由于高峰期瓶颈路段处于满负荷运行状态，因此 $dD\left(t + w(t)\right)/dt = s_1$。联立式（2.3）和式（2.5）可得均衡状态瓶颈处的车辆到达率：

$$u(t) = \begin{cases} \alpha s_1/(\alpha - \beta), & t + w(t) + T_c < t^* \\ \alpha s_1/(\alpha + \gamma), & t + w(t) + T_c > t^* \end{cases} \quad (2.6)$$

分别用 t_b 和 t_e 表示第一个司机和最后一个司机离开瓶颈处的时刻，两者之差则为早高峰时长。注意到早高峰期间瓶颈路段处于满负荷运行状态，因此有

$$t_e - t_b = \frac{N_{d,0}}{s_1} \quad (2.7)$$

其中，$N_{d,0}$ 表示没有收费时司机的总人数。显然，第一个和最后一个到达瓶颈处的司机都不需要排队，因此他们的计划延误成本相等，即

$$\beta(t^* - t_b - T_c) = \gamma(t_e + T_c - t^*) \tag{2.8}$$

联立式（2.7）和式（2.8）可得

$$t_b = t^* - T_c - \frac{\gamma}{\beta + \gamma} \times \frac{N_{d,0}}{s_1} \tag{2.9}$$

$$t_e = t^* - T_c + \frac{\beta}{\beta + \gamma} \times \frac{N_{d,0}}{s_1} \tag{2.10}$$

将式（2.9）或式（2.10）代入式（2.1）即可得到均衡状态司机遭受的成本［需要注意的是 $w(t_b) = w(t_e) = 0$］：

$$c_{d,0} = \alpha T_c + \frac{\beta \gamma}{\beta + \gamma} \times \frac{N_{d,0}}{s_1} \tag{2.11}$$

2.2.2 公交乘客的均衡成本

公交乘客包括有车族中选择乘公交的人（第一类乘客）和无车族（第二类乘客）。下面先推导第一类乘客的均衡成本。

本节参考文献[5]来推导乘客的均衡成本。早高峰时段，从子城到母城共有 m 辆型号完全相同的公交车，因此所有公交车具有相同的载运能力，记为 s_2，且每辆公交车上都有乘客①。第 i 辆公交的发车时刻记为 t_i，$i = 1, \cdots, k^*, \cdots, m$，这里 k^* 表示准点到达工作地的车次（准点到达时刻仍为 t^*）。假设公交服务非常可靠，且运行时间保持恒定（记为 T_b）。乘客清楚公交发车时刻表和每辆车的拥挤程度。因此，他们总是能够选择一趟合适的班次按时上车，不需要在站台等待[6]。由于设置有公交专用道，瓶颈路段对公交的通行没有影响，因此公交不需要排队。虽然公交乘客没有排队时间成本，但是他们需要支付固定数额的公交票价（记为 τ_b），还多一个车内拥挤成本。因此，公交乘客的出行成本包括出行时间成本、计划延误成本、车内拥挤成本和票价。

对于选择了第 i 辆公交的第一类乘客而言，他们所遭受的计划延误成本为

$$\eta_i = \max\left\{\beta h(k^* - i), \gamma h(i - k^*)\right\}, \quad i = 1, \cdots, k^*, \cdots, m \tag{2.12}$$

其中，h 表示公交发车时间间隔。

假设车内拥挤成本是关于车内实际载客量的线性递增函数。具体地，选择第 i 辆公交的第一类乘客所遭受的车内拥挤成本为

---

① 如果有些车辆没有乘客，公交运营部门完全可以取消这些班次以降低运营成本。

$$q(n_i) = \lambda \frac{n_i}{s_2}, \quad i = 1, \cdots, k^*, \cdots, m \tag{2.13}$$

其中，λ 表示第一类乘客的单位车内拥挤成本，它的取值越大，乘客对拥挤越厌恶，反之亦然；n_i 表示第 i 辆公交的实际载客人数。

因此，第 i 辆公交车内第一类乘客的出行成本可以表示为

$$c_{p,0}^i = \alpha T_b + \tau_b + \max\left\{\beta h(k^* - i), \gamma h(i - k^*)\right\} + \lambda \frac{n_i}{s_2}, \quad i = 1, \cdots, k^*, \cdots, m \tag{2.14}$$

记 $\bar{\eta} = \frac{1}{m}\sum_{i=1}^{m}\eta_i$ 为第一类乘客的平均计划延误成本，它可以表示为

$$\bar{\eta} = \frac{k^*(k^* - 1)\beta + (m - k^*)(m - k^* + 1)\gamma}{2m}h \tag{2.15}$$

由式（2.14）可得

$$n_i = \frac{s_2}{\lambda}\left(c_{p,0}^i - \alpha T_b - \tau_b - \eta_i\right), \quad i = 1, \cdots, k^*, \cdots, m \tag{2.16}$$

将 m 辆公交车上的乘客数相加即可得到没有收费时公交乘客的总数，即

$$N_{\mathrm{br},0} = \sum_{i=1}^{m} n_i = \frac{s_2}{\lambda}\sum_{i=1}^{m}c_{p,0}^i - \frac{s_2}{\lambda}\sum_{i=1}^{m}\eta_i - \frac{ms_2}{\lambda}\left(\alpha T_b + \tau_b\right) \tag{2.17}$$

其中，$N_{\mathrm{br},0}$ 和 ms_2 分别表示 m 辆公交车的实际载客量和总的载运能力。

在均衡状态，无论第一类乘客选择哪个班次，他们的出行成本都相同，也就是说：$c_{p,0}^i = c_{p,0}^j = c_{p,0}, \forall i \in [1, m], j \in [1, m]$。由此可得

$$N_{\mathrm{br},0} = \frac{s_2}{\lambda}mc_{p,0} - \frac{s_2}{\lambda}\sum_{i=1}^{m}\eta_i - \frac{ms_2}{\lambda}\left(\alpha T_b + \tau_b\right) \tag{2.18}$$

式（2.18）两边同时除以 m 后整理可得

$$c_{p,0} = \frac{\lambda N_{\mathrm{br},0}}{ms_2} + \bar{\eta} + \alpha T_b + \tau_b \tag{2.19}$$

式（2.19）表示第一类乘客的均衡成本等于平均车内拥挤成本、平均计划延误成本、运行时间成本和票价的总和。显然，当 $\bar{\eta}$ 最小时，$c_{p,0}$ 取最小值。

不妨令 $h \to 0$，也就是说，将公交发车视为连续的，此时求解 $\mathrm{d}c_{p,0}/\mathrm{d}k^* = 0$，可以得到准点发车班次：

$$k^* = \mathrm{Int}\left(0.5 + m\gamma/(\beta + \gamma)\right) \tag{2.20}$$

其中，Int 是取整函数，它保证准点班次是一个整数。将式（2.19）代入式（2.16），可得

$$n_i = \frac{s_2}{\lambda}(\overline{\eta} - \eta_i) + \frac{N_{br,0}}{m}, \quad i = 1, \cdots, k^*, \cdots, m \tag{2.21}$$

下面继续推导第二类乘客的均衡成本。为了体现两类用户的区别，假定无车族和有车族的时间价值和对公交车内的拥挤敏感度不同。分别用 α_1、β_1、γ_1 和 λ_1 表示无车族的单位在途行驶时间、单位早到时间的货币成本、单位迟到时间的货币成本和单位车内拥挤成本。根据文献[7]，假设 $\beta/\beta_1 = \gamma/\gamma_1 > 1$，这一假设意味着：①有车族的时间价值更高；②有车族对公交车内的拥挤更敏感。

由式（2.21）可知，第 i 辆公交的实际载客数还可以表示为

$$n_i = \frac{s_2}{\lambda}(\overline{\eta}_1 - \eta_{1,i}) + \frac{N_{br,0}}{m}, \quad i = 1, \cdots, k^*, \cdots, m \tag{2.22}$$

其中，$\eta_{1,i}$ 表示第 i 辆公交车上第二类乘客的计划延误成本；$\overline{\eta}_1$ 表示第二类乘客的平均计划延误成本。联立式（2.21）和式（2.22）可知，对于任意班次的公交，总有 $\lambda/\lambda_1 = (\overline{\eta} - \eta_i)/(\overline{\eta}_1 - \eta_{1,i})$。不妨取 $i = k^*$，从而有 $\beta/\beta_1 = \gamma/\gamma_1 = \lambda/\lambda_1 > 1$，进一步可得 $0.5 + m\gamma/(\beta + \gamma) = 0.5 + m\gamma_1/(\beta_1 + \gamma_1)$。这表明，即使考虑了两类用户，由式（2.20）计算得到的准点公交班次仍然成立。因此，由式（2.19）即可得到第二类乘客的均衡成本：

$$c_{nc,0} = \frac{\lambda_1 N_{br,0}}{ms_2} + \overline{\eta}_1 + \alpha_1 T_b + \tau_b \tag{2.23}$$

其中，

$$\overline{\eta}_1 = \frac{k^*(k^* - 1)\beta_1 + (m - k^*)(m - k^* + 1)\gamma_1}{2m}h \tag{2.24}$$

2.2.3　分离均衡与混同均衡

2.2.1 节和 2.2.2 节在假定司机和乘客人数已知的情况下，分别推导了司机、第一类乘客和第二类乘客的均衡成本。本节将给出均衡状态司机和乘客人数的表达式，进而可以确定无收费时有车族和无车族的均衡成本。为了给出均衡状态司机和乘客人数的表达式，需要引入分离均衡和混同均衡这两个概念。

分离均衡是指在均衡状态，所有有车族都选择自驾出行，此时 $N_{d,0} = (1 - \varphi)N$。如果有车族中有人选择乘公交出行，那么系统将处于混同均衡状态，此时 $N_{d,0} < (1 - \varphi)N$。下面，结合图 2.2 说明混同均衡是如何形成的。

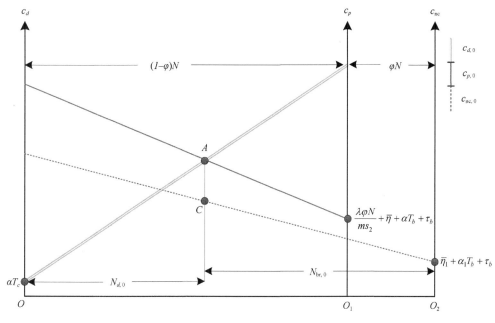

图 2.2　混同均衡

图 2.2 中，双实线［对应式（2.11）］和单实线［斜线，对应式（2.19）］分别反映了司机和第一类乘客的均衡成本随司机数量的变化情况。特别地，在 O 点处，司机的数量为 0，从 O 点沿横轴向右移动的过程中，司机人数逐渐增大，到 O_1 点达到最大（等于有车人数）。相反，第一类乘客的数量在 O 点达到最大，然后逐渐下降直到在 O_1 点变为 0。显然，随着司机人数增多，司机的均衡成本逐渐增大，而第一类乘客的均衡成本逐渐减小。需要指出的是，第一类乘客的最小均衡成本为 $\lambda \varphi N/ms_2 + \bar{\eta} + \alpha T_b + \tau_b$，这是因为：即使有车族都选择自驾出行，系统中仍有 φN 个人（无车族的总人数）乘坐公交。第二类乘客的均衡成本随公交乘客数量的变化情况由虚线（斜线）表示［对应式（2.23）］。公交乘客的数量在 O_2 点处为 0，沿横轴向左移动的过程中，公交乘客数量逐渐增大，到 O_1 点处与无车人数相等，此后公交乘客的数量继续增大，直到在 O 点达到最大值（N）。注意，虚线（斜线）比单实线（斜线）平坦，这是因为无车族对车内拥挤的敏感度比有车族低。

均衡发生在双实线和单实线（斜线）相交的地方（图 2.2 中 A 点处）。在均衡状态，有车族选择自驾或是乘公交是无差异的。求解方程 $c_{d,0} = c_{p,0}$ 即可得到均衡状态公交乘客的人数：

$$N_{\text{br},0} = \frac{s_2 \delta m N + m s_1 s_2 \left(\alpha (T_c - T_b) - \tau_b - \overline{\eta} \right)}{s_1 \lambda + s_2 \delta m} \text{①} \qquad (2.25)$$

其中，$\delta = \beta\gamma / (\beta + \gamma)$。式（2.25）表明，改善公交服务质量（如提高发车频率或运营速度）会吸引更多的人乘坐公交。将式（2.25）分别代入式（2.11）和式（2.23），即可得到无收费时有车族和无车族的均衡成本。

分离均衡的说明见图 2.3。如图 2.3 所示，单实线（斜线）始终在双实线的上方，也就是说，有车族不愿意选择乘公交出行。

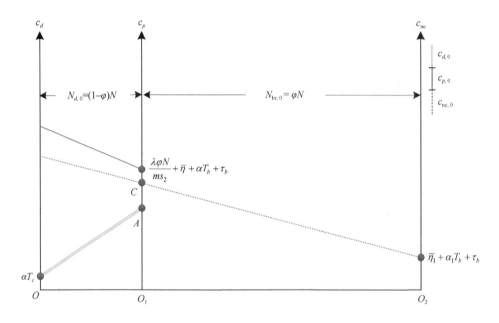

图 2.3　分离均衡

对比图 2.2 和图 2.3 不难发现，图 2.3 中无车族占通勤总人数的比重要高于图 2.2，这是因为分离均衡更可能发生在无车族占多数的时候（2.3 节将会阐明这一点）。在进一步分析之前，这里给出两个基本假设：①自驾所需时间比乘公交小，即 $T_c < T_b$；②$m s_2 \delta < s_1 \lambda$，即在均衡状态，额外的一个出行者会选择自驾出行②。这两个假设意味着：在没有实施收费时的均衡状态，系统中的司机比公交乘客要多，即多数人选择自驾出行。

---

① 如果所有出行者都有车，在均衡状态，也可能所有人都开车出行。由于本章考虑的是双模式交通，因此忽略这种角点解。

② 由式（2.11）可知，在均衡状态，额外增加一个司机将使得所有司机的均衡成本增加 δ/s_1。类似地，由式（2.19）可知，额外增加一个公交乘客将使得所有乘客的均衡成本增加 λ/ms_2。如果 $\delta/s_1 < \lambda/ms_2$（即 $ms_2\delta < s_1\lambda$），那么额外的一个通勤者会选择自驾出行。

2.3　道路收费及收费收入返还策略

根据 φ 的取值是否为零,本节将分两种情形展开分析。第一种情形假定所有通勤者都拥有小汽车,即 $\varphi = 0$;第二种情形则允许部分通勤者没有小汽车,即 $\varphi > 0$。在此基础上,进一步讨论实施定额收费及两种收费收益返还策略对通勤者福利的影响。具体地,中央政府可在快速路上设立收费站,早高峰时段对过往车辆(不包括公交车)收取一个固定数额的通行费 τ,并将收费收入用来发展与通勤者无直接关联的公共事业(如建设更多的医院和学校),也可以将钱一次性平均返还,或者只补贴公交乘客[①]。为叙述方便,分别称后两种返还方式为:一次性平均返还和只补贴公交乘客。

一个好的交通政策应该有利于增进多数人的福祉,即应该具备政治可行性。对于道路收费而言,实际上就是要求使得多数人能因实施收费而获益。因此,本章接下来的重点工作就是讨论使得多数人获益的条件及收费水平。需要指出的是,当所有人都有车时,要么所有人都从收费中获益,要么所有人都因收费而利益受损。

2.3.1　所有通勤者都有车的情形

为了保证高峰时段所有公交车上都有乘客,只需要求首班车和末班车上有乘客[②]。由式(2.21)可知,首班车和末班车有乘客等价于 $s_2(\bar{\eta} - \eta_1)/\lambda + N_{br,0}/m > 0$,$s_2(\bar{\eta} - \eta_m)/\lambda + N_{br,0}/m > 0$。求解这两个不等式可得

$$h < \frac{2\lambda(\delta N + s_1 g)}{2\beta y(k^* - 1) - f\delta s_2} \tag{2.26}$$

其中,$g = \alpha(T_c - T_b) - \tau_b$,$f = k^*(k^* - 1)\beta + (m - k^*)(m - k^* + 1)\gamma$,$y = s_1\lambda + s_2\delta m$。注意,发车时间间隔显然要大于 0,本节省去了这一直观要求。

只要发车时间间隔满足式(2.26),早高峰时段所有公交车都将被占用。本节遂假设式(2.26)始终成立。此时,如果收费收入不返还,则司机和第一类乘客[③]的均衡成本分别为

---

① 现实中,一次性平均返还可以理解为将所有的收费收入用来改善交通基础设施,提高道路网络的通行能力;只补贴公交乘客可以理解为增开更多的班次,提高发车频率,提高公交服务水平和质量。

② 现实中,公交运营部门总是可以调节总的车辆数和发车频率来满足出行需求。然而,本章主要考虑短期内收费对出行者可能造成的影响,因此假设高峰时段总的运营车辆数保持不变,运营者只能调节发车频率来满足出行需求。

③ 如果所有通勤者都有车,那么系统中只有司机和第一类乘客。

$$c_{d,1} = \alpha T_c + \delta \frac{N_{d,1}}{s_1} + \tau \tag{2.27}$$

$$c_{p,1} = \frac{\lambda N_{p,1}}{ms_2} + \bar{\eta} + \alpha T_b + \tau_b \tag{2.28}$$

其中，$N_{d,1}$ 和 $N_{p,1}$ 分别表示收费收入不返还时，均衡状态下司机和第一类乘客的人数。联立式（2.27）和式（2.28）可得

$$N_{p,1} = \frac{s_2 \delta m N + ms_1 s_2 \left(\alpha(T_c - T_b) - \tau_b + \tau - \bar{\eta} \right)}{s_1 \lambda + s_2 \delta m} \tag{2.29}$$

与式（2.25）相比，不难发现，收费使得更多的人选择乘坐公交出行（$N_{p,1} > N_{\mathrm{br},0}$ [①]）。注意到 $\mathrm{d}c_{p,1}/\mathrm{d}\tau = s_1 \lambda / (s_1 \lambda + s_2 \delta m) > 0$。因此，收费增加了出行者的成本。

如果收费收入一次性平均返还，均衡状态下司机和第一类乘客的均衡成本分别为

$$c_{d,2} = \alpha T_c + \delta \frac{N_{d,2}}{s_1} + \tau - \frac{\tau N_{d,2}}{N} \tag{2.30}$$

$$c_{p,2} = \frac{\lambda N_{p,2}}{ms_2} + \bar{\eta} + \alpha T_b + \tau_b - \frac{\tau N_{d,2}}{N} \tag{2.31}$$

其中，$N_{d,2}$ 和 $N_{p,2}$ 分别表示一次性平均分配时，均衡状态下司机和第一类乘客的人数。令 $c_{d,2} = c_{p,2}$，可得 $N_{p,2} = N_{p,1}$。这表明，一次性平均返还不改变交通方式分担率（以下简称方式分担率）。对比 $N_{p,2}$ 和 $N_{\mathrm{br},0}$ 不难发现，一次性平均返还吸引了更多的公交乘客，这一增量为

$$\Delta N = \frac{ms_1 s_2 \tau}{s_1 \lambda + s_2 \delta m} \tag{2.32}$$

公交乘客增多使得公交车内平均拥挤成本增加 $\lambda \Delta N / ms_2$，而其他成本保持不变。与此同时，每个乘客获得一笔返还的收费收入：$\tau(N - N_{p,2})/N$。显然，只有当返还的收入能够抵扣增加的成本时，通勤者才能从收费中获益，即

$$\lambda \Delta N / ms_2 < \tau(N - N_{p,2})/N \tag{2.33}$$

将式（2.29）和式（2.32）代入式（2.33），进行必要的推导即可得到

$$\tau < \bar{\eta} - g \tag{2.34}$$

由于 $T_c < T_b$，因此 $\bar{\eta} > g$。这表明：如果收费收入一次性平均返还，帕累托改进的收费区间（即使得所有通勤者获益的收费区间）始终存在。

---

① 如果所有通勤者都有车，那么 $N_{\mathrm{br},0}$ 实际上就是 $N_{p,0}$，即无收费时第一类乘客的数量。

如果收费收入只补贴公交乘客，此时司机和第一类乘客的均衡成本分别为

$$c_{d,3} = \alpha T_c + \delta \frac{N_{d,3}}{s_1} + \tau \qquad (2.35)$$

$$c_{p,3} = \frac{\lambda N_{p,3}}{m s_2} + \bar{\eta} + \alpha T_b + \tau_b - r \qquad (2.36)$$

其中，$N_{d,3}$ 和 $N_{p,3}$ 分别表示当收费收入只补贴公交乘客时，均衡状态下司机的人数和乘客的人数；r 表示公交乘客得到的补贴。收支平衡条件要求

$$\tau N_{b,3} = r N_{p,3} \qquad (2.37)$$

联立式（2.35）、式（2.36）和式（2.37）可得

$$N_{p,3} = \frac{s_2 \delta m N + m s_1 s_2 \left(\alpha (T_c - T_b) - \tau_b - \bar{\eta} + \tau + r \right)}{s_1 \lambda + s_2 \delta m} \qquad (2.38)$$

其中，

$$r = \frac{\sqrt{b^2 - 4ac} - b}{2a} \qquad (2.39)$$

$$a = m s_1 s_2 > 0$$

$$b = s_2 \delta m N + a(g - \bar{\eta}) + 2a\tau = y N_{\text{br},0} + 2a\tau > 0$$

$$c = \left(a(g - \bar{\eta} + \tau) - s_1 \lambda N \right) \tau = y \left(N_{\text{br},0} - N \right) \tau < 0$$

此时，新增的公交乘客数量为

$$\Delta N = N_{p,3} - N_{\text{br},0} = \frac{m s_1 s_2 (\tau + r)}{s_1 \lambda + s_2 \delta m} \qquad (2.40)$$

类似地，使得通勤者获益的收费水平必须满足

$$\lambda \Delta N / m s_2 < r \qquad (2.41)$$

将式（2.39）和式（2.40）代入式（2.41），进行必要的推导后，可得

$$\tau < \frac{s_2 \delta m (\bar{\eta} - g)}{s_1 \lambda + s_2 \delta m} \qquad (2.42)$$

式（2.42）表明：当收费收益只补贴公交乘客时，存在帕累托改进的收费区间。对比式（2.34）和式（2.42）可知，只补贴公交乘客得到的帕累托改进的收费区间是一次性平均返还得到的收费区间的真子集。这表明，将收费收入只补贴公交乘客可以降低收费水平。

如果通勤者从出行中获得的效用是一定的，那么社会福利最大化必然要求最小化均衡状态的通勤成本。因此，除了分析使得通勤者获益的收费水平以外，本节还关心什么时候出行者的均衡成本达到最小，此时通勤者从收费返还策略中获益最多。本节将使得出行者的均衡成本最小的收费定义为最优收费。

式（2.31）和式（2.36）的两边分别对 τ 求导，可得

$$\frac{\mathrm{d}c_{p,2}}{\mathrm{d}\tau} = \frac{s_2\delta mN + ms_1s_2\left(g - \overline{\eta}\right) + 2ms_1s_2\tau}{\left(s_1\lambda + s_2\delta m\right)N} - \frac{ms_2\delta}{s_1\lambda + s_2\delta m} \tag{2.43}$$

$$\frac{\mathrm{d}c_{p,3}}{\mathrm{d}\tau} = 1 - \frac{s_2\delta mN}{\sqrt{b^2 - 4ac}} \tag{2.44}$$

求解方程 $\mathrm{d}c_{p,2}/\mathrm{d}\tau = 0$，可得一次性平均返还时的最优收费为

$$\tau_{o,1} = \left(\overline{\eta} - g\right)/2 \tag{2.45}$$

类似地，求解方程 $\mathrm{d}c_{p,3}/\mathrm{d}\tau = 0$，可得只补贴公交乘客时的最优收费为

$$\tau_{o,2} = \frac{1}{4}\left(\frac{s_2\delta m}{s_1\lambda + s_2\delta m} + \frac{N_{\mathrm{br},0}}{N}\right)\left(\overline{\eta} - g\right) \tag{2.46}$$

显然，这两个最优收费都属于各自的帕累托改进的收费区间。有趣的是，如果实施最优收费，那么两种不同的收入分配策略恰好把系统诱导到了最优状态，即总出行成本达到最小时所处的状态。

特别地，系统最优的数学模型可以表示为

$$\min \ N_{d,\mathrm{so}}c_{d,\mathrm{so}} + N_{p,\mathrm{so}}c_{p,\mathrm{so}}$$

$$\mathrm{s.t.} \ N_{d,\mathrm{so}} + N_{p,\mathrm{so}} = N \tag{2.47}$$

其中，$N_{d,\mathrm{so}}$ 和 $N_{p,\mathrm{so}}$ 分别表示系统最优状态下司机和乘客的数量；$c_{d,\mathrm{so}}$ 和 $c_{p,\mathrm{so}}$ 分别表示系统最优状态下司机和乘客的出行成本。具体地：

$$c_{p,\mathrm{so}} = \frac{\lambda N_{p,\mathrm{so}}}{ms_2} + \overline{\eta} + \alpha T_b + \tau_b \tag{2.48}$$

$$c_{d,\mathrm{so}} = \alpha T_c + \delta\frac{N_{d,\mathrm{so}}}{s_1} \tag{2.49}$$

求解式（2.47）可得

$$N_{p,\mathrm{so}} = \frac{2s_2\delta mN + ms_1s_2\left(g - \overline{\eta}\right)}{2\left(s_1\lambda + s_2\delta m\right)} \tag{2.50}$$

显然，$N_{p,\mathrm{so}} > N_{\mathrm{br},0}$，因此 $c_{p,\mathrm{so}} > c_{d,\mathrm{so}}$（注意 $\overline{\eta} > g$）。这表明：与均衡状态相比，系统最优状态乘坐公交出行的人更多。由于系统最优状态司机和乘客的成本不相等，因此该状态不稳定。通过收费可以将系统诱导到最优状态。具体地，如果收费收益一次性平均返还，那么对过往车辆收取 $\left(c_{p,\mathrm{so}} - c_{d,\mathrm{so}}\right)$ 的费用即可实现系统最优。分别将式（2.48）和式（2.49）代入 $\left(c_{p,\mathrm{so}} - c_{d,\mathrm{so}}\right)$，整理可得

$$\tau_{\text{so},1} = (\bar{\eta} - g)/2 \tag{2.51}$$

如果收费收入只补贴公交乘客，则将系统诱导到最优状态的收费水平必须满足：

$$c_{d,\text{so}} + \tau_{\text{so}} = c_{p,\text{so}} - r \tag{2.52}$$

$$\tau_{\text{so}} N_{c,\text{so}} = r N_{p,\text{so}} \tag{2.53}$$

式（2.52）表示收费后系统能达到均衡状态；式（2.53）表示收支平衡。联立式（2.52）和式（2.53）可得

$$\tau_{\text{so},2} = \frac{1}{4}\left(\frac{s_2 \delta m}{s_1 \lambda + s_2 \delta m} + \frac{N_{\text{br},0}}{N}\right)(\bar{\eta} - g) \tag{2.54}$$

可以看到，通过系统最优问题推导得到的收费与使得出行者均衡成本最小的最优收费是完全一样的。这说明，最优收费确实可以将系统诱导到最优状态。实际上，无论是哪一种收费收入再分配方案，所有的收费收入都返还给了出行者。因此，要使得均衡成本最小，必然要求系统总的出行成本最小，也就是达到系统最优状态，这就是最优收费可以把系统诱导到最优状态的原因。特别地，实施最优收费时出行者的均衡成本为 $\left(N_{p,\text{so}} c_{p,\text{so}} + N_{d,\text{so}} c_{d,\text{so}}\right)/N$。

上述分析表明两种收入再分配方案产生的最小均衡成本是相同的。均衡成本相同意味着方式分担率与出发时刻选择模式也相同，由此可知两种收入再分配策略可以产生完全一样的结果。

通过上述分析，可以得到如下结论。

命题 2.1 ①当系统中只有一类通勤者时，如果实施定额收费且收费收入不返还，那么没有人能从收费中获益；②如果自驾所需时间比乘公交短，那么无论收费收入如何返还，帕累托改进的收费区间总是存在；③将收费收入一次性平均返还和将收费收入只补贴公交乘客可以得到完全一样的方式分担率和出发时刻选择模式，然而，后者能够降低出行者的支付费用。

命题 2.1 说明如何利用收费收入十分重要。它的启示意义在于，首先，如果政府决定实施道路收费，那么在真正实施之前必须慎重研究收费收入的用途。可以及时召开听证会征求居民的意见，并承诺将收费收入用来改善交通基础设施或公交系统。如果政府事先不向公众说明收费收入的用途，那么实施道路收费的提案可能会遭到公众的强烈反对。

其次，在实施收费前，要认真评估收费可能产生的效果，比如收费能否缓解交通拥堵以及可能缓解的程度。在一个包含小汽车和公交两种交通方式的交通廊道，自驾出行所需时间比乘公交短是保证收费有效性的充分条件。实际上，比较这两种交通方式的运行时间非常直观，也很方便，这给政府实施收费提供了一种简单有效的判断方式。具体来说，如果该条件（自驾出行所需时间比乘公交短）

满足，命题 2.1 给那些正在经历拥堵又想通过收费来缓解城际道路拥堵的城市提供了理论支撑；如果这一条件无法满足（说明拥挤现象十分严重），此时实施道路收费会适得其反，从而提示政府要采取其他措施来缓解交通拥堵。

最后，尽管将收费收入一次性平均返还和将收费收入只补贴公交乘客可以得到完全一样的方式分担率和出发时刻选择模式，然而后者能显著降低出行者支付的通行费。具体地，如果将收费收入只补贴公交乘客，一开始要求司机支付的通行费要低得多。结合行为经济学的基本理论，这一结果可以用来解释为什么很多成功实施道路收费的城市（如伦敦、米兰等）以及那些准备实施道路收费的城市都倾向于把收费收入用来改善公交。在面对损失时，人们往往表现出风险厌恶。即使两种再分配方式得到的期望效用相同，人们对于一开始需要支付更多的通行费仍然表现出更多的厌恶。除此之外，货币具有时间价值。一开始支付的通行费少，意味着人们可以将节约下来的钱用到其他方面（如购买日用品）。这样的例子在生活中还有很多。比如，个人所得税返还政策。如果可以选择的话，人们往往更倾向于一开始就不扣税、领取足额工资，而不是先扣税再到年底申请返还。

2.3.2　部分通勤者无车的情形

如果一部分人没有车，则收费前既可能出现分离均衡也可能出现混同均衡。具体地，如果 $c_{d,0} \leqslant c_{p,0}$（该条件等价于 $\varphi \geqslant N_{br,0}/N$），则会出现分离均衡（图 2.3），否则会出现混同均衡（图 2.2）。不妨先假设收费前存在分离均衡。此时，第一辆和最后一辆公交有乘客要求，即

$$\frac{s_2}{\lambda_1}(\overline{\eta}_1 - \eta_{1,1}) + \frac{\varphi N}{m} > 0 \tag{2.55}$$

$$\frac{s_2}{\lambda_1}(\overline{\eta}_1 - \eta_{1,m}) + \frac{\varphi N}{m} > 0 \tag{2.56}$$

求解式（2.55）和式（2.56），可得

$$h < \frac{2\lambda_1 \varphi N}{s_2\left(2m\beta_1(k^* - 1) - f_1\right)} \tag{2.57}$$

其中，$f_1 = k_1^*(k_1^* - 1)\beta_1 + (m - k_1^*)(m - k_1^* + 1)\gamma_1$。如果发车时间间隔满足式（2.57），则早高峰时段所有公交都将被占用[①]。现假设发车时间间隔满足式（2.57），下面分情况进行讨论。

---

① 如果收费前存在混同均衡，那么相比于分离均衡，公交乘客变多了，因此任何满足式（2.57）的发车时间间隔都能保证所有公交在高峰时段被占用。

1. 收费前存在分离均衡

1）一次性平均返还

如果收费收入平均返还给所有通勤者，此时司机和第一类乘客的均衡成本分别为

$$c_{d,4} = \alpha T_c + \delta \frac{N_{d,4}}{s_1} + \tau - \frac{\tau N_{d,4}}{N} \tag{2.58}$$

$$c_{p,4} = \frac{\lambda N_{\mathrm{br},4}}{ms_2} + \overline{\eta} + \alpha T_b + \tau_b - \frac{\tau N_{d,4}}{N} \tag{2.59}$$

其中，$N_{d,4}$ 和 $N_{\mathrm{br},4}$ 分别表示一次性平均分配时，均衡状态下司机和第一类乘客的数量。显然，存在一个收费水平 τ' 使得 $c_{d,4} = c_{p,4}$，且 $N_{d,4} = (1-\varphi)N$。为了求得 τ'，只需将 $N_{d,4} = (1-\varphi)N$ 和 $N_{\mathrm{br},4} = \varphi N$ 分别代入式（2.58）和式（2.59），然后求解 $c_{d,4} = c_{p,4}$，即可得到

$$\tau' = \frac{\varphi Ny - Nms_2\delta}{ms_1s_2} + \overline{\eta} - g \tag{2.60}$$

只要 $\tau \leqslant \tau'$，收费后仍然存在分离均衡，否则，收费前的分离均衡会变成一个混同均衡。不失一般性地，现假设 $\tau \geqslant \tau'$，此时再次求解 $c_{d,4} = c_{p,4}$，即可得到均衡状态下总的公交乘客数为

$$N_{\mathrm{br},4} = \frac{s_2\delta mN + ms_1s_2\left(\alpha(T_c - T_b) - \tau_b + \tau - \overline{\eta}\right)}{s_1\lambda + s_2\delta m} \tag{2.61}$$

对比式（2.29）和式（2.61），不难发现 $N_{\mathrm{br},4}$ 和 $N_{p,1}$ 的表达式完全相同，然而两者的含义却不一样。具体地，$N_{p,1}$ 表示第一类乘客的数量，而 $N_{\mathrm{br},4}$ 则表示第一类乘客的数量与无车人数之和。由式（2.61）可知：

$$\varphi N = \frac{s_2\delta mN + ms_1s_2\left(\alpha(T_c - T_b) - \tau_b + \tau' - \overline{\eta}\right)}{s_1\lambda + s_2\delta m} \tag{2.62}$$

对比式（2.61）和式（2.62），可知收费后新增的公交乘客数为

$$\Delta N = \frac{ms_1s_2}{s_1\lambda + s_2\delta m}(\tau - \tau') \tag{2.63}$$

类比式（2.33），可知使得无车族获益的收费水平需满足

$$\frac{\lambda_1\Delta N}{ms_2} < \frac{\tau(N - N_{\mathrm{br},4})}{N} \tag{2.64}$$

将式（2.61）和式（2.63）代入式（2.64），整理可得

$$a_1\tau^2 + b_1\tau + c_1 < 0 \tag{2.65}$$

其中，

$$a_1 = a > 0$$

$$b_1 = s_1\lambda N - yN_{d,0} < s_1\lambda N - yN_{d,0} = a(g - \bar{\eta}) < 0$$

$$c_1 = -s_1\lambda N\tau' < 0$$

因此，使得无车族受益的收费区间为

$$\tau < \frac{\sqrt{b_1^2 - 4a_1c_1} - b_1}{2a_1} \tag{2.66}$$

类似地，使得有车族获利的收费水平需满足

$$\frac{\tau(N - N_{\text{br},4})}{N} + \delta\frac{\Delta N}{s_1} > \tau \tag{2.67}$$

将式（2.61）和式（2.63）代入式（2.67），整理可得

$$a_2\tau^2 + b_2\tau + c_2 < 0 \tag{2.68}$$

其中，$a_2 = a > 0$，$b_2 = a(g - \bar{\eta}) < 0$，$c_2 = ms_2\delta N\tau' > 0$。因此，当且仅当 $b_2^2 - 4a_2c_2 > 0$ 成立时，式（2.68）有解。这要求无车族所占比重满足

$$\varphi < \frac{ms_2(2\delta N + s_1(g - \bar{\eta}))^2}{4\delta yN^2} \tag{2.69}$$

如果无车族所占比重满足式（2.69），则使得有车族获益的收费区间为

$$\tau \in \left(\frac{-b_2 - \sqrt{b_2^2 - 4a_2c_2}}{2a_2}, \frac{-b_2 + \sqrt{b_2^2 - 4a_2c_2}}{2a_2}\right) \tag{2.70}$$

2）只补贴公交乘客

如果收费收入只补贴公交乘客，此时司机和第一类乘客的均衡成本分别为

$$c_{d,5} = \alpha T_c + \delta\frac{N_{d,5}}{s_1} + \tau \tag{2.71}$$

$$c_{p,5} = \frac{\lambda N_{\text{br},5}}{ms_2} + \bar{\eta} + \alpha T_b + \tau_b - \frac{\tau N_{d,5}}{N_{\text{br},5}} \tag{2.72}$$

其中，$N_{d,5}$ 和 $N_{\text{br},5}$ 分别表示将收费收入只补贴公交乘客时，均衡状态下司机和第一类乘客的数量。同样地，存在一个收费水平 τ^* 使得 $c_{d,5} = c_{p,5}$。将 $N_{d,5} = (1-\varphi)N$ 和 $N_{\text{br},5} = \varphi N$ 分别代入式（2.71）和式（2.72），然后求解 $c_{d,5} = c_{p,5}$，可得

$$\tau^* = \varphi\tau' \tag{2.73}$$

式（2.73）表明，如果 $\tau \leqslant \tau^*$，则收费后仍然存在分离均衡，否则将出现混同均衡。假设 $\tau \geqslant \tau^*$，再次求解 $c_{d,5} = c_{p,5}$，可得

$$N_{br,5} = \frac{s_2\delta mN + ms_1s_2\big(\alpha(T_c - T_b) - \tau_b - \overline{\eta} + \tau + r\big)}{s_1\lambda + s_2\delta m} \tag{2.74}$$

对比式（2.38）和式（2.74），不难发现 $N_{br,5}$ 和 $N_{p,3}$ 的表达式相同，然而前者表示第一类乘客的数量和无车人数的总和，后者仅表示第一类乘客的数量。

由式（2.74）可知：

$$\varphi N = \frac{s_2\delta mN + ms_1s_2\big(\alpha(T_c - T_b) - \tau_b - \overline{\eta} + \tau^* + r^*\big)}{s_1\lambda + s_2\delta m} \tag{2.75}$$

其中，$r^* = (1-\varphi)\tau'/\varphi$。式（2.74）减式（2.75），即可得到新增的公交乘客数量，即

$$\Delta N = \frac{ms_1s_2(\tau + r - \tau^* - r^*)}{s_1\lambda + s_2\delta m} \tag{2.76}$$

因此，使得无车族获益的收费水平需满足

$$\frac{\lambda_1 \Delta N}{ms_2} < \frac{\tau(N - N_{br,5})}{N_{br,5}} \tag{2.77}$$

将式（2.74）和式（2.76）代入式（2.77），整理可得

$$a_3\tau^2 + b_3\tau_c + c_3 < 0 \tag{2.78}$$

其中，

$$a_3 = a\left(\frac{y}{y - s_1\lambda_1}\right)^2 > 0$$

$$b_3 = \frac{y}{y - s_1\lambda_1}\left(yN_{br,0} - 2a\frac{s_1\lambda_1}{y - s_1\lambda_1}\tau'\right) - yN < 0 \text{[①]}$$

$$c_3 = a\left(\frac{s_1\lambda_1}{y - s_1\lambda_1}\tau'\right)^2 - \frac{s_1\lambda_1}{y - s_1\lambda_1}\tau'yN_{br,0}$$

---

① 将 $N_{br,0}$ 代入可得：$b_3 = \dfrac{y}{y - s_1\lambda_1}s_2\delta mN + \dfrac{y}{y - s_1\lambda_1}\left(a(g - \overline{\eta}) - 2a\dfrac{s_1\lambda_1}{y - s_1\lambda_1}\tau'\right) - yN$。因为 $\lambda > \lambda_1$，所以

$\dfrac{y}{y - s_1\lambda_1}s_2\delta mN < \dfrac{y}{y - s_1\lambda}s_2\delta mN = yN$。又因为 $\overline{\eta} > g$，所以 $b_3 < \dfrac{y}{y - s_1\lambda_1}\left(a(g - \overline{\eta}) - 2a\dfrac{s_1\lambda_1}{y - s_1\lambda_1}\tau'\right) < 0$。

由于无法确定 c_3 与 0 的关系，因此无法直接给出使得无车族获益的收费区间。然而，通过简单的分析即可判定使得无车族受益的收费区间确实存在。具体地，由于事先存在分离均衡，因此，对于任意收费 $\tau \in \left[0, \tau^*\right]$，当把收费收入只补贴公交乘客时，无车族的均衡成本必然下降。一旦收费超过 τ^*，部分有车用户将转乘公交，从而使得公交车内拥挤成本增加。由于无车族的均衡成本随收费水平先降低后增加，因而必然存在一个收费水平使得无车族的均衡成本与收费前的均衡成本相等。这意味着使得无车族获益的收费区间必然存在。具体地，使得无车族获益的收费区间为

$$\tau < \frac{-b_3 + \sqrt{b_3^2 - 4a_3 c_3}}{2a_3} \qquad (2.79)$$

类似地，使得有车族获益的收费水平需满足

$$\delta \frac{\Delta N}{s_1} > \tau \qquad (2.80)$$

将式（2.74）和式（2.76）代入式（2.80），整理可得

$$a_4 \tau^2 + b_4 \tau + c_4 < 0 \qquad (2.81)$$

其中，$a_4 = a + \dfrac{s_1^4 \lambda^2}{a\delta^2} + \dfrac{2s_1^2 \lambda}{\delta} > 0$，$b_4 = \left(a + \dfrac{s_1^2 \lambda}{\delta}\right)(g - \bar{\eta} + 2\tau')$，$c_4 = a\tau^2 + yN_{\mathrm{br},0}\tau' > 0$。

为了保证有车族能从收费中获益，只需要求 $b_4 < 0$ 和 $b_4^2 - 4a_4 c_4 > 0$。这两个条件等价于 $2\tau' < \bar{\eta} - g$ 和 $(g - \bar{\eta})^2 - 4\tau'\delta N/s_1 > 0$。由不等式 $2\tau' < \bar{\eta} - g$ 可推出

$$\varphi < \frac{N_{\mathrm{br},0}}{N} + \frac{a(\bar{\eta} - g)}{2yN} \qquad (2.82)$$

由不等式 $(g - \bar{\eta})^2 - 4\tau'\delta N/s_1 > 0$ 可推出

$$\varphi < \frac{ms_2\left(s_1(g - \bar{\eta}) + 2\delta N\right)^2}{4\delta N^2 y} = \frac{N_{\mathrm{br},0}}{N} + \frac{as_1}{4\delta yN^2}(g - \bar{\eta})^2 \qquad (2.83)$$

注意到 $\dfrac{a(\bar{\eta} - g)}{2yN} - \dfrac{as_1}{4\delta yN^2}(g - \bar{\eta})^2 = \dfrac{a(\bar{\eta} - g)(2\delta N - s_1(g - \bar{\eta}))}{4\delta yN^2} > 0$。因此只需式（2.83）满足，即可确定使得有车族获益的收费区间确实存在。巧合的是，这一条件和一次性平均返还时推导出的条件［式（2.69）］是完全一致的。如果式（2.83）成立，则使得有车族获益的收费区间为

$$\tau \in \left(\frac{-b_4 - \sqrt{b_4{}^2 - 4a_4 c_4}}{2a_4}, \frac{-b_4 + \sqrt{b_4{}^2 - 4a_4 c_4}}{2a_4} \right) \qquad (2.84)$$

有了上述分析，下面介绍两个定理。

定理 2.1　如果 $\varphi > 0.5$ 或者 $N_{d,0}/N < \varphi < N_{d,0}/N + as_1(g - \overline{\eta})^2 / (4\delta y N^2)$，那么使得多数人获益的收费区间总是存在。

证明　先证明当 $\varphi > 0.5$ 时，使得多数人获益的收费区间存在。根据前面的分析可知，当收费收入一次性平均返还时（只补贴公交乘客），如果 $\tau < \tau'$（$\tau < \tau^*$），则收费收入返还后仍存在分离均衡。此时，无车族总是从收费中获益，而有车族因收费而利益受损。由于 $\varphi > 0.5$，因此多数人能从收费中获益。

如果 $\tau \geqslant \tau'$（此时存在混同均衡），式（2.58）两边同时对 τ 求导，可得

$$\frac{\mathrm{d}c_{d,4}}{\mathrm{d}\tau} = \frac{s_1\lambda}{s_1\lambda + s_2\delta m} + \frac{N_{\mathrm{br},4}}{N} + \frac{\tau}{N} \times \frac{ms_1 s_2}{s_1\lambda + s_2\delta m} - 1 \qquad (2.85)$$

式（2.85）两边再次对 τ 求导得

$$\frac{\mathrm{d}^2 c_{d,4}}{\mathrm{d}\tau^2} = \frac{2ms_1 s_2}{(s_1\lambda + s_2\delta m)N} > 0 \qquad (2.86)$$

式（2.86）表明式（2.85）在 $\tau = \tau'$ 处取得最小值。将 $\tau = \tau'$ 代入式（2.85）可得

$$\left. \frac{\mathrm{d}c_{d,4}}{\mathrm{d}\tau} \right|_{\tau = \tau'} = \frac{s_1\lambda}{s_1\lambda + s_2\delta m} + \frac{N_{\mathrm{br},4} - N_{p,0}}{N} + \varphi - 1 \qquad (2.87)$$

注意到：$s_1\lambda > s_2\delta m$，且 $N_{\mathrm{br},4} > N_{p,0}$。因此，只要 $\varphi > 0.5$，式（2.85）的右边始终大于零。这意味着：如果收费收入一次性平均返还，有车族的均衡成本总是随着收费的增加而增加，从而利益受损。然而，只要收费水平满足式（2.66），无车族总是从收费中获益。

类似地，如果收费收入只补贴公交乘客，式（2.71）两边同时对 τ 求导可得

$$\frac{\mathrm{d}c_{d,5}}{\mathrm{d}\tau} = 1 - \frac{s_2\delta mN}{\sqrt{b^2 - 4ac}} \qquad (2.88)$$

式（2.88）两边再次对 τ 求导，可得

$$\frac{\mathrm{d}^2 c_{d,5}}{\mathrm{d}\tau^2} = 2as_2\delta myN^2 (b^2 - 4ac)^{-3/2} > 0 \qquad (2.89)$$

式（2.89）表明式（2.88）在 $\tau = \tau^*$ 处取到最小值。为了证明定理 2.1 成立，只需证明式（2.88）的最小值大于零。这等价于证明 $(s_2\delta mN)^2 < b^2 - 4ac$。

注意到：

$$b^2 - 4ac = \underbrace{(s_2\delta mN)^2 + (a(g-\bar{\eta}))^2}_{A} + \underbrace{2a(g-\bar{\eta})s_2\delta mN}_{B} + \underbrace{4ayN\tau^*}_{C} \quad (2.90)$$

其中，$B = \underbrace{2a(g-\bar{\eta})yN}_{B_1} - \underbrace{2a(g-\bar{\eta})s_1\lambda N}_{B_2}$，$C = \underbrace{4(\varphi yN)^2}_{C_1} + \underbrace{4\varphi a(\bar{\eta}-g)yN}_{C_2} -$

$\underbrace{4\varphi ys_2\delta mN^2}_{C_3}$。

由此可知：$b^2 - 4ac = A + B_1 + C_2 - B_2 + C_1 - C_3$。如果 $\varphi > 0.5$，则 $B_1 + C_2 > 0$，且 $C_1 - C_3 > 0$。此外，由于 $g < \bar{\eta}$，因此 $B_2 < 0$。进而推出：$b^2 - 4ac > A > (s_2\delta mN)^2$。上述分析表明有车族无法从收费中获益。对于无车族而言，只要收费水平满足式（2.79），他们总是从收费中获益。

如果 $N_{d,0}/N < \varphi < N_{d,0}/N + as_1(g-\bar{\eta})^2/(4\delta yN^2)$，只要收费水平满足式（2.70）和式（2.84），有车族总是从收费中获益。注意到有车族对公交车内拥挤的敏感度比无车族高。因此，当公交补贴能够补偿有车族的车内拥挤成本时，显然也能补偿无车族的车内拥挤成本。此时，所有通勤者都从收费中获益，实现了帕累托改进。

定理 2.2 $N_{d,0}/N + as_1(g-\bar{\eta})^2/(4\delta yN^2) \leqslant 0.5$。

证明 根据定理 2.1 可知，如果 $\varphi > 0.5$，则无车族从收费中获益，而有车族因收费而利益受损；如果 $N_{d,0}/N < \varphi < N_{d,0}/N + as_1(g-\bar{\eta})^2/(4\delta yN^2)$，则所有人都从收费中获益。显然，这两个条件不能同时成立。下面用反证法证明定理 2.2 成立。

假设 $N_{d,0}/N + as_1(g-\bar{\eta})^2/(4\delta yN^2) > 0.5$。此时，总是可以找到这样的 φ，使得它满足 $0.5 < \varphi < N_{d,0}/N + as_1(g-\bar{\eta})^2/(4\delta yN^2)$。这与前面的事实矛盾。

2. 收费前存在混同均衡

如果收费前存在混同均衡，则 $\varphi < N_{br,0}/N$。此时，只需用 λ_1 替换式（2.33）中的 λ，即可得到一次性平均返还时，使得无车族获益的收费水平需满足的条件：

$$\frac{\lambda_1}{ms_2}\Delta N < \frac{N - N_{br,1}}{N}\tau \quad (2.91)$$

将式（2.29）（此时 $N_{br,1} = N_{p,1}$）和式（2.32）代入式（2.91），可得

$$\tau < \frac{N(\lambda - \lambda_1)}{ms_2} + \bar{\eta} - g \quad (2.92)$$

特别地，取 $\lambda_1 = \lambda$ 可得 $\tau < \bar{\eta} - g$，这是使得有车族获益的收费区间，它与式（2.34）

正好相同。

如果收费收入只补贴公交乘客，用 λ_1 替换式（2.41）中的 λ，可以得到使得无车族获益的收费水平需要满足的条件：

$$\frac{\lambda_1}{ms_2}\Delta N < \frac{N - N_{\text{br},3}}{N_{\text{br},3}}\tau \tag{2.93}$$

将式（2.38）（此时 $N_{\text{br},3} = N_{p,3}$）和式（2.40）代入式（2.93），可得

$$\tau < \frac{N(y - s_1\lambda_1)^2 - (y - s_1\lambda_1)yN_{\text{br},0}}{a(s_1\lambda + s_2\delta m)} \tag{2.94}$$

特别地，取 $\lambda_1 = \lambda$ 可得 $\tau < \dfrac{s_2\delta m(\overline{\eta} - g)}{s_1\lambda + s_2\delta m}$，这是使得有车族获益的收费区间，它与式（2.42）正好相同。

以上分析结果可以总结为命题 2.2。

命题 2.2　当系统中存在两类群体时：①如果自驾所需时间比乘公交短，则无论收费收入如何分配，使得无车族获益的收费区间总是存在；②如果无车族占多数，无论收费收入如何分配，有车族的利益都会受损；③如果有车族占多数，收费可能实现帕累托改进。

同所有人都有车的情形一样，自驾所需时间更短是使得多数人获益的收费水平存在的充分条件。具体来说，如果 $T_c < T_b$，则有 $\overline{\eta} - g > 0$，进而可知由式（2.66）、式（2.70）、式（2.79）、式（2.84）、式（2.92）和式（2.94）计算得到的收费区间都不为空。如果自驾比乘公交慢，那么公交在实施收费前可能就很拥挤。这是因为与自驾相比，乘公交变得更有吸引力了。在这种情况下，实施道路收费显然不是明智的选择。

无论收费收入如何分配，无车族都倾向于支持实施收费。这一结论是比较显然的。因为无车族不需要支付通行费，但分享了收费收入。尽管随着收费水平的提高，一部分有车用户会转乘公交，从而增加了公交车内的拥挤，然而，只要收费水平在合理的区间，无车族获得的补贴就能够弥补增加的车内拥挤成本。因此，无车族总是从收费中获益。对于有车族而言，只有当实施收费后使得道路的拥挤状况得到显著改善，他们才可能从收费中获益。实际上，有车族不太可能支持收费，很可能是因为他们认为自己受到了剥削，尤其是当无车族的占比很大时，他们更不愿意支付通行费。然而，随着有车族的比重逐渐提高，他们被无车族剥削的程度将被削弱。如果因为收费使得出行时间明显下降，那么有车族也可能从收费中获益，从而支持收费。

下面分析当 φ 大于 0 时，命题 2.1 是否仍然成立。

如果收费前存在混同均衡，则不难发现：$\overline{\eta} - g > s_2\delta m(\overline{\eta} - g)/(s_1\lambda + s_2\delta m)$。

此外，

$$\tau < \frac{N(y-s_1\lambda_1)^2 - (y-s_1\lambda_1)yN_{\text{br},0}}{a(s_1\lambda+s_2\delta m)} = \frac{(y-s_1\lambda_1)(yN_{d,0}-s_1\lambda_1 N)}{a(s_1\lambda+s_2\delta m)} < \frac{s_2\delta m(yN_{d,0}-s_1\lambda_1 N)}{a(s_1\lambda+s_2\delta m)}$$

（2.95）

将 $N_{d,0} = N - N_{\text{br},0}$ 代入式（2.95），可得

$$\frac{s_2\delta m(yN_{d,0}-s_1\lambda_1 N)}{a(s_1\lambda+s_2\delta m)} = \frac{N(\lambda-\lambda_1)+s_2 m(\bar{\eta}-g)}{(s_1\lambda/\delta+s_2 m)} < \frac{N(\lambda-\lambda_1)}{ms_2} + \bar{\eta} - g$$

这表明：如果收费前存在混同均衡，那么将收费收入一次性平均返还得到的收费区间仍然包含将收费收入只补贴公交乘客得到的收费区间。

遗憾的是，如果收费前存在分离均衡，无法从解析的角度论证命题 2.1 是否成立。然而，读者将会看到，2.4 节的数值实验会表明命题 2.1 对于部分通勤者无车的情形仍然成立。

表 2.1 总结了不同情形使得多数人获益的收费水平。

表 2.1　多数人获益的收费区间

分配方式	情形		
	$\varphi = 0$	$\varphi > 0$ 且收费前存在分离均衡	$\varphi > 0$ 且收费前存在混同均衡
一次性平均分配	$\tau < \bar{\eta} - g$	$\begin{cases} \tau < \dfrac{\sqrt{b_1^2-4a_1c_1}-b_1}{2a_1}, \text{当 } \varphi > 0.5 \\[2mm] \dfrac{-b_2-\sqrt{b_2^2-4a_2c_2}}{2a_2} < \tau < \dfrac{-b_2+\sqrt{b_2^2-4a_2c_2}}{2a_2}, \\[2mm] \text{当 } \dfrac{N_{\text{br},0}}{N} < \varphi < \dfrac{ms_2(2\delta N+s_1(g-\bar{\eta}))^2}{4\delta yN^2} \end{cases}$	$\varphi < N_{\text{br},0}/N$ ， $\tau < \bar{\eta} - g$
只补贴公交乘客	$\tau < \dfrac{s_2\delta m(\bar{\eta}-g)}{s_1\lambda+s_2\delta m}$	$\begin{cases} \tau < \dfrac{-b_3+\sqrt{b_3^2-4a_3c_3}}{2a_3}, \text{当 } \varphi > 0.5 \\[2mm] \dfrac{-b_4-\sqrt{b_4^2-4a_4c_4}}{2a_4} < \tau < \dfrac{-b_4+\sqrt{b_4^2-4a_4c_4}}{2a_4}, \\[2mm] \text{当 } \dfrac{N_{\text{br},0}}{N} < \varphi < \dfrac{ms_2(2\delta N+s_1(g-\bar{\eta}))^2}{4\delta yN^2} \end{cases}$	$\varphi < N_{\text{br},0}/N$ ， $\tau < \dfrac{s_2\delta m(\bar{\eta}-g)}{s_1\lambda+s_2\delta m}$

2.4 数 值 实 验

本节将开展数值实验来验证 2.3 节理论分析的结果。数值实验所需的基本参数见表 2.2。由于公交车辆数和无车族占比会根据不同的场景而调整，因此表 2.2 中没有给出这两个参数的值，而是在 2.4.1 节和 2.4.2 节具体给出。

表 2.2 数值实验所需的基本参数

参数	α	β	γ	λ	N	s_1	s_2	T_c	T_b	τ_b	h
设定值	6 元/时	4 元/时	12 元/时	10 元	7500 人	3000 辆/时	150 人	1 小时	1.1 小时	1 元	0.083 小时

2.4.1 所有通勤者都有车的情形

如果所有通勤者都有车，此时取 $m=20$。根据式（2.26），计算得到保证所有公交都被占用的发车时间间隔应属于(0, 0.086]。显然，表 2.2 设定的 h 值在这一区间范围内。当实施收费并将收费收入一次性平均返还/只补贴公交乘客时，由式（2.34）/式（2.42）计算得到的帕累托改进的收费区间为[0, 4.10]/[0, 0.95]；由式（2.45）/式（2.46）计算得到的最优收费为 2.05 元/0.34 元（注意这里不是相除）。

这些结果在数值实验时都得到了确认。特别地，均衡成本随收费的变化情况见图 2.4。在图 2.4 中，图例中的"0""1""2"分别表示没有收费、对司机收取固定数额的通行费并将收费收入一次性平均返还，以及对司机收取固定数额的通行费并将收费收入只补贴公交乘客。没有收费时，出行者的均衡成本为 12.7154 元。若将收费收入一次性平均返还/只补贴公交乘客，只要收费不超过 4.10 元/0.95 元（注意这里不是相除），均衡成本始终低于 12.7154 元；当收费等于 2.05 元/0.34 元时（注意这里不是相除），均衡成本达到最小值（12.59 元）。需要指出的是，均衡成本最小恰好对应系统最优状态，此时司机和乘客的人数分别为 5769 人和 1731 人。无论收费收入如何分配，均衡成本先随收费的增加而降低，后随收费的增加而上升。

图 2.5 显示了均衡时 20 辆公交车的成本构成。其中，第 16 班公交车是准点到达的，因此选择这辆车的乘客最多，车内拥挤成本也最大，而计划延误成本为零。从准点到达班次依次往左右两个方向移动，车内拥挤成本逐渐降低，计划延误成本逐渐增大。由于公交运行速度保持不变且票价恒定，因此车内拥挤成本和计划延误成本之和对所有公交而言都相同。在均衡状态，所有班次的均衡成本都相同（图 2.5 中四个成本叠加在一起的高度一样）。

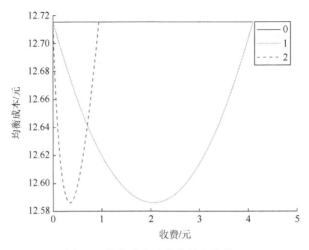

图 2.4　均衡成本随收费的变化情况

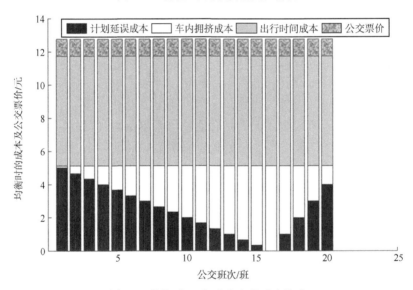

图 2.5　均衡时 20 辆公交车的成本构成

如果不实施道路收费，均衡时司机和乘客的数量分别为 6715 人和 785 人。当收费收入一次性平均返还时，原来自驾出行的一部分人会选择乘公交出行。因此，与收费前相比，尽管收费后仍选择自驾出行的人需要支付一笔通行费，但他们排队等候的时间会缩短，同时他们还收到了一笔补贴。对于收费后仍选择乘公交出行的人而言，由于收费使得总的公交乘客数量增多，因此他们会面临更高的车内拥挤成本，同时他们也获得了一笔补贴。显然，当司机和乘客的获益可以弥补他们遭受的损失时，他们就能从收费中获益。确实，当收费水平不超过 4.10 元时，司机和乘客的获利都可以弥补损失 [图 2.6（a）]。只是司机

（或乘客）的获利与损失之间的差值随收费的增加先增大后减小，这也说明了为什么均衡成本会先减后增。类似地，图 2.6（b）给出了当收费收入只补贴公交乘客时，收费后继续选择自驾出行和乘公交出行的人的得失变化情况。与把收费收入一次性平均返还不同的是，此时对于继续选择自驾的人而言，他们因排队时间缩短而获益。显然，只要收费水平小于 0.95 元，无论是对于继续选择自驾的人而言，还是对于继续选择乘公交的人而言，他们总是从收费中获益。

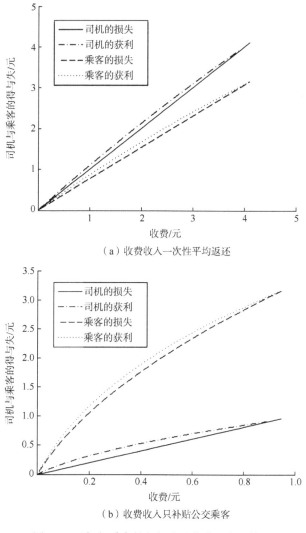

（a）收费收入一次性平均返还

（b）收费收入只补贴公交乘客

图 2.6　司机与乘客的得与失随收费的变化情况

图 2.7 给出了两种收费收入再分配情况下不同班次公交的实际载客人数。其中，

"0"表示没有收费的情况;"1_1"表示一次性平均返还且均衡成本最低的情况;"1_2"表示一次性平均返还且均衡成本与没有收费时的均衡成本相等的情况;"2_1"表示只补贴公交乘客且均衡成本最低的情况;"2_2"表示只补贴公交乘客且均衡成本与没有收费时的均衡成本相等的情况。图 2.7 确认了两种分配方式都能得到完全一样的方式分担率和出发时刻选择模式。

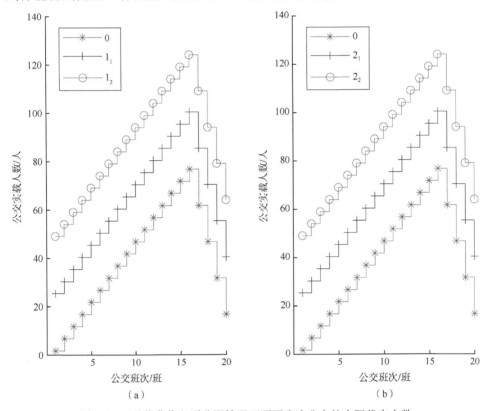

图 2.7　两种收费收入再分配情况下不同班次公交的实际载客人数

2.4.2　部分通勤者无车的情形

当一部分通勤者没有车时,无车族和有车族的时间价值和对公交车内拥挤的敏感度各不相同。此时分别取 $\alpha_1 = 6$、$\beta_1 = 2$、$\gamma_1 = 6$、$\lambda_1 = 5$(注意 $\beta/\beta_1 = 2$)。由定理 2.1 和定理 2.2 可知,当无车族占多数时,无车族可能从收费中获利,而有车族受损;当有车族占多数时,所有人都可能从收费中获益。为此,根据无车族占总体的比重是否超过 0.5,本节分两种情形来验证理论分析的结果。第一种情形:无车族占多数。第二种情形:无车族占少数。

第一种情形下，当无车族占多数时，不妨取 $\varphi = 0.6$，$m = 40$。此时，由式（2.57）计算可知，使得所有公交都被占用的发车时间间隔为 $h \in (0, 0.1)$，它显然包含了表 2.2 中 h 的设定值。不同收费水平下，有车族和无车族的均衡成本的变化情况分别如图 2.8（a）和图 2.8（b）所示。图例中的"0""1""2"分别表示没有收费、对司机收取固定数额的通行费并将收费收入一次性平均返还，以及对司机收取固定数额的通行费并将收费收入只补贴公交乘客。可以看出，实施收费前，无车族和有车族的均衡成本分别为 13.85 元和 9 元。显然，有车族不愿意选择公交出行。由式（2.66）/式（2.79）（注意这里不是相除，表示分别对应两种情况，本章余下部分相同）计算可得，当收费收入一次性平均返还/只补贴公交乘客时，使得无车族获益的收费区间为 [0,16.94]/[0,15.12]，这一结果在数值实验时得到了证实，见图 2.8（b）。特别地，当收费从 0 元逐渐增大到 11.10 元/6.66 元时，无车族的均衡成本逐渐降低，并在 11.10 元/6.66 元处达到最小。在这一阶段，有车族都选择自驾出行，即存在分离均衡。当收费从 11.10 元/6.66 元继续增大到 16.94 元/15.12 元，越来越多的有车族选择乘公交出行，导致无车族的均衡成本逐渐上升，但仍低于收费前的均衡成本。对于有车族而言，无论收费收入如何分配，他们都无法从收费中获益。由于无车族占了多数，因此从实施的角度来说，如果实施收费，还是能获得多数人的支持。

第二种情形下，当无车族占少数时，取 $m = 20$，由此得到 $N_{b,0}/N = 0.105$。也就是说，如果 $\varphi < 0.105$，系统中存在混同均衡，否则存在分离均衡。由定理 2.1 可知，如果 $0.105 < \varphi < 0.122$，则收费前存在分离均衡，收费后所有人都能获益。不妨取 $\varphi = 0.12$。此时，不同收费水平下有车族和无车族均衡成本的变化情况分别如图 2.9（a）和图 2.9（b）所示。

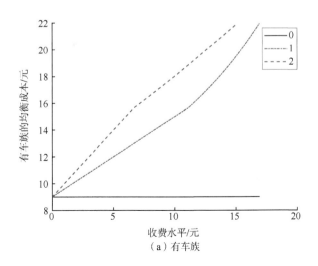

（a）有车族

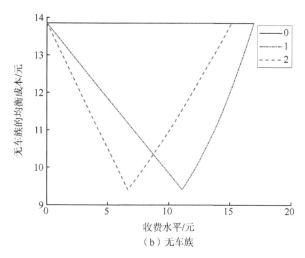

（b）无车族

图2.8　无车族占多数时有/无车族的均衡成本随收费的变化情况

　　图2.9图例中的"0""1""2"分别表示没有收费、对司机收取固定数额的通行费并将收费收入一次性平均返还，以及对司机收取固定数额的通行费并将收费收入只补贴公交乘客。可以看出，实施收费前，有车族和无车族的均衡成本分别为12.60元和10.35元。由图2.9（a）可知，如果将收费收益一次性平均返还/只补贴公交乘客，当收费从0元逐渐增大到0.50元/0.06元时，这一阶段所有有车用户都选择自驾出行，因此他们的均衡成本逐渐增加。一旦收费超过0.50元/0.06元，部分有车用户转而选择公交出行，从而使得均衡成本逐渐降低，当收费水平属于区间[1.38,2.72]/[0.20,0.51]时，有车用户从收费中获益。由图2.9（b）可知，对于无车用户而言，无论收费收入如何分配，他们总是从收费中获益。数值分析的结果和理论分析的结果保持了一致。

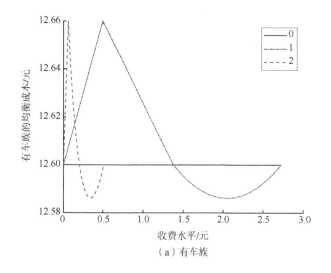

（a）有车族

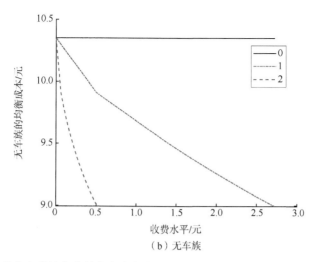

（b）无车族

图 2.9　无车族占少数且收费前存在分离均衡时有/无车族的均衡成本随收费的变化情况

为了验证收费前存在混同均衡的结果，取 $\varphi = 0.10$，再次分析有车用户和无车用户的均衡成本随收费的变化情况，见图 2.10。图 2.10 图例中的"0""1""2"分别表示没有收费、对司机收取固定数额的通行费并将收费收入一次性平均返还，以及对司机收取固定数额的通行费并将收费收入只补贴公交乘客。对比发现，图 2.10（a）与图 2.4 的结果是完全一样的，因此有车族因收费而获益。由图 2.10（b）可知，无车族也因收费而获益，因此收费实现了帕累托改进。

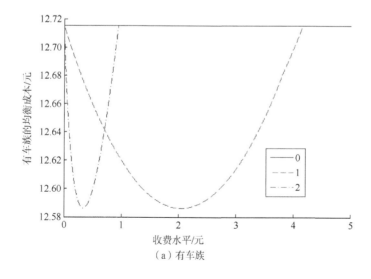

（a）有车族

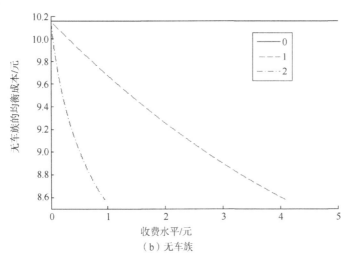

图 2.10　无车族占少数且收费前存在混同均衡时有/无车族的均衡成本随收费的变化情况

本 章 小 结

本章研究了使得多数人受益的城际道路收费及收费收入返还策略。研究表明：收费收入再分配对于收费方案获得多数人的支持尤为重要。政府在实施收费前应认真评估不同收费收入再分配方式可能产生的政治经济效果。对于存在公交和小汽车两种交通方式的交通廊道而言，如果自驾出行所需时间更短，那么当所有人都有车且把收费收入一次性平均返还（或者只补贴公交乘客）时，使得所有通勤者获益的收费区间总是存在。无论是将收费收入一次性平均返还，还是将收费收入只补贴公交乘客，均衡状态的方式分担率和出发时刻选择模式都相同。尽管如此，将收费收入只补贴公交乘客可以降低收费水平。这个结果提示将收费收入用来改善公交更可能获得公众的支持。当考虑两类用户（部分出行者没有车）时，上述结论仍然成立。除此之外，如果无车族占多数，那么无论收费收入如何分配，有车族都不可能从收费中获益。而当有车族占多数时，收费可以实现帕累托改进。

参 考 文 献

[1] 住房和城乡建设部城市交通基础设施监测与治理实验室，中国城市规划设计研究院，百度地图慧眼. 2020 年度全国主要城市通勤监测报告 [EB/OL]. https://huiyan.baidu.com/cms/report/2020tongqin/[2024-09-10].

[2] Vickrey W S. Congestion theory and transport investment[J]. The American Economic Review，1969，59（2）：251-260.

[3] Arnott R，de Palma A，Lindsey R. Economics of a bottleneck[J]. Journal of Urban Economics，1990，27（1）：111-130.

[4] Small K A. The scheduling of consumer activities：work trips[J]. The American Economic Review，1982，72（3）：467-479.

[5] de Palma A，Lindsey R，Monchambert G. The economics of crowding in rail transit[J]. Journal of Urban Economics，2017，101：106-122.

[6] Tian Q，Huang H J，Yang H. Equilibrium properties of the morning peak-period commuting in a many-to-one mass transit system[J]. Transportation Research Part B: Methodological，2007，41（6）：616-631.

[7] Arnott R，de Palma A，Lindsey R. Route choice with heterogeneous drivers and group-specific congestion costs[J]. Regional Science and Urban Economics，1992，22（1）：71-102.

第3章 双城经济系统社会最优及竞争均衡

3.1 引　言

第 2 章以瓶颈模型为基础，研究了城际道路收费及不同补贴策略对城际通勤者的福利影响。在构建的模型框架中，城际通勤者的出行方式只有自驾和乘公交两种。这要求两个城市之间的距离不能过大[1]。随着两个城市之间的距离不断增大，驾车或者乘公交的时间成本随之上升，通过这些方式来满足通勤需求变得不现实。此时，需要引入新的交通方式以满足城际通勤的需要。高速铁路和城际铁路（以下统称高铁）就是最好的选择。过去十多年，中国高铁从无到有，经历了一个迅猛的发展阶段。截至 2020 年底，我国高速铁路运营里程达 3.79 万公里①，占到全世界高铁总里程的三分之二以上。高铁的迅猛发展极大地促进了城际通勤。以北京-天津城市对为例，2017 年的统计数据显示，京津城际铁路开通后，从天津到北京的通勤流占到了这两个城市间高铁客运量的 14.9%。此外，由于第 2 章的研究主题是城际通勤，因此忽略了城市空间结构。然而，本章的研究主题是市内通勤和城际通勤。因此，本章将第 2 章的模型扩展到由两个二维单中心城市组成的经济系统，分别从社会福利最大化和个人效用最大化的角度建立双城经济系统社会最优和竞争均衡模型。本章的模型将为后续章节研究高铁票价以及城际交通投资等交通政策对不同城市的居民以及整个经济系统的福利经济影响奠定理论基础。

3.2 背景描述

考虑一个由两个城市（城市 1 和城市 2）组成的经济系统，该系统由中央政府统一管理。城市 1 和城市 2 的市中心位置固定，这意味着市中心之间的距离是一定值。两个城市之间建有高铁，且高铁站均建在城市边缘②。系统中的每个城市均是圆形单中心型。城市 i 的半径用 r_i 表示，这里 $i=1,2$ 分别表示城市 1 和城市 2。

---

① 世界第一，3.79 万公里 高铁里程 五年倍增, https://www.gov.cn/xinwen/2021-01/24/content_5582203.htm [2023-02-11]。

② 在当今中国，高铁站建在市郊是一个普遍现象。背后的原因主要包括：①将高铁站建在市中心会面临更高的成本（拆迁、环境污染及噪声等）；②很多城市的中心城区目前都存在不同程度的交通拥堵，将高铁站建在市中心势必加剧中心城区的拥挤；③将高铁站建在市郊有利于促进郊区的发展。

两个城市在资源禀赋（如自然资源丰富程度）和基础设施（如交通网络发达程度）等方面具有明显差异，这些差异使得两个城市的全要素生产率不同。记 A_i 为城市 i 的全要素生产率。不失一般性地，假设 $A_1 > A_2$[①]。这样一来，在生产要素投入完全相同的情况下，城市 1 的总产出更大。为论述方便，称城市 1 为大城市（metropolis），城市 2 为小城市（micropolis）。

系统中的人口规模为 N，且所有人都是同质的，也就是说，他们具有相同的偏好和效用函数。人口均匀分布在每个城市。为简化起见，假设人口密度为 1[2-3]。因此，一个城市的总面积等于该城市的总人口，即 $N_i = \pi r_i^2$。系统中仅有一个产业。每个城市的市中心都有一个不占土地的生产集聚区[②]。在这个生产集聚区内，有大量生产同一种产品的企业[③]。因此，所有企业处于一个完全竞争市场。企业由外居投资者（absentee investors）所有[④]。劳动力是企业唯一的生产要素。企业生产的产品可以在两个城市之间无成本地运输[⑤]，从而使得产品在该系统中具有相同的销售价格。为方便起见，将该价格单位化为 1。在城市层面，由于存在集聚效应（agglomeration effect）[⑥]，生产表现出规模收益递增（increasing returns to scale）。具体地，投入越多，产出越大，且产出增长的速度大于投入增长的速度。记 $P_i(W_i)$ 为城市 i 的总产出，这里 W_i 为城市 i 的工人总数。假设 $P_i = A_i W_i^{1+\gamma}$，其中 $\gamma \in \left(t_i/(3\sqrt{\pi}), 1/3 \right)$ 用来刻画集聚效应的强度[⑦]，γ 越大，集聚效应越明显，反之亦然。每个企业均致力于最大化自己的利润。由于企业处于完全竞争市场，因此单个企业雇佣的劳动力对整个城市劳动力规模的影响可以忽略。特别地，当企业在追求自身利润最大化时，总是把所在城市的总劳动力 W_i 视为已知。这样一来，单个企业的生产表现出固定规模报酬（constant returns to scale）。具体地，对于城市 i 的一个代表性公司（a representative firm），如果它雇佣的工人数是 n，则该公司的产出为 $\left(A_i W_i^{1+\gamma}/W_i \right) n$ [7]。

① 这一假设刻画了空间异质性。假设 $A_1 < A_2$ 对本章的模型无任何实质影响。

② 现实中，生产集聚区的面积在一定时间内都不会发生较大变化，因此可将生产集聚区的面积视为常数，进而可以假设其为 0。

③ 现实中，每个城市都具有众多不同的产业。所以，该假设实际上可以理解为将众多产业聚合在一起，以至于企业生产的产品也是一种复合产品，该产品能满足居民除住房外的所有需求。

④ 该假设的意思是，系统中的企业不是由系统中的居民所持有，而是由外来资本投资建设。这样做可以简化社会福利的计算，因为在计算社会福利时可以不考虑企业的利润和生产行为。

⑤ 本章研究的两个城市之间的空间距离一般不会很大（否则两个城市之间不太可能出现城际通勤），因此运输成本不会很高。此外，物流运输表现出规模经济效应，也就是说，产品的运输量越大，单位产品的运输成本越低。考虑到以上两点，可以认为单位产品在城市间运输的成本很低，因此可以忽略不计。

⑥ 集聚效应主要体现在专业化生产、知识的分享和传播以及技术外部性等方面[4, 5]。

⑦ t_i 是城市 i 内单位距离的通勤成本。在众多实证研究文献中，γ 的取值一般在 0.05 左右[6]。

　　假定该系统处于充分就业状态，即所有人都要参加工作。居住在城市 i 的居民可以选择在本城市工作，也可以到另一城市工作。为描述方便，称居住和工作在同一城市的人为市内通勤者（intracity commuters），居住和工作在不同城市的居民为城际通勤者（intercity commuters），并记 N_{ij} 为居住在城市 i、工作在城市 j 的总人数。由于所有的生产活动都发生在市中心，因此人们需要通勤到市中心上班，从而存在一个通勤成本。

　　每个城市的道路网络均是放射加环状结构[8-9]。假定道路网络铺满了整个城市空间①。市内通勤者自驾或乘车从居住地前往市中心上班，而城际通勤者需要先自驾或乘车到达自己居住地所在城市的高铁站，然后乘坐高铁到另一城市上班。人们总是选择最短路出行，且不考虑交通拥挤②。因此，市内通勤者总是选择径向道路出行，而城际通勤者既可能使用径向道路，也可能使用环形道路，这取决于他们居住的位置。为了阐明这一点，将城市 2 划分为两个部分，分别记为 L 区域和 S 区域，见图 3.1。

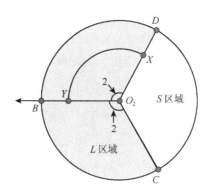

图 3.1　城市 2 的划分

　　其中，L 区域指的是优弧 CD 对应的扇形区域（灰色区域，圆心角对应的弧度为 4），S 区域指劣弧 CD 对应的扇形区域（白色区域，圆心角对应的弧度为 $2\pi - 4$）。城市 2 的高铁站建在 B 点处。两个区域的分界线是 CO_2 和 DO_2。显然，对于居住在任意位置的城际通勤者，他从居住地到达高铁站都有两条路径可以选择。不妨以居住在边界 CO_2 和 DO_2 上的任意一点（图 3.1 中 X 点）为例加以说明。X 点处的居民从居住地到高铁站（B 点）的两条路径是：沿径向道路 XO_2 先到城市 2 的市中心，再从市中心沿径向道路 O_2B 到高铁站（记为路径 1）；沿环形道路 XY 到达 Y 点，再从 Y 点沿径向道路到达高铁站（记为路径 2）。由于角 DO_2B 所对应的弧度为 2，因此这两条路径的路程是相等的，进而说明边界上的城际通勤者先选择

---

① 注意到城市面积即为城市人口。该假设意味着道路网络不占任何土地。
② 忽略拥挤是一种常见的假设，其主要目的是简化推导和分析。

哪条路径在总路程上是无差异的。然而，对于 L 区域的任意一点，路径 2 总比路径 1 短；对于 S 区域的任意一点，路径 1 总比路径 2 短。这表明：L 区域的城际通勤者总是先选择环形道路再选择径向道路，S 区域的城际通勤者总是选择径向道路。

　　为了进一步描述居民的通勤成本，图 3.2 给出了一个包含两个城市的经济系统。其中，城市 1 和城市 2 的高铁站分别建在 B' 和 B 点处。特别地，对于任意一个居住在 S 区域的居民（Q 点所在位置），如果他是一个市内通勤者，那么他面临的通勤成本是 $t_2\mu r_2$；如果他是城际通勤者，他面临的通勤成本是 $t_2(1+\mu)r_2 + T + t_1 r_1$，其中 t_1 和 t_2 分别是城市 1 和城市 2 内部单位距离所产生的通勤成本，$t_1 r_1$ 和 $t_2(1+\mu)r_2$ 分别是城市 1 和城市 2 内的通勤成本，T 是城际通勤成本。

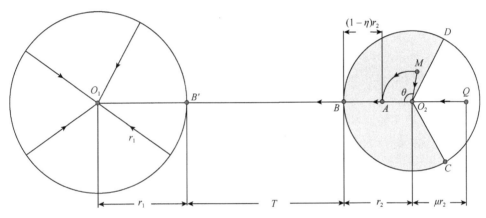

图 3.2　通勤成本说明

右侧圆圈中的灰色区域为 L 区域、白色区域为 S 区域

　　现实中，高铁票价和运行速度一般不会大幅波动，因此假定 T 是一个定值[①]。$\mu \in [0,1]$ 用来描述 Q 点的位置。具体地，当 $\mu = 0$ 时，Q 点与 O_2 点重合；当 $\mu = 1$ 时，Q 点是劣弧 CD 上的任意一点。对于居住在小城市 L 区域的任一居民（M 点所在位置），如果他是一个市内通勤者，他面临的通勤成本是 $t_2\eta r_2$；如果他是城际通勤者，他面临的通勤成本是 $t_2\theta\eta r_2 + t_2(1-\eta)r_2 + T + t_1 r_1$。这里，$\theta$ 是角 BO_2M

对应的弧度数，$\eta \in [0,1]$ 用来描述点 A 所处的位置。具体地，如果 $\eta = 0$，A 点与 O_2 点重合；如果 $\eta = 1$，A 点与 B 点重合。假定 $T \geqslant \max\{t_1 r_1, t_2 r_2\}$（指城际通勤成本总是高于市内通勤成本），且 $t_1 \geqslant t_2$（指大城市单位距离的通勤成本高于小城市）。

在一个完全竞争市场，一个工人的工资由他的边际产出决定[①]。记 w_i 为在城市 i 工作的工人获得的工资，则有 $w_i = A_i W_i^\gamma$。城市 i 的边界处的地租由农业租金 R_i 决定，并满足 $R_1 > R_2$，即大城市的农业租金高于小城市[②]。系统中的土地由地方政府所有。地方政府将收到的超额土地租金平均返还给当地居民[③]。因此，居民的收入包括工资和返还的土地租金。居民将自己的收入用来购买或租赁住房，以及消费复合商品（即公司生产的产品），从而获得效用。前面已经提到人口均匀分布在两个城市，因此将每个人的住房消费量单位化为 1。这样做可以极大简化居民的效用函数，使得居民的效用由他所消费的非住房商品量决定（具体的效用函数将在 3.4 节给出）。每个人都致力于选择合适的工作地和居住地来实现自身效用最大化，由此衍生出一个竞争均衡问题。此外，中央政府关心系统何时实现社会福利最大化，由此衍生出一个社会最优问题。同第 2 章提到的系统最优类似，社会最优状态一般不能自发实现。因为社会最优状态是一种理想的状态，接下来先分析社会最优问题。

3.3　社　会　最　优

社会最优指的是系统总福利达到最大时系统所处的状态。假设中央政府具有绝对权力，以至于中央政府可以决定每个城市的居民和工人数量来实现社会福利最大化。由于超额土地租金收入平均返还给了城市居民，住房消费量为 1，商品价格为 1，公司的利润归外居投资者所有，居民的效用完全取决于他的非住房商品消费量，因此，社会福利等于系统的集计产出减去集计通勤成本和集计农业租金。此时有定理 3.1。

定理 3.1　在社会最优状态，居住在大城市的居民不应该去小城市工作。

---

① 该结论可以从企业利润最大化问题的一阶最优条件中推出。

② 本章认为不同城市的农业租金是不同的。这是由空间异质性这一本质属性决定的。具体来说，不同城市的土地肥沃程度、气候条件、空气湿度等存在不同程度的差异，这些差异意味着：①不同城市适合种植的农产品可能不同；②对于同一种农产品，在相同的投入下，不同城市的产出可能不同。两种情况都会导致不同城市单位面积的土地产出不同，进而影响到土地租金。单位面积土地的产出越大，农业租金越高。此外，即使在投入相同的情况下，不同城市单位面积的土地生产同一种农产品的产出相同，农业租金也可能不同。这是因为不同城市的交通条件及物流水平不同，这使得农产品的运输成本各不相同。运输成本低，农业租金越高，反之亦然。

③ 税收的本质是"取之于民，用之于民"。现实中，地方政府将土地租金收入用来建设各种基础设施（如道路、医院、学校等）或用来改善民生，这无疑会使得居民从中受益。

证明　采用反证法证明。假设在社会最优状态，一部分（或全部）居住在大城市的人需要去小城市工作。不妨记 (N_1^*, N_2^*) 为最优人口分布，记 N_{12}^* 为从大城市到小城市去工作的总人数。现考虑一种新的人口分布 (N_1', N_2')，该分布满足 $N_1' = N_1^* - N_{12}^*$ 且 $N_2' = N_2^* + N_{12}^*$，假定此时不存在城际通勤。显然，两种人口分布均对应相同的工人分布，进而具有相同的总产出。因为 $t_2 \leqslant t_1$ 且 $T \geqslant \max\{t_1 r_1, t_2 r_2\}$，所以新的人口分布产生的集计通勤成本更小。又因为 $R_1 > R_2$，所以新的人口分布将使得集计农业租金下降 $N_{12}^*(R_1 - R_2)$。上述分析表明：新的人口分布将产生更高的社会福利。因此原有的人口和工人分布不是最优的。该结论与假设矛盾。

定理 3.1 意味着城际通勤者特指从小城市到大城市去工作的人，据此可将社会最优问题表达为

$$\max_{N_1, N_2, N_{21}} \text{SW} = \underbrace{P_1 + P_2}_{\text{集计产出}} - \underbrace{(\text{ACC}_1 + \text{ACC}_2 + N_{21}T)}_{\text{集计通勤成本}} - \underbrace{(R_1 N_1 + R_2 N_2)}_{\text{集计农业租金}} \tag{3.1a}$$

$$\text{s.t.}\quad N_1 + N_2 = N \tag{3.1b}$$

$$N_{21} \leqslant N_2 \tag{3.1c}$$

$$(N_1, N_2, N_{21}) \geqslant 0 \tag{3.1d}$$

其中，SW 表示社会福利；P_1 和 P_2 分别表示城市 1 和城市 2 的产出；$N_{21}T$ 表示总的城际通勤成本；ACC_1 表示城市 1 内部产生的总通勤成本；ACC_2 表示城市 2 内部产生的总通勤成本；$R_1 N_1$ 和 $R_2 N_2$ 分别表示城市 1 和城市 2 的农业租金。式（3.1b）表示系统总人口守恒；式（3.1c）表示城际通勤的人数不超过城市 2 的居民总数；（3.1d）是非负约束。

式（3.1a）中第一部分是集计产出。其中，

$$P_1 = A_1 (N_1 + N_{21})^{1+\gamma} \tag{3.2}$$

$$P_2 = A_2 (N_2 - N_{21})^{1+\gamma} \tag{3.3}$$

式（3.1a）中第三部分是集计农业租金。因为每个人的住房消费量均为 1，所以集计农业租金等于两个城市的人口数与其对应的农业租金的乘积之和，即 $R_1 N_1 + R_2 N_2$。

式（3.1a）中第二部分是集计通勤成本，由于城市 1 的居民及城际通勤者在城市 1 内部总是选择放射形道路出行，因此有

$$\text{ACC}_1 = t_1 \int_0^{r_1} 2\pi r^2 \mathrm{d}r + t_1 r_1 N_{21} = \frac{2t_1}{3\sqrt{\pi}} N_1^{3/2} + t_1 r_1 N_{21} \tag{3.4}$$

而给出 ACC_2 的表达式并不容易。这是因为它的表达式与城际通勤者居住的位置有关。下面结合图 3.3 来阐明这一点。

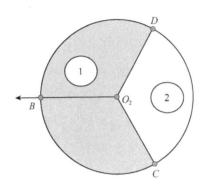

图 3.3　城际通勤者的居住区域对 ACC_2 的影响示意图

优弧 CD 对应的灰色区域为 L 区域，劣弧 CD 对应白色区域为 S 区域

　　图 3.3 中，圆形区域 1 与圆形区域 2 具有相同的面积（进而分布了相同的人口）。显然，让居住在区域 1 的居民到大城市去工作和让居住在区域 2 的居民到大城市去工作所产生的 ACC_2 截然不同。这就引出了这样一个问题：在系统最优状态，城际通勤者应分布在小城市的哪个（或者哪些）区域？对这一问题的回答引出了定理 3.2。由于定理 3.2 的证明用到了一种交换操作，下面先定义这种交换操作。

　　考虑任意两个居住在同一城市、工作在不同城市的居民。交换操作指的是在不改变两个居民居住位置的前提下，交换两个居民的工作地。例如，任意给定一个城际通勤者 Y 和一个市内通勤者 y（他们当然居住在不同的位置）。在不改变 Y 和 y 的居住位置的前提下，如果让 Y 成为一个市内通勤者，而让 y 成为一个城际通勤者，则完成了一次交换操作。显然交换操作不改变城际通勤者的数量。

　　定理 3.2　在系统最优状态，如果不是所有 L 区域的居民都被要求去城市 1 工作，那么 S 区域的居民不应该去城市 1 工作。

　　证明　采用反证法证明。假设在社会最优状态，L 区域和 S 区域都有城际通勤者和市内通勤者。如图 3.2 所示，不失一般性地，不妨设居住在点 M 处（L 区域任意一点）的居民是一个市内通勤者，而居住在 L 区域的其他居民是城际通勤者；居住在 Q 点处的居民是一个城际通勤者，而居住在 S 区域的其他居民是市内通勤者。在该假设条件下，M 点和 Q 点处的居民产生的通勤成本之和为 $t_2\eta r_2 + t_2(1+\mu)r_2 + (T+t_1 r_1)$。现在对这两个居民执行一次交换操作。具体地，让居住在 M 点处的居民到城市 1 去工作，而让居住在 Q 点处的居民到城市 2 去工作。交换后这两个居民产生的通勤成本之和为 $\left(t_2\theta\eta r_2 + t_2(1-\eta)r_2 + T + t_1 r_1\right) + t_2\mu r_2$。显然，执行交换操作不改变城市 2 其他居民（除了这两个居民以外的所有人）所产生的集计通勤成本。用交换前的通勤成本减去交换后的通勤成本，可得 $t_2\eta r_2(2-\theta)$。因为 M 点是 L 区域内任意一点，所以 $\theta\leqslant 2$。因此，执行交换操作总是可以得到更小的通勤成本。注意到，在社会最优状态，执行交换操作只会导致更高的通勤成本。因此，结论与这一基本事实矛盾。

根据定理 3.2，可以将社会最优问题分为两种类型。第一类社会最优指所有的城际通勤者均住在 L 区域；第二类社会最优指的是 L 区域的居民全是城际通勤者，同时 S 区域还有城际通勤者。下面分别对这两类社会最优问题展开讨论。

3.3.1　第一类社会最优

为论述方便，以下称城际通勤者分布的区域为城际通勤区域。显然，在最优解给定的情况下（即 N_1^*、N_2^* 及 N_{21}^* 已知），城际通勤区域的选取应使得 ACC_2 最小。为此，城际通勤区域离高铁站越近越好（称这一特性为邻近性）。首先，考虑一种极端情形，假如只需要 1 个人到城市 1 工作即可达到社会最优，那么这个人应该住在高铁站所在的位置（图 3.4 中的 B 点处），因为让他住在任何其他的位置都会导致更高的通勤成本。其次，城际通勤区域应关于两个城市中心的连线（O_1O_2）对称（称为对称性）。否则，总是可以在不改变城际通勤规模的前提下，通过调整不对称的人口分布使得集计通勤成本降低。最后，城际通勤区域应是一个连通的区域（称为连通性）。简单地说，城际通勤区域不能居住市内通勤者。否则，总是可以在不改变城际通勤规模的前提下，让居住在城际通勤区域的那部分市内通勤者搬出，同时让等量的城际通勤者搬入，以降低总的通勤成本。

以上三个特性可分别用图 3.4（a）～图 3.4（c）来辅助说明。注意，在图 3.4（a）/图 3.4（b）中，区域 1 与区域 2 的面积相同。如果要求从图 3.4（a）/图 3.4（b）中的区域 1 或区域 2 中选择一个作为城际通勤区域，那么根据邻近性/对称性，只能选择区域 1。而对于图 3.4（c），如果区域 1 分布的是城际通勤者，根据连通性，区域 2 也必须分布城际通勤者。

图 3.5 画出了满足邻近性、对称性和连通性的图形，即劣弧 C_1D_1、曲线 AC_1 和 AD_1 包围的区域。为了准确地定义这一区域，需要确定该区域的边界。由对称性可知，实际上只需要确定边界 AC_1 或 AD_1。此时，给出城际通勤区域需满足的最后一个特性。具体地，对于边界上任意一点 E，当点 E 从点 A 沿边界逐渐移动到点 C_1 的过程中，点 E 与点 O_2 之间的距离应逐渐增大。否则，总是可以安排一个居住在城际通勤区域外的居民通勤到城市 1，使得城市 2 内部的集计通勤成本下

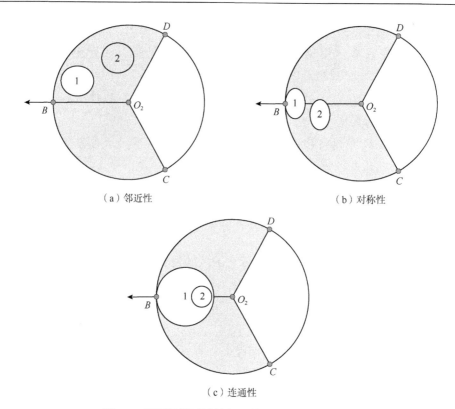

（a）邻近性　　　　　　　　　　　（b）对称性

（c）连通性

图 3.4　城际通勤区域的邻近性、对称性及连通性

优弧 CD 对应的灰色区域为 L 区域，劣弧 CD 对应白色区域为 S 区域

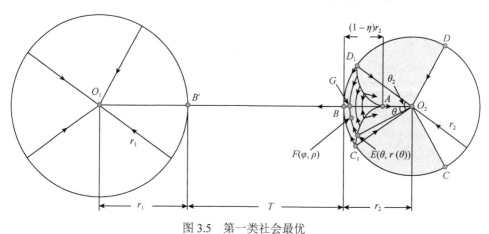

图 3.5　第一类社会最优

优弧 CD 对应的灰色区域为 L 区域，劣弧 CD 对应白色区域为 S 区域

降，这就违背了连通性原则。由于这一特性要求边界 AC_1 和 AD_1 凸向 B 点，因此
称这一特性为边界凸性。

为了确定城际通勤区域的边界，这里引入两个新的成本，即实际通勤成本和机会通勤成本。以图 3.5 中的 A 点处的居民为例，如果他到城市 1 工作，那么他所遭受的通勤成本为 $\left((1-\eta)t_2r_2 + T + t_1r_1\right)$，否则，他所遭受的通勤成本为 $t_2\eta r_2$。由于 A 点是边界上的一点，因此住在该点的居民是城际通勤者。称第一个成本为实际通勤成本（actual commuting cost），称第二个成本为机会通勤成本（opportunity commuting cost）。为了描述曲线 AC_1，这里引入一个极坐标系。在该坐标系下，点 O_2 是极点，极角 θ 是角 C_1O_2B 所对应的弧度数，这里 θ_2 是角 $C_1O_2D_1$ 所对应的弧度数。此时，曲线 AC_1 的方程可以用 $r(\theta)$ 来表示。显然，该方程满足 $r(0) = |O_2A| = \eta r_2$ 且 $r(0.5\theta_2) = |O_2C_1| = r_2$。对于曲线 AC_1 上任意一点 E，它所对应的实际通勤成本和机会通勤成本分别为 $t_2\left(\theta r(\theta) + r_2 - r(\theta)\right) + T + t_1r_1$ 和 $t_2r(\theta)$。在社会最优状态，任何交换操作都将导致更大的 ACC_2。据此得到引理 3.1。

引理 3.1 在社会最优状态，城际通勤区域边界线 AC_1 上任意一点的实际通勤成本与机会通勤成本之差相等。

证明 如图 3.5 所示，点 A 和点 E 为曲线 AC_1 上两个不同的点。分别用 a_1 和 e_1 表示这两个点所产生的实际通勤成本，用 a_2 和 e_2 表示这两个点产生的机会通勤成本。注意：点 A 还是线段 BO_2 上的点。由边界凸性可知 $a_2 > e_2$。记 ACC_2^* 为社会最优状态下城市 2 内部的集计通勤成本。此时，在城市 2 找两组新点：$A'\left(a_1 - \Delta, a_2 + \Delta\right)$ 和 $E'\left(e_1 + \Delta, e_2 - \Delta\right)$、$A''\left(a_1 + \Delta, a_2 - \Delta\right)$ 和 $E''\left(e_1 - \Delta, e_2 + \Delta\right)$，这里 Δ 是一个大小合适的正数。以 $A'\left(a_1 - \Delta, a_2 + \Delta\right)$ 为例，其表示点 A' 处的实际通勤成本为 $a_1 - \Delta$，机会通勤成本为 $a_2 + \Delta$。根据邻近性条件可知，居住在点 A' 和点 E'' 的居民为城际通勤者，而居住在点 E' 和点 A'' 的居民为市内通勤者。下面用反证法证明引理 3.1 成立。

先假定 $e_1 - e_2 < a_1 - a_2$。现执行一次交换操作。具体地，让居住在点 E' 的居民到城市 1 工作，居住在点 A' 的居民到城市 2 工作。执行交换操作后，城际通勤者的总数保持不变。然而，交换操作使得城市 2 内部的集计通勤成本增加 $(e_1 - e_2) - (a_1 - a_2) + 4\Delta$。当 Δ 趋近于零时，有：$\lim\limits_{\Delta \to 0}\left((e_1 - e_2) - (a_1 - a_2) + 4\Delta\right) = (e_1 - e_2) - (a_1 - a_2) < 0$。这表明执行交换操作可以进一步降低城市 2 内部的集计通勤成本。

再假定 $e_1 - e_2 > a_1 - a_2$。同样地，执行一次交换操作，即让点 A'' 处的居民成为城际通勤者，而让 E'' 处的居民成为市内通勤者。这将使得城市 2 内部的集计通

勤成本增加 $(a_1 - a_2) - (e_1 - e_2) + 4\Delta$。很显然，$\lim_{\Delta \to 0}\left((a_1 - a_2) - (e_1 - e_2) + 4\Delta\right) = (a_1 - a_2) - (e_1 - e_2) < 0$。这表明交换操作可以进一步降低城市 2 内部的集计通勤成本。

以上两种情形均表明 ACC_2^* 不是最优解，与假设矛盾。

由于 A 和 E 是曲线 AC_1 上的两个点，它们显然满足引理 3.1，由此可知：

$$t_2\left(\theta r(\theta) + r_2 - r(\theta)\right) + T + t_1 r_1 - t_2 r(\theta) = (1 - \eta) t_2 r_2 + T + t_1 r_1 - t_2 \eta r_2 \quad (3.5)$$

求解式（3.5）可得 $r(\theta) = 2\eta r_2 / (2 - \theta)$。由条件 $r(0) = \eta r_2$ 和 $r(0.5\theta_2) = r_2$ 可知，$\theta_2 = 4(1 - \eta)$。因此，曲线 AC_1 的方程可表示为

$$r(\theta) = \frac{2\eta r_2}{2 - \theta}, \quad \theta \in \left[0, 0.5\theta_2\right] \quad (3.6)$$

特别地，当 $\eta = 0$ 时（这意味着住在城市 2 市中心的居民是城际通勤者），此时边界 AC_1 的方程不能确定。有趣的是，此时城际通勤区域的边界就是用来划分区域 L 和区域 S 的两条线段（CO_2 和 DO_2），这是因为 CO_2 和 DO_2 上的任意一点恰好满足引理 3.1。一旦城际通勤区域的边界确定了，就可以进一步推导出 N_{21} 及 ACC_2 的表达式。前者等于 $O_2C_1D_1$ 的面积减去 $O_2C_1AD_1O_2$ 的面积，即

$$N_{21} = \frac{\theta_2}{2}{r_2}^2 - 2\int_0^{\frac{\theta_2}{2}}\int_0^{r(\theta)} r\,\mathrm{d}r\,\mathrm{d}\theta = 2(1 - \eta)^2 {r_2}^2 = \frac{2}{\pi}(1 - \eta)^2 N_2 \quad (3.7)$$

因为 η 是 $[0,1]$ 之间的连续变量，所以城际通勤者的数量可以由 η 唯一确定。因此，可以用变量 η 代替社会最优模型中的变量 N_{21}。此外，$0 \leqslant N_{21} \leqslant (2/\pi) N_2$。

ACC_2 的计算需要引入新的坐标系。具体地，构建一个坐标系 (φ, ρ)，这里 ρ 是点 F（城际通勤区域任意一点）和点 O_2 之间的距离，满足 $|FO_2| \in [\eta r_2, r_2]$；$\varphi$ 是角 FO_2B 所对应的弧度数，满足 $\varphi \in [0, \theta]$。可知 $\theta = (2\rho - 2\eta r_2)/\rho$，进一步有

$$\mathrm{ACC}_2 = \overbrace{2t_2\int_{\eta r_2}^{r_2}\int_0^{\frac{2\rho - 2\eta r_2}{\rho}}\left(\varphi\rho + r_2 - \rho\right)\rho\,\mathrm{d}\varphi\,\mathrm{d}\rho}^{\mathrm{ACC}_{21}} + \overbrace{t_2\int_0^{r_2} 2\pi r^2\,\mathrm{d}r - 2t_2\int_{\eta r_2}^{r_2} r^2\frac{2r - 2\eta r_2}{r}\,\mathrm{d}r}^{\mathrm{ACC}_{22}}$$

$$= 2t_2\left(-\frac{4}{3}\eta^3 + 3\eta^2 - 2\eta + \frac{\pi + 1}{3}\right)\pi^{-3/2}{N_2}^{3/2} \quad (3.8)$$

其中，ACC_{21} 表示城际通勤者在城市 2 内部产生的集计通勤成本；ACC_{22} 表示城市 2 的市内通勤者产生的总通勤成本。

定理 3.3　给定 N_{21}^*，即可确定 ACC_{21}。

证明　可知 N_2 可以写成 η 的函数，即

$$N_2 = \frac{\pi N_{21}^*}{2(1-\eta)^2} \tag{3.9}$$

其中，N_{21}^* 表示最优城际通勤人数，假定它为已知。又因为

$$\text{ACC}_{21} = 2t_2 \int_{\eta r_2}^{r_2} \int_0^{\frac{2\rho-2\eta r_2}{\rho}} (\varphi\rho + r_2 - \rho)\rho \mathrm{d}\varphi \mathrm{d}\rho = 2t_2(1-\eta)^3 \pi^{-3/2} N_2^{3/2} \tag{3.10}$$

因此，即得 $\text{ACC}_{21} = \frac{t_2}{\sqrt{2}}\left(N_{21}^*\right)^{3/2}$。

根据以上分析，现将第一类社会最优问题重写为

$$\max_{N_1, N_2, \eta} \text{SW} = \underbrace{P_1 + P_2}_{\text{集计产出}} - \underbrace{\left(\text{ACC}_1 + \text{ACC}_2 + \frac{2}{\pi}(1-\eta)^2 N_2 T\right)}_{\text{集计通勤成本}} - \underbrace{\left(R_1 N_1 + R_2 N_2\right)}_{\text{集计农业租金}} \tag{3.11a}$$

$$\text{s.t.} \quad N_1 + N_2 = N \tag{3.11b}$$

$$N_1 \geqslant 0 \tag{3.11c}$$

$$N_2 \geqslant 0 \tag{3.11d}$$

$$\eta \geqslant 0 \tag{3.11e}$$

$$\eta \leqslant 1 \tag{3.11f}$$

式（3.11a）用式（3.7）中含变量 η 的表达式替换了式（3.1a）的 N_{21}。这是因为，当所有人都居住在城市 1 时，目标函数关于 N_{21} 是不可微的，用变量 η 来代替 N_{21} 可以解决不可微的问题。该模型［式（3.11a）至式（3.11f）］的拉格朗日函数可写成

$$L = \text{SW} + \lambda(N - N_1 - N_2) + \lambda_1 N_1 + \lambda_2 N_2 + \lambda_3 \eta + \lambda_4(1-\eta) \tag{3.12}$$

其中，$\lambda, \lambda_1, \lambda_2, \lambda_3, \lambda_4$ 分别表示式（3.11b）～式（3.11f）的拉格朗日乘子。KKT（Karush-Kuhn-Tucker，卡鲁什-库恩-塔克）条件可表示为

$$\text{SW}_{N_1} - \lambda + \lambda_1 = 0 \tag{3.13}$$

$$\text{SW}_{N_2} - \lambda + \lambda_2 = 0 \tag{3.14}$$

$$\text{SW}_\eta + \lambda_3 - \lambda_4 = 0 \tag{3.15}$$

$$\lambda_1 N_1 = 0 \tag{3.16}$$

$$\lambda_2 N_2 = 0 \tag{3.17}$$

$$\lambda_3 \eta = 0 \tag{3.18}$$

$$\lambda_4(1-\eta) = 0 \tag{3.19}$$

$$N_1 + N_2 = N \tag{3.20}$$

$$\lambda_i \geqslant 0, \quad i = 1, 2, 3, 4 \tag{3.21}$$

其中，

$$\mathrm{SW}_{N_1} = \frac{\partial \mathrm{SW}}{\partial N_1} = (1 + \gamma) A_1 (N_1 + N_{21})^\gamma - \frac{t_1}{\sqrt{\pi}} N_1^{1/2} - \frac{t_1 N_{21}}{\sqrt{\pi N_1}} - R_1 \tag{3.22}$$

$$\mathrm{SW}_{N_2} = \frac{\partial \mathrm{SW}}{\partial N_2} = \frac{2}{\pi}(1 - \eta)^2 (1 + \gamma) A_1 (N_1 + N_{21})^\gamma + (1 + \gamma) A_2 (N_2 - N_{21})^\gamma \left(1 - \frac{2}{\pi}(1 - \eta)^2\right)$$
$$- R_2 - \left(3 t_2 \left(-\frac{4}{3}\eta^3 + 3\eta^2 - 2\eta + \frac{\pi + 1}{3}\right)\pi^{-3/2} N_2^{1/2} + \frac{2}{\pi}(1 - \eta)^2 (T + t_1 r_1)\right) \tag{3.23}$$

$$\mathrm{SW}_\eta = \frac{\partial \mathrm{SW}}{\partial \eta} = N_2 \left(\frac{4}{\pi}(1 + \gamma)(\eta - 1)\left(A_1 (N_1 + N_{21})^\gamma - A_2 (N_2 - N_{21})^\gamma\right)\right.$$
$$\left. - 2 t_2 \left(-4\eta^2 + 6\eta - 2\right)\pi^{-3/2} N_2^{1/2} + \frac{4}{\pi}(1 - \eta)(T + t_1 r_1)\right) \tag{3.24}$$

由于社会最优问题不是一个凸规划问题，因此，KKT 条件不能保证解的最优性。下面分情况讨论不同最优解需满足的必要条件。

情形 1：所有人都居住在城市 1，即 $N_1 = N$。此时有 $N_2 = N_{21} = 0$ 且 $\eta = 1$[①]。因此，$\mathrm{SW}_\eta = 0$。由 $\lambda_2 \geqslant 0$ 可得

$$A_1 \geqslant \frac{t_1 \pi^{-1/2} N^{1/2} + R_1 - R_2}{(1 + \gamma) N^\gamma} A_2 \tag{3.25}$$

现实生活中，N 往往比较大（对于一个中等规模的城市，其常住人口一般都超过 100 万），而 γ 一般取 0.05 左右[11]。又因为 $R_1 > R_2$，所以 $\left(t_1 \pi^{-1/2} N^{1/2} + R_1 - R_2\right) / \left((1 + \gamma) N^\gamma\right)$ 一般大于 1[②]。这表明，只有当城市 1 的全要素生产率显著高于城市 2 时，让所有人都住在城市 1 才可能是社会最优的。

情形 2：所有人都居住在城市 2，且没有城际通勤，即 $N_2 = N$，$N_{21} = 0$。对于情形 2，社会最优问题的目标函数关于 N_1 不可导。

情形 3：所有人都居住在城市 2，且存在城际通勤，即 $N_2 = N$，$N_{21} \in (0, 2N_2/\pi)$。同情形 2，对于该情形，社会最优问题的目标函数关于 N_1 不可导。

情形 4：两个城市都有人居住，且不存在城际通勤，即 $N_1 > 0$，$N_2 > 0$，$N_{21} = 0$。

---

① 注意 η 是有几何意义的。只有当 $r_2 > 0$ 时，η 才能取小于 1 的值。

② 第 10 章实证研究中，计算得到只有当 $A_1 \geqslant 3.64 A_2$ 时，所有人居住在大城市才可能是社会最优的。

对于该情形，显然有 $\eta=1$。进一步分析 KKT 条件可得：$\lambda_3=\lambda_4=0$，$SW_\eta=0$，$\lambda_1=\lambda_2=0$，且 $SW_{N_1}=SW_{N_2}$。特别地，由 $SW_{N_1}=SW_{N_2}$ 可得

$$\frac{\partial P_1}{\partial N_1}-\frac{\partial ACC_1}{\partial N_1}-\left(\frac{\partial P_2}{\partial N_2}-\frac{\partial ACC_2}{\partial N_2}\right)=R_1-R_2 \qquad (3.26)$$

这表明，只有当两个城市的净边际产出之差与农业租金之差相等时，情形 4 才可能是社会最优。如果两个城市的资源禀赋相当，而城际通勤成本很大，则可能出现此种情形。

情形 5：两个城市都有人居住，且存在城际通勤，即 $N_1>0$，$N_2>0$，$N_{21}\in\left(0,2N_2/\pi\right)$。同情形 3，易知 $0<\eta<1$。进一步分析 KKT 条件可得：$\lambda_1=\lambda_2=\lambda_3=\lambda_4=0$。由此可知 $SW_{N_{21}}=0$ 且 $SW_{N_1}=SW_{N_2}$。也就是说，只有当额外增加一个城际通勤者不会导致社会福利增加，且城市 1 额外增加一个居民导致的福利增加和城市 2 额外增加一个居民导致的福利增加是一样时，情形 5 才可能是社会最优。

3.3.2　第二类社会最优

当考虑第二类社会最优时，小城市 L 区域的所有人都需到大城市去工作，此时 $N_{21}\in\left[2N_2/\pi,N_2\right]$。

定理3.4　在小城市 S 区域任意执行交换操作不改变城市 2 内部的集计通勤成本。

证明　不失一般性地，假定居住在 S 区域某个位置（图 3.6 中的 E 点）的居

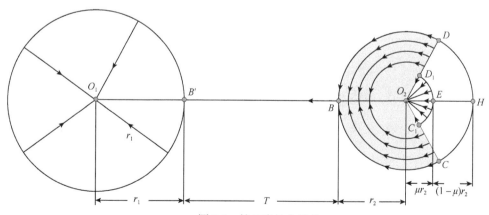

图 3.6　第二类社会最优

优弧 CD 对应的灰色区域为 L 区域，劣弧 CD 对应白色区域为 S 区域

民是一城际通勤者。该居民居住地与城市 2 的市中心之间的距离为 μr_2，因此，该点所对应的实际和机会通勤成本分别为：$t_2(1+\mu)r_2 + T + t_1 r_1$ 及 $t_2 \mu r_2$。再假定居住在 S 区域另一位置（泛指）的居民是一市内通勤者，他到市中心的距离为 $\mu_1 r_2$（$\mu_1 \neq \mu$），该点处的实际和机会通勤成本分别为：$t_2 \mu_1 r_2$ 及 $t_2(1+\mu_1)r_2 + t_1 r_1 + T$。显然：$(t_2(1+\mu)r_2 + T + t_1 r_1) + t_2 \mu_1 r_2 = (t_2(1+\mu_1)r_2 + t_1 r_1 + T) + t_2 \mu r_2$。也就是说，执行交换操作不改变总的通勤成本，定理 3.4 证毕。

定理 3.4 表明城际通勤区域在 S 区的边界可以任意选取。为此，不妨将边界定义为一段圆弧。这样做能最大限度地降低 N_{21} 及 ACC_2 的计算难度。

如图 3.6 所示，圆弧 $C_1 D_1$ 是 S 区域分割城际通勤者和市内通勤者的边界。此时，城际通勤者的表达式可以写成

$$N_{21} = \frac{2}{\pi} N_2 + \frac{\pi - 2}{\pi} N_2 \mu^2 \tag{3.27}$$

由式（3.27）可知，N_{21} 是 μ 的单调递增函数，且满足 $N_{21}(0) = 2N_2/\pi$，$N_{21}(1) = N_2$。

城市 2 内部产生的集计通勤成本为

$$\mathrm{ACC}_2 = 2t_2 \int_0^{r_2} \int_0^2 (\varphi \rho + r_2 - \rho)\rho \mathrm{d}\varphi \mathrm{d}\rho + \overbrace{t_2 \int_0^{\mu r_2}(2\pi - 4)r(r + r_2)\mathrm{d}r}^{\mathrm{ACC}_{21}} + \overbrace{t_2 \int_{\mu r_2}^{r_2}(2\pi - 4)r^2 \mathrm{d}r}^{\mathrm{ACC}_{22}}$$

$$= t_2 \left((\pi - 2)\mu^2 + \frac{2\pi + 2}{3}\right)\pi^{-3/2} N_2^{3/2} \tag{3.28}$$

因此，第二类社会最优问题可以写成

$$\max_{N_1, N_2, \mu} \mathrm{SW} = \underbrace{P_1 + P_2}_{\text{集计产出}} - \underbrace{\left(\mathrm{ACC}_1 + \mathrm{ACC}_2 + \left(\frac{2}{\pi}N_2 + \frac{\pi - 2}{\pi}\mu^2 N_2\right)T\right)}_{\text{集计通勤成本}} - \underbrace{(R_1 N_1 + R_2 N_2)}_{\text{集计农业租金}} \tag{3.29}$$

因为

$$\frac{\partial \mathrm{SW}}{\partial N_{21}} = \begin{cases} A_1(1+\gamma)(N_1 + N_{21})^\gamma - (1+\gamma)(N_2 - N_{21})^\gamma + t_2 r_2 - t_1 r_1 - T - t_2 \sqrt{2N_{21}}, \\ \qquad\qquad\qquad\qquad\qquad\qquad\qquad\qquad\qquad 0 \leqslant N_{21} \leqslant \frac{2}{\pi}N_2 \\ A_1(1+\gamma)(N_1 + N_{21})^\gamma - (1+\gamma)(N_2 - N_{21})^\gamma - t_1 r_1 - t_2 r_2 - T, \\ \qquad\qquad\qquad\qquad\qquad\qquad\qquad\qquad\qquad \frac{2}{\pi}N_2 \leqslant N_{21} \leqslant N_2 \end{cases} \tag{3.30}$$

不难验证，当 $N_{21} = 2N_2/\pi$ 时，社会福利对于城际通勤人数的左右导数也相等。因

此，社会福利函数在 $N_{21}=2N_2/\pi$ 处仍然可微。因此，可以得到定理 3.5。

定理 3.5 第二类社会最优要求所有居住在城市 2 的人都到城市 1 去工作。

证明 对式（3.29）关于 N_{21} 求偏导，可得

$$\frac{\partial \mathrm{SW}}{\partial N_{21}} = (1+\gamma)A_1(N_1+N_{21})^\gamma - (1+\gamma)A_2(N_2-N_{21})^\gamma - (t_1 r_1 + t_2 r_2 + T) \quad (3.31)$$

式（3.31）关于 N_{21} 求偏导，可得

$$\frac{\partial^2 \mathrm{SW}}{\partial N_{21}^2} = \gamma(1+\gamma)\left(A_1(N_1+N_{21})^{\gamma-1} + A_2(N_2-N_{21})^{\gamma-1}\right) > 0 \quad (3.32)$$

式（3.32）表明 $\partial\mathrm{SW}/\partial N_{21}$ 是关于 N_{21} 的严格单调递增函数。如果存在第二类社会最优，则表明当 N_{21} 等于某一特定值时，有 $\partial\mathrm{SW}/\partial N_{21} \geq 0$。记这一特定值为 $\tilde{N}_{21}$，且满足 $\tilde{N}_{21} \in \left(2N_2^*/\pi, N_2^*\right)$。此时有

$$(1+\gamma)A_1\left(N_1^* + \tilde{N}_{21}\right)^\gamma - (1+\gamma)A_2\left(N_2^* - \tilde{N}_{21}\right)^\gamma - (tr_1 + tr_2 + T) \geq 0 \quad (3.33)$$

由式（3.32）可知，对于任意 $N_{21} \in (\tilde{N}_{21}, N_2^*]$，都有

$$(1+\gamma)A_1\left(N_1^* + N_{21}\right)^\gamma - (1+\gamma)A_2\left(N_2^* - N_{21}\right)^\gamma - (tr_1 + tr_2 + T) \geq 0 \quad (3.34)$$

式（3.34）表明当 $N_{21}=N_2^*$ 时，社会福利达到最大。

类似于第一类社会最优问题，很容易写出第二类社会最优问题的拉格朗日函数和 KKT 条件，其形式与第一类社会最优问题完全一样。不同的是：

$$\mathrm{SW}_{N_1} = (1+\gamma)A_1\left(N_1 + \frac{2}{\pi}N_2 + \frac{\pi-2}{\pi}\mu^2 N_2\right)^\gamma - \frac{t_1}{\sqrt{\pi}}N_1^{1/2} - \frac{t_1 N_{21}}{\sqrt{\pi N_1}} - R_1 \quad (3.35)$$

$$\mathrm{SW}_{N_2} = (1+\gamma)A_1(N_1+N_{21})^\gamma\left(\frac{2}{\pi} + \frac{\pi-2}{\pi}\mu^2\right) + (1+\gamma)A_2(N_2-N_{21})^\gamma\left(1 - \frac{2}{\pi} - \frac{\pi-2}{\pi}\mu^2\right)$$
$$- \left(\frac{3}{2}t_2\left((\pi-2)\mu^2 + \frac{2\pi+2}{3}\right)\right)\pi^{-3/2}N_2^{1/2} + \left(\frac{2}{\pi} + \frac{\pi-2}{\pi}\mu^2\right)(T + t_1 r_1) - R_2 \quad (3.36)$$

$$\mathrm{SW}_\mu = N_2\mu\Bigg((1+\gamma)\frac{2\pi-4}{\pi}\left(A_1(N_1+N_{21})^\gamma - A_2(N_2-N_{21})^\gamma\right)$$
$$- N_2\mu - 2t_2(\pi-2)\pi^{-3/2}N_2^{1/2} - (T + t_1 r_1)\frac{2\pi-4}{\pi}\Bigg) \quad (3.37)$$

分析第二类社会最优问题的 KKT 条件可得两种新的最优情形。

情形 6：所有人都住在城市 2，且他们都到大城市去工作，即 $N_1=0$，

$N_2 = N_{21} = N$。此时，目标函数关于 N_1 不可导。

情形 7：两个城市都有人居住，且小城市的人全到大城市工作，即 $N_1 > 0$，$N_2 > 0$，$N_{21} = N_2$。对于该情形，易知：$\mu = 1$，$\lambda_1 = \lambda_2 = 0$，进而可得

$$\left(1 + \gamma\right) A_1 N^{\gamma} - \frac{t_1}{\sqrt{\pi}} N_1^{1/2} - \frac{t_1 N_2}{\sqrt{\pi N_1}} - R_1 = \lambda \tag{3.38}$$

$$\left(1 + \gamma\right) A_1 N^{\gamma} - \left(\frac{t_2 \left(5\pi - 4\right)}{2} \pi^{-3/2} N_2^{1/2} + T\right) - R_2 = \lambda \tag{3.39}$$

联立式（3.38）和式（3.39）可得

$$\frac{t_2 \left(5\pi - 4\right)}{2\pi} \sqrt{N_1 \left(N - N_1\right)} - t_1 N_1 - t_1 \left(N - N_1\right) = \sqrt{\pi N_1} \left(R_1 - R_2 - T\right) \tag{3.40}$$

求解式（3.40）可得最优人口分布。

前面讨论了不同最优情形出现的必要条件，然而，有时我们还关心不同情形出现的充分条件。遗憾的是，除了情形 3 和情形 5，其他情形出现的充分条件均无法给出。定理 3.6 给出了情形 3 或情形 5 出现的充分条件。

定理 3.6　如果 $\lim\limits_{N_{21} \to 0} \partial \mathrm{SW} / \partial N_{21} > 0$ 且 $\mathrm{SW}(0) - \mathrm{SW}(N_2) \geqslant 0$，会出现情形 3 和情形 5 中的一种。

证明　如果 $\lim\limits_{N_{21} \to 0} \partial \mathrm{SW} / \partial N_{21} > 0$，说明让 L 区域的居民到大城市工作会提高社会福利。由定理 3.5 可知，第二类社会最优只可能出现在 $N_{21} = N_2$ 处。如果 $\mathrm{SW}(0) - \mathrm{SW}(N_2) \geqslant 0$，则说明没有城际通勤时的社会福利不低于让所有小城市的人到大城市工作所产生的社会福利。因此，第二类社会最优不可能出现。综上所述，当定理 3.6 中的条件满足时，一定会出现情形 3 或情形 5。

3.4　竞争均衡

本节先讨论没有城际通勤时的竞争均衡。在该系统中，人都是理性的，也就是说，居民都致力于通过选择合适的居住地和工作地来实现自身效用最大化。在均衡状态，系统中所有居民所获得的效用相等，且没有人能通过单方面改变自己的居住地或工作地来提高自己的效用。由于居民的住房消费量为 1，商品的价格也为 1，因此，居民的效用水平由他所消费的非住房商品量唯一决定，消费量越大，效用越高，反之亦然。具体地，对于居住在城市 i 位置 r 处的居民，他所获得的效用为

$$u_i(r) = w_i + I_i - p_i(r) - t_i r \tag{3.41}$$

其中，w_i 和 I_i 分别表示城市 i 的工资水平和返还的土地租金；$p_i(r)$ 表示位置 r 处的房价。由于在均衡状态，效用处处相等，因此，以下用 u_i 代替 $u_i(r)$。在城市边界，地租等于农业租金，因此有

$$u_i = w_i + I_i - R_i - t_i r_i \tag{3.42}$$

联立式（3.41）和式（3.42）可以给出城市 i 任一位置 r 处的地租，即

$$p_i(r) = R_i + t_i\left(r_i - r\right) \tag{3.43}$$

注意到 $\partial p_i(r)/\partial r = -t_i < 0$，这说明离市中心越近（通勤成本越低），房价越高。因为每个居民的住房消费量都是 1，所以城市 i 的集计租金收入为

$$\text{ALR}_i = \int_0^{r_i} 2\pi r p_i(r)\mathrm{d}r = R_i N_i + \frac{t_i}{3\sqrt{\pi}} N_i^{3/2} \tag{3.44}$$

由式（3.44）可知：$I_i = \left(\text{ALR}_i - R_i N_i\right)/N_i = t_i N_i^{1/2}\big/\left(3\sqrt{\pi}\right)$。在一个完全竞争市场，工人的工资等于他的边际产出，即 $w_i = A_i N_i^\gamma$。将 I_i 和 w_i 代入式（3.44），可得

$$u_i = A_i N_i^\gamma \left(1 - \frac{2t_i}{3A_i\sqrt{\pi}} N_i^{\frac{1}{2}-\gamma}\right) - R_i \tag{3.45}$$

式（3.45）两边同时对 N_i 求偏导，可得

$$\frac{\partial u_i}{\partial N_i} = \gamma A_i N_i^{\gamma-1}\left(1 - \frac{1/3}{\gamma}\times\frac{t_i}{A_i\sqrt{\pi}} N_i^{\frac{1}{2}-\gamma}\right) \tag{3.46}$$

因为 $\gamma > t_i\big/\left(3\sqrt{\pi}\right)$，所以当 N_i 相对较小时，有 $\partial u_i/\partial N_i > 0$，即效用随人口的增大而增大；又因为 $\gamma < 1/3$，所以当 N_i 足够大时，有 $\partial u_i/\partial N_i < 0$，即效用随人口的增大而减小。这意味着，当城市人口超过某一规模时，集聚效应带来的正外部性将会被拥挤效应造成的负外部性所抵消。特别地，求解 $\partial u_i/\partial N_i = 0$ 可以得到最优人口规模（效用最大时所对应的人口数量），即

$$\bar{N}_i = \left(\frac{3\gamma A_i\sqrt{\pi}}{t_i}\right)^{\frac{2}{1-2\gamma}} \tag{3.47}$$

基于以上分析，可以推导出定理 3.7～定理 3.11。

定理 3.7　如果 $A_1 \geqslant N^{-\gamma}\left(\bar{N}_2{}^\gamma - 2t_2\sqrt{\bar{N}_2}\big/\left(3\sqrt{\pi}\right) - R_2 + 2t_1\sqrt{N}\big/\left(3\sqrt{\pi}\right) + R_1\right)A_2$，没有人愿意居住在小城市。

证明　城市 2 能达到的最大效用为 $\bar{u}_2 = A_2\bar{N}_2{}^\gamma - 2t_2\sqrt{\bar{N}_2}\big/\left(3\sqrt{\pi}\right) - R_2$。如果所有人都住在城市 1，则均衡效用为 $u^* = A_1 N^\gamma - 2t_1\sqrt{N}\big/\left(3\sqrt{\pi}\right) - R_1$。不难验证，当

定理 3.7 的条件成立时，有 $u^* \geqslant \bar{u}_2$。

定理 3.8 如果 $R_1 \geqslant A_1 \bar{N}_1^{\gamma} - A_2 N^{\gamma} + R_2 - 2\left(t_1\sqrt{\bar{N}_1} - t_2\sqrt{N}\right)\Big/\left(3\sqrt{\pi}\right)$，没有人愿意居住在大城市。

证明 城市 1 能达到的最大效用为 $\bar{u}_1 = A_1 \bar{N}_1^{\gamma} - 2t\sqrt{\bar{N}_1}\Big/\left(3\sqrt{\pi}\right) - R_1$。如果所有人都住在城市 2，则均衡效用为 $u^* = A_2 N^{\gamma} - 2t_2\sqrt{N}\Big/\left(3\sqrt{\pi}\right) - R_2$。不难验证，当定理 3.8 的条件成立时，有 $u^* \geqslant \bar{u}_1$。

定理 3.9 当且仅当条件 1——$\bar{N}_1 + \bar{N}_2 < N$、条件 2——$u_1\left(\bar{N}_1\right) > u_2\left(N - \bar{N}_1\right)$ 和条件 3——$u_2\left(\bar{N}_2\right) > u_1\left(N - \bar{N}_2\right)$ 同时成立时，存在一个均衡使得 $N_i > 0$ 对于 $i = 1, 2$ 都成立。

证明 如果条件 1 不成立，此时点 3（图 3.7 中编号为"3"的圆点）将在点 1 左侧；如果条件 2 不成立，点 1 将在点 4 下方；如果条件 3 不成立，点 3 将在点 2 下方。显然，无论哪种情形出现，都不可能出现一个稳定的均衡点。

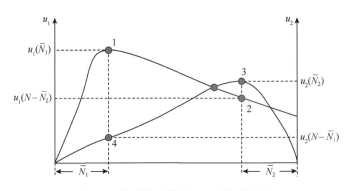

图 3.7　两个城市都有人口的稳定均衡

特别地，当定理 3.7 和定理 3.8 中的条件成立时，系统中不可能存在两个城市。由于本章讨论的对象是两个城市组成的经济系统，因此以下的分析假设定理 3.9 中的条件始终满足。

接下来考虑包含城际通勤时的均衡问题。在进一步分析之前，先给出定理 3.10（重要）。

定理 3.10 在均衡状态，大城市的居民不愿意去小城市工作。

证明 由于假设了定理 3.9 中的三个条件都成立，因此，当城际通勤成本趋于无限大时，系统中一定存在一个唯一的均衡，即

$$w_1 + I_1 - R_1 - tr_1 = w_2 + I_2 - R_2 - tr_2 \tag{3.48}$$

下面用反证法证明定理 3.10 成立。假设在均衡状态，居住在城市 1 的居民愿意去城市 2 工作。该假设意味着：当城际通勤成本低于某一阈值时（记为 T^*），住在城市 1 高铁站附近的居民一定会选择到城市 2 工作。也就是说：

$$w_2 + I_1 - R_1 - tr_2 - T^* \geq w_1 + I_1 - R_1 - tr_1 \tag{3.49}$$

则有

$$R_2 \geq R_1 + T + I_2 - I_1 \tag{3.50}$$

由于 $R_2 < R_1$，因此，要使式（3.50）成立，必然要求 $I_2 < I_1$。又因为 $I_i = t_i N_i^{1/2} / (3\sqrt{\pi})$，所以 $I_2 < I_1$ 等价于 $N_2 < N_1$，即超过一半的人居住在城市 1。如果是这样的话，城市 1 的工资水平一定高于城市 2（注意城市 1 的全要素生产率高于城市 2）。因此，对于城市 1 的居民，选择去城市 2 工作是不明智的。证毕。

定理 3.10 说明：在均衡状态，只可能出现小城市的人去大城市工作的情形。

下面进一步讨论城际通勤出现的条件。显然，如果均衡时系统中存在城际通勤，则住在小城市高铁站附近的人一定是城际通勤者。特别地，对于住在 B 点（图 3.2）处的居民，如果他选择在城市 2 工作，他所得到的效用是

$$u_{B,2} = w_2 + I_2 - R_2 - t_2 r_2 \tag{3.51}$$

如果他选择到城市 1 工作，他所得到的效用是

$$u_{B,1} = w_1 + I_2 - R_2 - t_1 r_1 - T \tag{3.52}$$

显然，只有当 $u_{B,1} > u_{B,2}$ 时，才可能出现城际通勤。具体地，有

$$w_1 + I_2 - R_2 - t_1 r_1 - T \geq w_2 + I_2 - R_2 - t_2 r_2 \tag{3.53}$$

由式（3.53）可知：

$$R_1 \geq R_2 + T + (I_1 - I_2) \tag{3.54}$$

特别地，当超额土地租金收入不返还或者平均返还给系统中的居民时（此时有 $I_1 = I_2$），式（3.54）退化为 $R_1 \geq R_2 + T$。这表明只有当城市 1 的农业租金不低于城市 2 的农业租金和城际通勤成本之和时，才可能出现城际通勤。在该条件不满足的情况下，城市 2 的居民有到城市 1 工作的动机，那么他们总是可以搬到城市 1 的边界居住以获得更高的效用。

定理 3.11 除非 L 区域（图 3.2）的居民都愿意去大城市工作，否则 S 区域的居民不愿意去大城市工作。

证明 假设存在一个均衡使得 $N_{21} < 2N_2/\pi$。该假设意味着 L 区域存在市内通勤者。不失一般性地，假定图 3.2 中居住在 M 点处的居民是一个城际通勤者，Q 点处的居民也是一个城际通勤者。因此，M 点处的居民所获得的效用是

$$u_M = w_1 + I_2 - p_M - \left(t\theta\eta r_2 + t(1-\eta)r_2 + T + tr_1\right) \tag{3.55}$$

Q 点处的居民所获得效用是

$$u_Q = w_1 + I_2 - p_Q - \left(t(1+\mu)r_2 + T + tr_1\right) \tag{3.56}$$

注意在均衡状态，有 $u_M = u_Q$。又因为 $\theta < 2$，因此 Q 点处的居民可以搬到 M 点处以获得更高的效用，这种趋势将使得 L 区域的市内通勤者转变为城际通勤者。

同社会最优一样，定理 3.11 表明竞争均衡也可以划分为两种不同的类别。第一类竞争均衡是指：居住在小城市市中心的居民是一个市内通勤者，此时 $N_{21} < 2N_2/\pi$。第二类竞争均衡是指：居住在小城市市中心的居民是一个城际通勤者，此时 $N_{21} \geq 2N_2/\pi$。下面分别就这两种类别的均衡展开讨论。

3.4.1 第一类竞争均衡

当考虑竞争均衡时，不难发现社会最优状态下城际通勤区域所具备的四个特性（邻近性、对称性、连通性、边界凸性）依然成立。为此，本节首先将确定第一类竞争均衡状态下城际通勤区域的边界。同第一类社会最优一样，本节后续讨论的相关坐标参看图 3.5，仍在极坐标系下讨论曲线 AC_1 的方程。显然，AC_1 的方程 $r(\theta)$ 满足两个边界条件：$r(0) = |O_2A| = \eta r_2$，$r(0.5\theta_2) = |O_2C_1| = r_2$。在均衡状态，对于居住在 E 点（曲线 AC_1 上任意一点）的居民而言，选择到城市 1 工作还是到城市 2 工作是无差异的，换句话说，他到城市 1 工作所获得的效用与到城市 2 工作所获得的效用相等。据此可以推导均衡状态下曲线 AC_1 的方程。特别地，如果 E 点处的居民选择到城市 2 工作，他所获得的效用是

$$u_{E,2} = w_2 + I_2 - p_2\left(\theta, r(\theta)\right) - t_2 r(\theta) \tag{3.57}$$

在均衡状态，$u_{E,2}$ 不随 E 点的变化而变化，由此可知：

$$\frac{\partial u_{E,2}}{\partial \theta} = 0 = \frac{\partial p_2\left(\theta, r(\theta)\right)}{\partial \theta} + \frac{\partial p_2\left(\theta, r(\theta)\right)}{\partial r(\theta)} \times \frac{\mathrm{d}r(\theta)}{\mathrm{d}\theta} + t_2\frac{\mathrm{d}r(\theta)}{\mathrm{d}\theta} \tag{3.58}$$

如果 E 点处的居民选择到城市 1 工作，他所获得的效用是

$$u_{E,1} = w_1 + I_2 - p_2\left(\theta, r(\theta)\right) - t_2\left(\theta r(\theta) + r_2 - r(\theta)\right) - T - t_1 r_1 \tag{3.59}$$

类似地，在均衡状态，有

$$\frac{\partial u_{E,1}}{\partial \theta} = 0 = \frac{\partial p_2\left(\theta, r(\theta)\right)}{\partial \theta} + \frac{\partial p_2\left(\theta, r(\theta)\right)}{\partial r(\theta)} \times \frac{\mathrm{d}r(\theta)}{\mathrm{d}\theta} + t_2\left(r(\theta) + \theta\frac{\mathrm{d}r(\theta)}{\mathrm{d}\theta} - \frac{\mathrm{d}r(\theta)}{\mathrm{d}\theta}\right) \tag{3.60}$$

由式（3.60）可得

$$r(\theta) + \theta \frac{\mathrm{d}r(\theta)}{\mathrm{d}\theta} - 2\frac{\mathrm{d}r(\theta)}{\mathrm{d}\theta} = 0 \qquad (3.61)$$

求解微分方程式（3.61），可得 $r(\theta) = q/(t(\theta - 2))$，其中 q 是一个待定量。将两个边界条件代入式（3.61），可得 $q = -2t\eta r_2 = t_2(0.5\theta_2 - 2)r_2$。注意到 $\theta_2 = 4(1 - \eta)$，因此 AC_1 的方程为

$$r(\theta) = \frac{2\eta r_2}{2 - \theta}, \quad \theta \in [0, 0.5\theta_2] \qquad (3.62)$$

令人惊讶的是，第一类竞争均衡状态下曲线 AC_1 的方程和第一类社会最优状态下该曲线的方程完全相同。这说明，在一定的假设条件下，城际通勤区域的形状是确定的，它不随研究状态（社会最优或竞争均衡）的变化而变化。需要指出的是，这并不意味着社会最优和竞争均衡具有相同的解。实际上，在绝大多数情况下，社会最优和竞争均衡两种状态下所获得的人口分布和工人分布都是不同的。然而，这一发现仍然具有较强的启示意义。它表明：通过一定的政策手段，可以将系统从竞争均衡状态诱导到社会最优状态，从而提高整个系统的社会福利。第 10 章将运用本章的模型开展实证研究，届时读者将会看到，通过给予城际通勤者一定的补贴，即可将系统诱导到社会最优。由于 AC_1 曲线的方程保持不变，因此计算第一类竞争均衡状态下城际通勤者的数量的表达式也保持不变。

接下来，进一步分析均衡状态的人口分布和城际通勤者的总人数，这实际上是要确定 N_2 和 η。对于小城市 r 处的市内通勤者，他需要支付的租金为 $p_2(r) = R_2 + t_2(r_2 - r)$。由此可知 A 点处的租金为

$$p_A = R_2 + t_2(r_2 - \eta r_2) \qquad (3.63)$$

由于 A 点是曲线 AC_1 边界上的点，所以 A 点处的居民选择到城市 1 还是城市 2 上班是无差异的。同第一类社会最优问题一样，这里仍然用坐标 (φ, ρ) 去描述城际通勤区域的任意一点 F，其中 $\rho \in [\eta r_2, r_2]$ 是点 F 和点 O_2 之间的距离，$\varphi \in [0, (2\rho - 2\eta r_2)/\rho]$ 是图 3.5 中角 FO_2B 所对应的弧度数。在均衡状态，点 F 处的租金为

$$p(\varphi, \rho) = \underbrace{t_2 r_2 + R_2 - t_2 \eta r_2}_{p_A} + t_2(\rho - \eta r_2) - t_2 \varphi \rho \qquad (3.64)$$

由于城市 2 任意一点的租金都已经确定，由此可计算出城市 2 的集计租金，即

$$ALR_2 = 2\underbrace{\int_{\eta r_2}^{r_2} \int_0^{\frac{2\rho - 2\eta r_2}{\rho}} p(\varphi, \rho) \rho \, \mathrm{d}\varphi \mathrm{d}\rho}_{ALR_{21}}$$

$$+ \underbrace{\int_0^{r_2} 2\pi r (R_2 + t_2(r_2 - r)) \mathrm{d}r - 2\int_{\eta r_2}^{r_2} r \frac{2r - 2\eta r_2}{r}(R_2 + t_2(r_2 - r)) \mathrm{d}r}_{ALR_{22}}$$

$$= p_A N_{21} + \pi r_2^2 R_2 + \frac{1}{3} t_2 \pi r_2^3 + 4R_2 \eta r_2^2 + 2t_2 \eta r_2^3$$

$$- 2R_2 r_2^2 - \frac{2}{3} t_2 r_2^3 + \frac{2}{3} \eta^3 t_2 r_2^3 - 2\eta^2 t_2 r_2^3 - 2\eta^2 R_2 r_2^2$$

$$(3.65)$$

其中，ALR_{21} 表示城际通勤者支付的集计租金；ALR_{22} 表示市内通勤者支付的集计租金。

B 点处的地租为

$$p_B = t_2 r_2 + R_2 - t_2 \eta r_2 + t_2 (1 - \eta) r_2 \qquad (3.66)$$

因为 B 点处的居民是一个城际通勤者，所以他的效用是 $u_B = w_1 + I_2 - p_B - T - t_1 r_1$。

对于城市 2 的市内通勤者，均衡状态下他们的效用等于

$$u_{22} = w_2 + I_2 - R_2 - t_2 r_2 \qquad (3.67)$$

其中，$I_2 = (ALR_2 - R_2 N_2)/N_2$。求解方程 $u_{22} = u_B$，可以得到 B 点处地租的另一表达式：

$$p_B = w_1 - w_2 + t r_2 - t_1 r_1 - T + R_2 \qquad (3.68)$$

联立式（3.66）和式（3.68）可得

$$\eta = \frac{w_2 - w_1 + t_1 r_1 + t_2 r_2 + T}{2 t_2 r_2} \qquad (3.69)$$

将式（3.48）代入式（3.69）可得

$$\eta = 1 - \frac{R_1 - R_2 - T - (I_1 - I_2)}{2 t_2 r_2} \qquad (3.70)$$

则有

$$N_{21} = \frac{1}{2}\left(\frac{R_1 - R_2 - T - (I_1 - I_2)}{t_2}\right)^2 \qquad (3.71)$$

式（3.71）表明，农业租金之差增大，均衡状态下城际通勤者的人数会增多；城际通勤成本或城市 2 的单位市内通勤成本增大，均衡状态下城际通勤者的人数会减少。特别地，当超额土地租金收入不返还或者平均返还给系统中的居民时（此时有 $I_1 = I_2$），均衡状态下城际通勤者的总数是一个常数，它只与两个城市的农业

租金、城际通勤成本和城市 2 的单位通勤成本相关。

对于第一类竞争均衡，求解方程 $u_1 = u_2$ 即可得到没有城际通勤时的均衡解；求解方程组 $u_1 = u_{21} = u_{22}$ 即可得到有城际通勤时的均衡解。然而，这些方程（组）都是超越方程，无法给出解析解，只能设计相应的算法给出数值解。

下面讨论第一类竞争均衡出现时城际通勤对住房市场的影响。用 d 表示城际通勤前后，城际通勤区域任意一点 F 处房价的改变量。具体地：

$$d = t_2 \varphi \rho t_2 - 2t_2 (\rho - \eta r_2) \tag{3.72}$$

其中，$\rho \in [\eta r_2, r_2]$，$\varphi \in [0, (2\rho - 2\eta r_2)/\rho]$。显然，当 ρ 保持不变时，d 的值随着 φ 的增大而增大。因此，将 $\varphi = (2\rho - 2\eta r_2)/\rho$ 代入式（3.72）可知 d 的最大值为 0。这表明：与没有城际通勤时相比，城际通勤区域的房价上升了。实际上，如果两个城市离得非常远（城际通勤成本非常高），小城市的人就不会去大城市工作。此时，小城市的房价梯度和单中心模型的房价梯度是完全一致的。具体来说，离市中心越远，房价越低，反之亦然。假设小城市的位置可以移动并不断靠近大城市，那么当两个城市离得足够近时，小城市高铁站附近的居民将产生到大城市去工作的动机。由于住在靠近大城市的区域并选择到大城市工作可以获得更高的效用，所以，越来越多的人会选择到小城市高铁站附近的区域居住。因为总的住房供应没有增加，所以住房需求增大会推高这一区域的房价[①]。

特别地，式（3.64）两边对 ρ 求偏导，可得

$$\frac{\partial p(\varphi, \rho)}{\partial \rho} = t_2 (1 - \varphi) \tag{3.73}$$

式（3.73）表明：当 $\varphi = 1$ 时，存在一条等租金线。

实际上，对于城际通勤区域，可以将 B 点视为新的中心点，离该点越远的地方，城际通勤成本越大，因而房价越低。显然，B 点的房价是城际通勤区域最高的，而 O_2 点的房价是市内通勤区域最高的。用 B 点的房价减去 O_2 点的房价，有

$$p_B - p_{O_2} = \underbrace{t_2 r_2 + R_2 - t_2 \eta r_2 + t_2 (1 - \eta) r_2}_{p_B} - \underbrace{(t_2 r_2 + R_2)}_{p_{O_2}} = t_2 (1 - 2\eta) r_2 \tag{3.74}$$

式（3.74）表明：当 $\eta < 0.5$ 时，B 点的房价甚至比 O_2 点的房价还高。现实中确实观察到了这一现象。以廊坊为例，安次区是廊坊的中心城区，但是它的平均房价没有燕郊高。因为燕郊靠近北京，居住在燕郊的居民到北京去上班更加方便。

[①] 另一种解释是，两个城市之间的交通基础设施很落后以至于城际通勤成本很高，此时小城市没有人愿意到大城市工作，因此小城市的房价梯度和单中心模型一样。然而，随着城市间交通基础设施的改善，通勤成本逐渐降低，小城市高铁站附近的居民发现到大城市工作可以提高效用。因此，越来越多的人选择到高铁站附近居住，从而推高了这一区域的房价。

3.4.2 第二类竞争均衡

第二类竞争均衡出现时意味着小城市 L 区域的人都愿意到大城市去工作，此时有 $N_{21} \geqslant 2N_2/\pi$。因为 S 区域的人总是选择放射形道路出行，所以第二类竞争均衡条件下城际通勤者居住的区域仍然可以用图 3.6 表示（3.4.2 节中后续相关坐标参考图 3.6）。在进一步分析之前，先给出定理 3.12。

定理 3.12 城际通勤对小城市 S 区域的租金没有影响。

证明 对于 S 区域 r 处的市内通勤者，他需要支付的地租是

$$p = R_2 + t_2(r_2 - r), \quad \mu r_2 \leqslant r \leqslant r_2 \tag{3.75}$$

由式（3.75）可知，边界（弧 C_1D_1）上任意一点 C 的租金为 $p_C = R_2 + t_2(1-\mu)r_2$，进而可以给出 S 区域 r 处城际通勤者的租金函数，即

$$p = R_2 + t_2(1-\mu)r_2 + t_2(\mu r_2 - r) = R_2 + t_2(r_2 - r), \quad 0 \leqslant r \leqslant \mu r_2 \tag{3.76}$$

由式（3.75）和式（3.76）可知，S 区域的租金函数为 $p = R_2 + t_2(r_2 - r), 0 \leqslant r \leqslant r_2$。这一租金函数正是没有城际通勤时该区域的租金函数。

L 区域任意位置的租金可以表示为

$$p(\varphi, \rho) = t_2 r_2 + R_2 + t_2\rho - t_2\varphi\rho \tag{3.77}$$

因此，城市 2 的集计租金为

$$\begin{aligned}
\text{ALR}_2 &= 2\int_0^{r_2}\int_0^2 p(\varphi, \rho)\rho\,\mathrm{d}\varphi\mathrm{d}\rho + \int_0^{r_2}(2\pi - 4)r(R_2 + t_2(r_2 - r))\mathrm{d}r \\
&= R_2 N_2 + t_2\left(\frac{1}{3}\pi r_2^3 + \frac{4}{3}r_2^3\right)
\end{aligned} \tag{3.78}$$

式（3.78）表明，当考虑第二类竞争均衡时，城市 2 的集计租金与城际通勤的总人数无关。据此可以给出定理 3.13。

定理 3.13 不可能存在一个均衡使得 $\mu \in [0,1)$。

证明 采用反证法证明。假设存在一个均衡使得 $\hat{N}_2 > 0$，$\mu^* \in [0,1)$。现取一微小增量 Δ，该增量满足 $\mu^* + \Delta \leqslant 1$。显然，住在 $r \in [0, \mu^* r_2]$ 处的居民一定是城际通勤者，而住在 $r \in (\mu^* r_2, (\mu^* + \Delta)r_2]$ 处的居民一定是市内通勤者。均衡状态下，城际通勤者的效用是 $u_{21} = w_1 + I_2 - p_B - T - t_1 r_1$。当均衡人口分布一定时，有 $\partial u_{21}/\partial\Delta = \partial w_1/\partial\Delta > 0$。这表明小城市 S 区域的市内通勤者有到大城市去工作的动机，因此他们也会选择到大城市工作，直到所有人都变成城际通勤者。

定理 3.13 使得均衡分析可以得到极大简化，因为它显著压缩了均衡解的空间。尽管如此，定理 3.13 并没有完全排除第二类竞争均衡存在的可能性。具体来说，

小城市的居民全部到大城市工作也可能是一个均衡，此时有 $N_{21} = N_2$。加上第一类竞争均衡，均衡解的空间为 $N_{21} \in [0, 2N_2/\pi] \cup \{N_2\}$。显然，随机给定一组参数，出现第二类竞争均衡的概率是微乎其微的。因为第二类竞争均衡出现的标志是小城市市中心的居民愿意到大城市工作，所以定理 3.13 的启示意义是：随机给定一组参数，均衡状态下小城市中心区域的居民不太可能愿意到大城市工作。

这一启示和现实情况是相符的。因为如果小城市市中心的居民（他们的通勤成本非常低）都不愿意留在本城市工作，那么就没有必要在小城市发展一个与大城市相同的产业了。即使发展了相关产业，该产业也是没有活力的。

和第一类竞争均衡相比，求解第二类竞争均衡容易多了。这是因为，对于第二类竞争均衡，在给定人口分布的情况下，只需要验证让小城市所有居民通勤到大城市是不是一个均衡。

本 章 小 结

本章研究了一个双城经济系统的社会最优和竞争均衡问题。研究发现：

（1）无论是在社会最优状态还是在竞争均衡状态，大城市的居民都不太可能到小城市去工作。

（2）社会最优状态下的城际通勤区域和竞争均衡状态下的城际通勤区域的形状是一样的。

（3）城际通勤推高了小城市靠近大城市的区域的房价，但对远离大城市的区域的房价没有影响。

（4）在均衡状态，小城市中心区域的居民不太可能去大城市工作。

（5）如果超额土地租金收入不返还或者平均返还给系统中的居民，那么均衡状态下城际通勤者的人数是一个常数。

尽管本章的研究结论是在一定的假设条件下得到的，这些结论仍然具有较强的启示意义。对于结论（1），现实生活中确实有人居住在大城市而工作在小城市，但这并不是主流。结论（2）则意味着可以制定合适的交通政策对系统加以干预，诱导系统朝着社会最优的方向发展。结论（3）实际上解释了为什么小城市被大城市辐射的区域的房价会上涨。对于结论（4），如果居住在小城市市中心区域的居民都愿意到大城市去工作，那么小城市就没有必要发展一个和大城市完全相同的产业了。结论（5）则意味着城际通勤具有一定的稳定性。确实，如果外界环境不发生较大变化（比如新修高铁路线等），城际通勤的规模在短期内一般不会发生大的波动。

参 考 文 献

[1] Fujita M，Thisse J-F. Economics of agglomeration[J]. Journal of the Japanese and International Economies，1996，10（4）：339-378.

[2] Abdel-Rahman H M，Anas A. Theories of systems of cities[M]//Henderson J V，Thisse J-F. Handbook of Regional and Urban Economics：Volume 4. Amsterdam：Elsevier，2004：2293-2339.

[3] Borck R，Wrede M. Subsidies for intracity and intercity commuting[J]. Journal of Urban Economics，2009，66（1）：25-32.

[4] Combes P P，Gobillon L. The empirics of agglomeration economies[M]//Duranton G，Henderson J V，Strange W C. Handbook of Regional and Urban Economics：Volume 5. Amsterdam：Elsevier，2015：247-348.

[5] Borck R，Tabuchi T. Pollution and city size：can cities be too small?[J]. Journal of Economic Geography，2019，19（5）：995-1020.

[6] D'Este G. Trip assignment to radial major roads[J]. Transportation Research Part B：Methodological，1987，21（6）：433-442.

[7] Wheaton W C. Land use and density in cities with congestion[J]. Journal of Urban Economics，1998，43（2）：258-272.

[8] Anas A，Moses L N. Mode choice，transport structure and urban land use[J]. Journal of Urban Economics，1979，6（2）：228-246.

[9] 孙仁杰，卢源. 基于京津旅客出行特征的城际铁路通勤出行研究[J]. 智能城市，2017，3（6）：62-67.

[10] 国家统计局投资司. 建筑业持续快速发展 城乡面貌显著改善：新中国成立 70 周年经济社会发展成就系列报告之十 [EB/OL]. http://www.gov.cn/xinwen/2019-07/31/content_5417485.htm[2023-07-31].

[11] Holguín-Veras J，Cetin M. Optimal tolls for multi-class traffic：analytical formulations and policy implications[J]. Transportation Research Part A：Policy and Practice，2009，43（4）：445-467.

第4章 高铁车站位置对城市空间结构的影响分析

4.1 问 题 背 景

交通基础设施是塑造城市空间结构的重要因素[1-3]，城际交通改善加快了区域融合和城市群发展[4]。高铁作为一种高速、便捷、高效的城际交通基础设施，已经成了现代城市交通体系的重要组成部分。随着高速铁路网络的不断扩大和完善，越来越多的城市被纳入高铁网络。高铁开通能够大幅缩短城市间的出行时间，使居民有机会居住在低房价城市并通勤到高工资城市工作。例如，乘坐高铁列车从廊坊站到北京南站只需要 21 分钟。因此，城际通勤现象可能会随着城市间高铁的开通而出现。需要指出的是，到站接驳成本是轨道交通吸引力的决定性因素之一[5]。在不同位置修建高铁车站可能会影响居民的居住地和工作地选择行为，从而导致城市空间结构和住宅市场发生变化[6-7]。

我国四通八达的高铁网络为研究高铁车站位置对城市空间结构的影响提供了大量的数据。实证研究表明，高铁可能通过减少城市间的出行时间改善周边住宅的地理位置和交通便利性，进而对住宅价格产生积极影响[7]；当高铁车站位于城郊时，更有可能刺激该地区的发展和城市的扩张[6]。我国高铁网络的大规模建设引发了一些重要而有趣的问题：高铁车站位置如何影响城市空间结构和住宅市场？什么条件下家庭会选择城际迁移或城际通勤？城市空间结构如何随着系统总家庭数的增长而发展？为了寻找这些问题的答案，本章将探讨高铁车站位置对城市空间结构的影响，以此作为研究高铁与多城市系统关系的切入点。

为此，本章将提出一个考虑高铁车站位置的两城市系统空间均衡模型，为高铁车站位置如何影响城市空间结构提供新的见解。与现有考虑城际通勤行为的城市模型相比[8-13]，本章中提供城际通勤服务的"接入口"（即高铁车站）位置是一个可变参数，而不是固定在城市中心或边界，因为它对城市空间结构的影响是不可忽视的。本章将根据各类型家庭的居住分布情况对城市空间结构进行分类，并推导不同城市空间结构类型的发生条件。最后，本章将通过数值实验和我国 50 个城市对的算例对模型的性质进行分析验证并说明模型的应用。

本章的其余部分安排如下：4.2 节提出两城市系统空间均衡模型；4.3 节分析该模型描述的城市空间均衡状态；4.4 节进行数值分析。

4.2 模型构建

4.2.1 基本假设

如图 4.1 所示,大都市和小城市的 CBD(central business district,中央商务区)分别表示为 CBD_1 和 CBD_2,其中家庭年平均工资分别为 Y_1 和 Y_2。不失一般性地,将 CBD_1 和 CBD_2 的坐标分别定义为坐标原点和 L,其中 L 是城市间的距离。大都市和小城市的左边界分别是 B_1^- 和 B_2^-,右边界分别是 B_1^+ 和 B_2^+,其高铁车站的位置分别为 S_1 和 S_2。

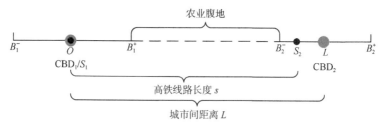

图 4.1　两城市系统(单站变化)

在不失一般性的前提下,为了便于理解本章的基本思想,引入假设 4.1~假设 4.3。

假设 4.1　考虑一个由高收入城市(以下简称大都市)和低收入城市(以下简称小城市)组成的线性两城市系统,两城市被广阔的农业腹地分隔开。该系统是封闭的,这意味着总家庭数是外生给定且固定的。每个城市的就业机会均位于城市 CBD,且其占据的空间可以忽略不计[14]。所有土地由外居地主所有,外居地主为家庭提供住宅服务或为农业劳动者提供农业生产服务。城市边界是由家庭和农业劳动者之间的竞租结果决定的,即每个城市边界内的住宅租金高于外生的农业租金。

假设 4.2　所有家庭都是理性的和同质的,每个家庭提供一个单位的劳动力,居住在面积相同的住宅里(但位置可能不同)。家庭工资取决于他们工作地城市的年平均工资,并用于通勤、住宅和复合非住宅商品的消费。在年度预算限制下,家庭可以在城市间自由迁移,选择居住地和工作地,以实现家庭效用水平的最大化。这里的效用函数简单地等于非住宅商品的消费量,并将其价格标准化为 1[11]。

假设 4.3　假设每个城市只有一个高铁车站,其中大都市的高铁车站位于城市 CBD,小城市的高铁车站位于靠近大都市的一侧,即高铁线路的长度会小于两个 CBD 之间的距离①。系统中的家庭可以乘坐高铁到另一个城市工作②。城际通勤的

---

① 大都市在高铁设站过程中具有更强的议价能力,因此高铁车站的位置通常会更好。如果放松这一假设,将给从小城市出发的城际通勤者增加一个固定出行成本,即他们必须在下高铁后从车站前往 CBD;而在极端情况下,城际通勤的方向可能会发生逆转,即大都市的家庭通勤到小城市工作。

② 根据本章的假设,城际通勤行为只能通过乘坐高铁列车而非汽车完成。

可能性意味着每个城市都可能存在两种类型的家庭，即市内通勤者和城际通勤者。假设高铁列车在速度和票价率上优于道路交通出行，但候车时间限制了高铁的优势距离，如安检等花费的时间。

4.2.2　符号定义

为了论述方便，表 4.1 定义了两城市系统（其中小城市高铁站位置可变）的主要符号。

表 4.1　两城市系统（单站变化）主要符号说明

符号	定义	备注
B_i^-、B_i^+	城市 i 的左、右边界	内生变量
B_{ij}^-、B_{ij}^+	在城市 i 居住且在城市 j 工作的家庭，其居住区域的左、右边界	内生变量
$C_{ij}(x)$	在城市 i 的位置 x 处居住并在城市 j 的 CBD 工作的年通勤成本	
e_c	汽车行驶单位距离的货币成本	输入参数
e_r	乘坐高铁时单位距离的货币成本（票价率）	输入参数
L	城市间的距离	输入参数
n_i	城市 i 单位距离的住宅供应量（家庭居住密度）	输入参数
N	两城市系统总家庭数	输入参数
N_i	居住在城市 i 的家庭数量	内生变量
N_{ij}	在城市 i 居住且在城市 j 工作的家庭数量	内生变量
p_{ii}	城市 i 市内通勤者的年单位距离出行成本	
$p_{ij}(j \neq i)$	在城市 j 工作的城际通勤者在城市 i 的年单位距离（市内）出行成本	
p_r	城际通勤者乘坐高铁的年单位距离出行成本	
r_a	农业租金	输入参数
s	小城市的高铁车站位置	输入参数
t_w	高铁车站站内的平均等待时间	输入参数
u	两城市系统内家庭的均衡效用	内生变量
v_i	城市 i 中汽车的平均行驶速度	输入参数
v_r	高铁列车速度	输入参数
Y_i	在城市 i 工作的年平均工资水平	输入参数
λ	平均每天的工作时间	输入参数
Λ	高铁车站的年平均等待时间成本	
ρ	每年的平均工作日数	输入参数
τ_i	在城市 i 工作的出行时间价值	

4.2.3 家庭出行成本

令 i 和 j（$i, j = 1, 2$）分别表示一个代表性家庭的居住城市和工作城市。定义 $C_{ij}(x)$ 为家庭在城市 i 的位置 x 处居住且在城市 j（$j = i$ 或 $j \neq i$）的 CBD 工作时每年的通勤成本。$j = i$ 意味着在城市 i 居住的家庭是市内通勤者，而 $j \neq i$ 意味着在城市 i 居住的家庭是城际通勤者。

1. 市内通勤成本

从城市 i 的位置 x 处到当地 CBD 的年通勤成本 $C_{ii}(x)$ 与通勤距离成正比，即

$$C_{ii}(x) = p_{ii} |x - \mathrm{CBD}_i| \tag{4.1}$$

其中，p_{ii} 表示家庭在城市 i 居住并工作时的年单位距离出行成本，该成本由时间成本和货币成本组成，即

$$p_{ii} = 2\rho \left(\frac{\tau_i}{v_i} + e_c \right) \tag{4.2}$$

其中，数字 2 表示每天往返于居住地和工作地点之间。τ_i 由式（4.3）计算：

$$\tau_i = \frac{Y_i}{\rho \lambda} \tag{4.3}$$

2. 城际通勤成本

从城市 i 的位置 x 处到城市 j 的 CBD 工作的年通勤成本 $C_{ij}(x)$（$j \neq i$）与通勤距离有关，即

$$C_{ij}(x) = p_{ij} |x - S_i| + p_{rj} s + \Lambda_j + p_{jj} |S_j - \mathrm{CBD}_j| \tag{4.4}$$

其中，p_{rj} 表示城际通勤者乘坐高铁往返于居住城市 i 和工作城市 j 时的年单位距离出行成本；s 表示高铁线路的长度，由两个高铁车站的位置决定，即 $s = |S_2 - S_1| = S_2$，因此也可以代表小城市的高铁车站位置；Λ_j 表示在城市 j 工作的城际通勤者每年在高铁车站的平均等待时间成本。

在城市 j 工作的城际通勤者在城市 i 出行时的年单位距离成本 p_{ij}（$j \neq i$），及乘坐高铁往返于工作城市 j 时的年单位距离出行成本 p_{rj}，均由时间成本和货币成本组成，分别为

$$p_{ij} = 2\rho \left(\frac{\tau_j}{v_i} + e_c \right) \tag{4.5}$$

$$p_{rj} = 2\rho\left(\frac{\tau_j}{v_r} + e_r\right) \tag{4.6}$$

为简便起见，本章用 p_r 表示 p_{r1}，因为在模型设定下，城际通勤只可能发生于从小城市到大都市的情况（即城市 2 的居民前往城市 1 工作，证明参见 4.2.4 节命题 4.1 的证明）。

在城市 j 工作的城际通勤者每年在高铁车站的平均等待时间成本可以表示为

$$\Lambda_j = 2\rho\tau_j t_w \tag{4.7}$$

其中，t_w 表示在高铁车站内的平均等待时间。出于同样的原因，本章用 Λ 表示 Λ_1。

可以证明 $p_{21} > p_{22}$，这是因为在大都市工作的家庭具有更高的时间机会成本。此外，为表示方便，以下假设年单位距离成本满足关系式 $p_{22} > p_r$ [①]。

4.2.4　家庭职住选择

根据假设 4.2，对于一个居住在城市 i 的位置 x 处且在城市 j 工作的家庭，其效用函数等于对非住宅商品的消费量，即 $u_{ij}(x) = Y_j - C_{ij}(x) - r_{ij}(x)$。其中，$Y_j$ 表示在城市 j 工作的年平均工资水平；$r_{ij}(x)$ 表示与位置有关的住宅竞租。

城市 i 中家庭的效用最大化问题可以表示为 $\max\limits_{x,j} u_i(x,j) = Y_j - C_{ij}(x) - r_i(x)$。其中，$j$ 表示工作城市；$r_i(x)$ 表示城市 i 中位置 x 处的住宅租金。因此，对于居住在城市 i 位置 x 处的家庭，其效用函数可以表示为

$$u_i(x) = \max_j\left(Y_j - C_{ij}(x)\right) - r_i(x) \tag{4.8}$$

根据竞租原则，任何位置的住宅都被出价更高的家庭所占据。那么，与位置有关的住宅租金 $r_i(x)$ 可以表示为 $r_i(x) = \max\limits_j\{r_{ij}(x), r_a\}$，其中 r_a 表示农业租金。

在两城市系统中，市内通勤者居住在城市 CBD 附近可以减少通勤成本（如果有城际通勤者，那么居住在高铁车站附近可以减少城际通勤成本）。不过在均衡状态时，由于通勤距离增加而增加的通勤成本将被住宅租金的下降所抵消。这种城市空间结构是通勤成本和住宅租金之间权衡的结果，与 Alonso-Mills-Muth（阿朗索-米尔斯-穆特）模型描述的城市特征一致，并被广泛应用于城市经济学研究中。

根据假设 4.2，在均衡状态时，无论家庭如何选择居住地和工作地点，两城市

---

① 这无疑是正确的，只要高铁列车速度与汽车行驶速度之比大于城市之间的工资比。放松这个条件不会影响 4.3.2 节的城市空间结构分类结果，而只会使分析过程更加冗长，因此做了合理简化。

系统中的所有家庭都具有相同的效用水平。否则，家庭会从效用水平较低的地区向效用水平较高的地区迁移。令 u 表示两城市系统中家庭的均衡效用，可以得到城市 i 位置 x 处的均衡住宅租金，即

$$r_i(x,u) = \max\left\{ \max_j\left(Y_j - C_{ij}(x)\right) - u, r_a \right\} \tag{4.9}$$

换句话说，给定均衡效用 u，满足 $r_i(x,u) > r_a$ 的位置表示有家庭居住。需要注意的是，均衡效用将由本节最后给出的空间均衡条件确定。

命题 4.1 提供了大都市家庭城际通勤可能性的一个重要性质。Borck 和 Wrede[11]给出了将火车站位置固定在当地的 CBD 时，居住在大都市的家庭不愿意去小城市工作的具体阐述。尽管本章放松了小城市中高铁车站位置的假设，该结论仍保持不变。

命题 4.1 当大都市的高铁车站位于当地的 CBD 时，居住在大都市但在小城市工作的家庭数量为零。

证明 根据假设 4.1，大都市是高收入城市。因此居住在大都市 CBD 的家庭将选择在本地工作，可以得到关系式 $p_{11} > p_{12}$，如果有大都市家庭选择去小城市工作，那么只能靠近城市边界居住。因此只要证明居住在大都市边界的家庭不会选择到小城市工作即可。可以得到大都市边界处的家庭选择市内通勤和城际通勤的可支配收入（工资减去通勤成本）分别为

$$Y_1 - C_{11}\left(B_1^+\right) = Y_1 - p_{11}B_1^+$$

$$Y_2 - C_{12}\left(B_1^+\right) = Y_2 - p_{12}B_1^+ - p_{r2}s - \Lambda_2 - p_{22}(L-s)$$

比较这两个公式之间的大小关系，我们可以发现，$Y_1 - C_{11}\left(B_1^+\right) - \left(Y_2 - C_{12}\left(B_1^+\right)\right) > Y_1 - Y_2 - (p_{11} - p_{12})B_1^+ = \dfrac{\rho(Y_1 - Y_2)\left(\lambda v_1 - 2B_1^+\right)}{\rho\lambda v_1}$。在这个式子中，

分子分母均大于零。需要说明的是，$\lambda v_1 - 2B_1^+ > 0$ 是因为时间机会成本的存在。证毕。

根据命题 4.1，城际通勤成本只有一种形式，即

$$C_{21}(x) = p_{21}|x-s| + p_r s + \Lambda \tag{4.10}$$

令 N_{ij}（$i,j=1,2$）表示居住在城市 i 并在城市 j 工作的家庭数量，N_i（$i=1,2$）表示居住在城市 i 的家庭数量。那么，居住在大都市的家庭数量为

$$N_1 = N_{11} \tag{4.11}$$

居住在小城市的家庭数量为

$$N_2 = N_{21} + N_{22} \tag{4.12}$$

命题 4.2 提供了关于家庭选择居住城市偏好的视角。这个命题意味着在某些极端情况下，小城市不一定有家庭居住，即可能所有家庭都生活在大都市。

命题 4.2 当大都市的平均工资较高时，总有选择居住在大都市的市内通勤者。

证明 如果所有家庭都居住在小城市，并且存在市内通勤者，那么可以得到市内通勤者潜在的最大效用，即 $Y_2 - r_a$。此时，家庭搬迁到大都市居住并工作所能获得的效用水平是 $Y_1 - r_a$，满足 $Y_1 - r_a > Y_2 - r_a$。如果所有家庭都居住在小城市，并且存在城际通勤者，那么可以得到城际通勤者潜在的最大效用，即 $Y_1 - p_r s - \Lambda - r_a$。此时，家庭搬迁到大都市居住并工作所能获得的效用水平是 $Y_1 - r_a$，满足 $Y_1 - r_a > Y_1 - p_r s - \Lambda - r_a$。因此，大都市将始终有家庭居住并工作。证毕。

在封闭的两城市系统中，住宅供需平衡需要满足两个均衡条件。封闭系统是指两城市系统中的总家庭数是外生给定且固定的（见假设 4.1）。第一个均衡条件要求家庭在竞租城市区域的所有土地时出价高于农业劳动者。令 B_{ij}^- 和 B_{ij}^+ 分别表示在城市 i 居住并在城市 j 工作的家庭的居住区域的左、右边界。因此，可以用 B_i^- 和 B_i^+ 分别确定城市 i 的左、右边界，即 $B_i^- = \min_j \left\{ B_{ij}^- \right\}$ 和 $B_i^+ = \max_j \left\{ B_{ij}^+ \right\}$。根据假设 4.1，每个居住区域边界处的住宅租金等于农业租金，即

$$r_i\left(B_i^-\right) = r_i\left(B_i^+\right) = r_a \tag{4.13}$$

$$r_i\left(B_{21}^+\right) = r_i\left(B_{22}^-\right) = r_a, \quad \text{当} B_{21}^+ < B_{22}^- \tag{4.14}$$

据我们所知，除了 Suh[9] 首次揭示城际通勤导致的小城市居住区域之间相互分离的情形以外，这种情形在文献中几乎被忽视。本章重新讨论了这种可能性，这意味着当高铁车站不在当地的 CBD 时，小城市的居住区域可能是相互分离的。

第二个均衡条件要求两城市系统中的所有家庭居住在城市区域，可以得到

$$\begin{cases} n_1\left(B_1^+ - B_1^-\right) = N_{11} \\ N_{11} + N_{21} + N_{22} = N \end{cases} \tag{4.15}$$

其中，n_i 表示城市 i 单位距离的住宅供应量，即家庭居住密度；N_{11} 表示大都市的家庭数量（全部是市内通勤者）；N_{21} 和 N_{22} 分别表示小城市的城际通勤的家庭数量和市内通勤的家庭数量；N 表示两城市系统外生的总家庭数。式（4.13）~式（4.15）构成了两城市系统的空间均衡条件。通过求解式（4.13）~式（4.15），可以得到两城市系统的均衡解，包括均衡效用、各类家庭的数量、各居住区域和城市的边界，以及住宅租金分布。

4.3　两城市系统空间均衡分析

4.3.1　图示分析

一个有代表性的家庭在扣除通勤成本后的可支配收入如图 4.2 的左侧坐标系（横坐标位于 CBD_1 所在的最下方横轴）所示；两城市系统的住宅租金函数如图 4.2 的右侧坐标系所示（横坐标位于最右侧 r_a 处对应的横轴）。这样就将与位置有关的可支配收入和住宅租金表示在了同一个坐标体系内，并且它们纵坐标的差值就是均衡效用水平，即均衡效用水平等于可支配收入减去住宅租金。

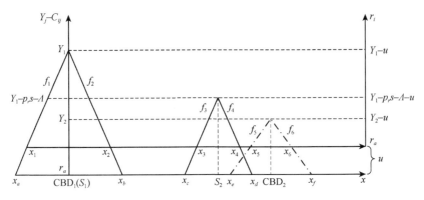

图 4.2　两城市系统空间均衡示意图

图 4.2 中，左侧纵坐标轴上的 $Y_j - C_{ij}$ 是可支配收入，右侧纵坐标轴上的 r_i 是住宅租金。实线 f_1 和 f_2 表示居住在大都市的市内通勤者的可支配收入，f_3 和 f_4 表示居住在小城市的城际通勤者的可支配收入。点划线 f_5 和 f_6 表示居住在小城市的市内通勤者的可支配收入。最下方横坐标轴上的点（下标为字母）表示可支配收入等于农业租金，即 $Y_j - C_{ij} = r_a$。上方横坐标轴上的点（下标为数字）表示 $r_i = r_a$ 或 $Y_j - C_{ij} - u = r_a$。

各类家庭的可支配收入为

$$f_k(x) = \begin{cases} Y_1 - C_{11}(x) = Y_1 + p_{11}x, & x < 0, \ k = 1 \\ Y_1 - C_{11}(x) = Y_1 - p_{11}x, & x \geqslant 0, \ k = 2 \\ Y_1 - C_{21}(x) = Y_1 - p_r s - \Lambda - p_{21}s + p_{21}x, & x < s, \ k = 3 \\ Y_1 - C_{21}(x) = Y_1 - p_r s - \Lambda + p_{21}s - p_{21}x, & x \geqslant s, \ k = 4 \\ Y_2 - C_{22}(x) = Y_2 - p_{22}L + p_{22}x, & x < L, \ k = 5 \\ Y_2 - C_{22}(x) = Y_2 + p_{22}L - p_{22}x, & x \geqslant L, \ k = 6 \end{cases} \quad (4.16)$$

大都市的边界 B_1^+ 为（注意 $B_1^- = -B_1^+$）

$$B_1^+ = \frac{N_{11}}{2n_1} \tag{4.17}$$

其中，n_1 表示大都市的家庭居住密度。可以得到两城市系统内家庭的均衡效用，即

$$u = Y_1 - \frac{p_{11}N_{11}}{2n_1} - r_a \tag{4.18}$$

其中，Y_1 表示大都市的年平均工资水平。注意到，由于单位土地上的住宅供应量有限，因此家庭的均衡效用随着家庭数量的增加而降低。

4.3.2　城市空间结构类型

高铁车站位置是影响城市空间结构的重要参数。根据命题 4.1，大都市只有一种类型的家庭，即市内通勤者，这意味着大都市总是"单中心"的。因此，本节重点讨论两城市系统内小城市的空间结构。考虑到小城市内高铁车站位置的多样性，其空间结构将有八种可能的类型，如图 4.3 所示，实线（不包括横、纵轴）和点划线分别表示在大都市和小城市工作的家庭的竞租函数。显然，如果家庭在某位置的竞租价格大于农业租金，就意味着有家庭居住在那里。

图 4.3（a）～图 4.3（d）分别对应四种类型：A 型表示所有家庭都是市内通勤者；B 型表示所有家庭都是城际通勤者；C 型表示市内通勤者和城际通勤者的居住区域不连通；D 型表示市内通勤者和城际通勤者的居住区域连通，且CBD 被市内通勤者占据。图 4.3（e）即 E 型，表示城际通勤者的居住区域在市内通勤者的居住区域内，且 CBD 被市内通勤者占据。图 4.3（f）即 F 型，表示市内通勤者和城际通勤者的居住区域连通，且 CBD 被城际通勤者占据。图 4.3（g）即 G 型，表示城际通勤者的居住区域在市内通勤者的居住区域内，且 CBD 被城际通勤者占据。图 4.3（h）即 H 型，表示小城市没有家庭居住。图 4.3 上的交点位置 $x_{k,l}$（$k, l = 1, 2, 3, 4, 5, 6$）和 x_k 已分别给出。需要说明的是，图 4.3（c）～图 4.3（e）上的两个顶点的相对高度不是固定的，但不影响城市空间结构的分类。

结合上述分析，可以得出：如果没有城际通勤者，小城市的空间结构可能是A 型或 H 型；如果有城际通勤者，小城市的空间结构可能是 B 型、C 型、D 型、E 型、F 型或 G 型。当其空间结构为 B 型时，小城市将成为"睡城"，即居住在小城市中的所有家庭都是城际通勤者。

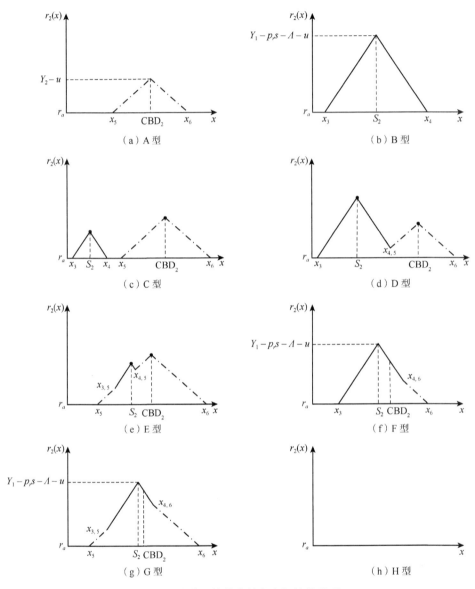

图 4.3　八种可能的小城市空间结构类型

可支配收入函数 $f_k(x)$ 和 $f_l(x)$ 的交点 $x_{k,l}$ 的位置,即城际通勤和市内通勤的分界点为

$$x_{k,l} = \begin{cases} \dfrac{-Y_1 + Y_2 - p_{22}L + p_{21}s + p_r s + \Lambda}{p_{21} - p_{22}}, & k=3, \ l=5 \\[3mm] \dfrac{Y_1 - Y_2 + p_{22}L + p_{21}s - p_r s - \Lambda}{p_{21} + p_{22}}, & k=4, \ l=5 \\[3mm] \dfrac{Y_1 - Y_2 - p_{22}L + p_{21}s - p_r s - \Lambda}{p_{21} - p_{22}}, & k=4, \ l=6 \end{cases} \tag{4.19}$$

可支配收入 $f_k(x)$ 与图 4.2 上方横轴 $Y_j - C_{ij} - u = r_a$ 的交点 x_k 的位置，即不同小城市空间结构类型下与小城市边界有关的变量为

$$x_k = \begin{cases} B_1^- = -\dfrac{N_{11}}{2n_1}, & k=1 \\[3mm] B_1^+ = \dfrac{N_{11}}{2n_1}, & k=2 \\[3mm] s - \dfrac{p_{11}N_{11}}{2n_1 p_{21}} + \dfrac{p_r s + \Lambda}{p_{21}}, & k=3 \\[3mm] s + \dfrac{p_{11}N_{11}}{2n_1 p_{21}} - \dfrac{p_r s + \Lambda}{p_{21}}, & k=4 \\[3mm] L - \dfrac{p_{11}N_{11}}{2n_1 p_{22}} + \dfrac{Y_1 - Y_2}{p_{22}}, & k=5 \\[3mm] L + \dfrac{p_{11}N_{11}}{2n_1 p_{22}} - \dfrac{Y_1 - Y_2}{p_{22}}, & k=6 \end{cases} \tag{4.20}$$

其中，N_{11} 是通过求解均衡条件式（4.13）～式（4.15）得到的，取决于小城市的空间结构类型，即

$$N_{11} = \begin{cases} \dfrac{n_1 p_{22}N + 2n_1 n_2 (Y_1 - Y_2)}{n_2 p_{11} + n_1 p_{22}}, & \text{当结构为A型、E型、G型} \\[3mm] \dfrac{n_1 p_{21}N + 2n_1 n_2 (p_r s + \Lambda)}{n_2 p_{11} + n_1 p_{21}}, & \text{当结构为B型} \\[3mm] \dfrac{n_1 p_{21}p_{22}N + 2n_1 n_2 p_{21}(Y_1 - Y_2) + 2n_1 n_2 p_{22}(p_r s + \Lambda)}{n_2 p_{11}p_{21} + n_2 p_{11}p_{22} + n_1 p_{21}p_{22}}, & \text{当结构为C型} \\[3mm] \dfrac{2\big(n_1 p_{21}p_{22}N + n_1 n_2 p_{21}(Y_1 - Y_2) - n_1 n_2 p_{21}p_{22}(L - s) + n_1 n_2 p_{22}(p_r s + \Lambda)\big)}{2n_1 p_{21}p_{22} + n_2 p_{11}p_{21} + n_2 p_{11}p_{22}}, \\ & \text{当结构为D型、F型} \\[3mm] N, & \text{当结构为H型} \end{cases} \tag{4.21}$$

结合图 4.3 和上述分析，可以得到小城市中城际通勤者和市内通勤者的数量，

以及小城市中不同类型家庭的居住区域边界，具体如表 4.2 所示。需要说明的是，城际通勤者数量是在高峰时段没有列车运力限制的理想情况下的值（将在 4.4.3 节增加外生运力水平进行拓展分析）①。

表 4.2　小城市的空间均衡解

空间结构类型	N_{21}	N_{22}	B_{21}^{-}	B_{21}^{+}	B_{22}^{-}	B_{22}^{+}
A 型	0	$n_2(x_6 - x_5)$	—	—	x_5	x_6
B 型	$n_2(x_4 - x_3)$	0	x_3	x_4	—	—
C 型	$n_2(x_4 - x_3)$	$n_2(x_6 - x_5)$	x_3	x_4	x_5	x_6
D 型	$n_2(x_{4,5} - x_3)$	$n_2(x_6 - x_{4,5})$	x_3	$x_{4,5}$	$x_{4,5}$	x_6
E 型	$n_2(x_{4,5} - x_{3,5})$	$n_2(x_6 - x_{4,5} + x_{3,5} - x_5)$	$x_{3,5}$	$x_{4,5}$	x_5	x_6
F 型	$n_2(x_{4,6} - x_3)$	$n_2(x_6 - x_{4,6})$	x_3	$x_{4,6}$	$x_{4,6}$	x_6
G 型	$n_2(x_{4,6} - x_{3,5})$	$n_2(x_6 - x_{4,6} + x_{3,5} - x_5)$	$x_{3,5}$	$x_{4,6}$	x_5	x_6
H 型	0	0	—	—	—	—

注：点 $x_{k,j}$ 和点 x_k 的位置分别由式（4.19）和式（4.20）给出。当小城市空间结构为 E 型和 G 型时，其市内通勤者的居住区域分别为 $[x_5, x_{3,5}] \cup [x_{4,5}, x_6]$ 和 $[x_5, x_{3,5}] \cup [x_{4,6}, x_6]$

4.3.3　各类型发生条件及比较静态分析

表 4.3 给出了所有城市空间结构类型的发生条件，是通过推导图 4.3 中交点的位置关系得到的表达式。以图 4.3（a）为例，当均衡效用大于城市 2 城际通勤者的最大可支配收入时，城市 2 只有市内通勤者；以图 4.3（h）为例，当均衡效用大于城市 2 市内通勤者和城际通勤者的最大可支配收入时，城市 2 将无人居住。

表 4.3　各类型空间结构的发生条件

空间结构类型	发生条件
A 型	4 类：$s \geqslant \phi_1$，$N > \psi_1$；$\phi_6 < s < \phi_3$，$\psi_1 < N \leqslant \psi_3$；$\phi_6 < s \leqslant \phi_4$，$\phi_3 \leqslant s < \phi_5$，$\psi_1 < N \leqslant \psi_3$；$\max\{\phi_4, \phi_6\} < s < \min\{\phi_1, \phi_5\}$，$\psi_1 < N \leqslant \psi_3$
B 型	5 类：$s \geqslant \phi_2$，$N > \psi_2$；$s < \min\{\phi_3, \phi_6\}$，$\psi_2 < N \leqslant \psi_4$；$\phi_5 \leqslant s < \phi_2$，$\psi_2 < N \leqslant \psi_7$；$s \leqslant \phi_4$，$\phi_3 \leqslant s < \min\{\phi_5, \phi_6\}$，$\psi_2 < N \leqslant \psi_4$；$\phi_4 < s < \min\{\phi_1, \phi_5, \phi_6\}$，$\psi_2 < N \leqslant \psi_4$

---

① 本章主要关注的是受规划者影响的变量对城市空间结构的影响，如车站位置、设计时速、指导票价等，而不是铁路运营商。因为列车运力可以随着需求的变化而调整，如高频率和长编组。然而，考虑到这种调整可能是滞后的或有上限的，将在 4.4.3 扩展分析中增加最大运力的约束。

续表

空间结构类型	发生条件
C 型	9 类：$\phi_6 < s < \phi_3$，$N > \psi_3$；$\phi_6 = s < \phi_3$，$N > \psi_1$；$s < \min\{\phi_3, \phi_6\}$，$N > \psi_4$； $\phi_6 < s \leqslant \phi_4$，$\phi_3 \leqslant s < \phi_5$，$\psi_3 < N < \psi_5$；$\phi_6 = s \leqslant \phi_4$，$\phi_3 \leqslant s < \phi_5$，$\psi_1 < N < \psi_5$； $s \leqslant \phi_4$，$\phi_3 \leqslant s < \min\{\phi_5, \phi_6\}$，$\psi_4 < N < \psi_5$；$\max\{\phi_4, \phi_6\} < s < \min\{\phi_1, \phi_5\}$，$\psi_3 < N < \psi_5$； $\phi_4 < \phi_6 = s < \min\{\phi_1, \phi_5\}$，$\psi_1 < N < \psi_5$；$\phi_4 < s < \min\{\phi_1, \phi_5, \phi_6\}$，$\psi_4 < N < \psi_5$
D 型	2 类：$s \leqslant \phi_4$，$\phi_3 \leqslant s < \phi_5$，$N \geqslant \psi_5$；$\phi_4 < s < \min\{\phi_1, \phi_5\}$，$\psi_5 \leqslant N \leqslant \psi_6$
E 型	1 类：$\phi_4 < s < \min\{\phi_1, \phi_5\}$，$N > \psi_6$
F 型	2 类：$s < \phi_2$，$\phi_5 \leqslant s \leqslant \phi_4$，$N > \psi_7$；$s > \phi_4$，$\phi_5 \leqslant s < \phi_2$，$\psi_7 < N \leqslant \psi_6$
G 型	1 类：$s > \phi_4$，$\phi_5 \leqslant s < \phi_2$，$N > \psi_6$
H 型	1 类：$N \leqslant \min\{\psi_1, \psi_2\}$

表 4.3 中发生条件中的符号参数 ψ_k 和 ϕ_k 的表达式如下：

$$\psi_k = \begin{cases} \dfrac{2n_1(Y_1 - Y_2)}{p_{11}}, & k = 1 \\[2mm] \dfrac{2n_1(p_r s + \Lambda)}{p_{11}}, & k = 2 \\[2mm] \dfrac{2(p_r s + \Lambda)(n_1 p_{22} + n_2 p_{11})}{p_{11} p_{22}} - \dfrac{2n_2(Y_1 - Y_2)}{p_{22}}, & k = 3 \\[2mm] \dfrac{2(Y_1 - Y_2)(n_1 p_{21} + n_2 p_{11})}{p_{11} p_{21}} - \dfrac{2n_2(p_r s + \Lambda)}{p_{21}}, & k = 4 \\[2mm] \dfrac{2(n_2 p_{11} p_{21} + n_2 p_{11} p_{22} + n_1 p_{21} p_{22})(Y_1 - f_4(x_{4,5}))}{p_{11} p_{21} p_{22}} - \dfrac{2n_2(Y_1 - Y_2)}{p_{22}} \\[2mm] \quad - \dfrac{2n_2(p_r s + \Lambda)}{p_{21}}, & k = 5 \\[2mm] \dfrac{(2n_1 p_{21} p_{22} + n_2 p_{11} p_{21} + n_2 p_{11} p_{22})(Y_1 - f_3(x_{3,5}))}{p_{11} p_{21} p_{22}} - \dfrac{n_2(Y_1 - Y_2)}{p_{22}} - \dfrac{n_2(p_r s + \Lambda)}{p_{21}} \\[2mm] \quad + n_2(L - s), & k = 6 \\[2mm] \dfrac{2(n_1 p_{21} + n_2 p_{11})(Y_1 - f_4(x_{4,6}))}{p_{11} p_{21}} - \dfrac{2n_2(p_r s + \Lambda)}{p_{21}}, & k = 7 \end{cases}$$

$$\phi_k = \begin{cases} \dfrac{Y_1 - Y_2 + p_{22}L - \Lambda}{p_{22} + p_r}, & k = 1 \\[3mm] \dfrac{p_{21}}{p_{21} - p_r}(L - \xi_1 + \xi_2), & k = 2 \\[3mm] \dfrac{p_{21}}{p_{21} - p_r}(L - \xi_1 - \xi_2), & k = 3 \\[3mm] \dfrac{p_{21}}{p_{21} + p_r}(L + \xi_1 - \xi_2), & k = 4 \\[3mm] \dfrac{-Y_1 + Y_2 + p_{21}L + \Lambda}{p_{21} - p_r}, & k = 5 \\[3mm] \dfrac{Y_1 - Y_2 - \Lambda}{p_r}, & k = 6 \end{cases}$$

比较静态分析提供了不同输入参数对均衡解的影响。接下来考察各类型家庭数量 N_{11}、N_{21} 和 N_{22} 关于小城市高铁车站位置 s、高铁列车速度 v_r 和系统总家庭数 N 的敏感性，结果如表4.4~表4.6所示。

表 4.4   关于高铁车站位置的比较静态分析

偏导数	A 型	B 型	C 型	D 型	E 型	F 型	G 型	H 型
$\partial N_{11}/\partial s$	=0	>0	>0	>0	=0	>0	=0	=0
$\partial N_{21}/\partial s$	=0	<0	<0	<0	<0	不确定	<0	=0
$\partial N_{22}/\partial s$	=0	=0	>0	不确定	>0	<0	>0	=0

表 4.5   关于高铁列车速度的比较静态分析

偏导数	A 型	B 型	C 型	D 型	E 型	F 型	G 型	H 型
$\partial N_{11}/\partial v_r$	=0	<0	<0	<0	=0	<0	=0	=0
$\partial N_{21}/\partial v_r$	=0	>0	>0	>0	>0	>0	>0	=0
$\partial N_{22}/\partial v_r$	=0	=0	<0	<0	<0	<0	<0	=0

注：高铁列车速度和票价率均通过影响式(4.6)中的 p_r 影响两城市系统的均衡状态。由于 $\partial p_r/\partial v_r = -\partial p_r/\partial e_r$，即 $\partial N_{ij}/\partial v_r = -\partial N_{ij}/\partial e_r$，因此这里省略关于高铁票价率的比较静态分析

表 4.6   关于系统总家庭数的比较静态分析

偏导数	A 型	B 型	C 型	D 型	E 型	F 型	G 型	H 型
$\partial N_{11}/\partial N$	>0	>0	>0	>0	>0	>0	>0	>0
$\partial N_{21}/\partial N$	=0	>0	>0	>0	=0	>0	=0	=0
$\partial N_{22}/\partial N$	>0	=0	>0	>0	>0	>0	>0	=0

根据表 4.4，可以总结出命题 4.3，它提供了均衡解 N_{21} 和 N_{22} 关于高铁车站位置变化的性质。

命题 4.3 （1）$\partial N_{21} / \partial s \leqslant 0$，除非小城市空间结构为 F 型。当空间结构为 F 型时，如果存在

$$\Omega_1 = \frac{p_{22}(p_{21} + p_r)(2n_1 p_{21} p_{22} + n_2 p_{11} p_{21}) + n_2 p_{11} p_{21} p_{21} p_{22}}{2p_{21} p_r (2n_1 p_{21} p_{22} + n_2 p_{11} p_{21}) + n_2 p_{11} p_{21} p_{22} p_r} \geqslant 1 \quad (4.22)$$

那么，$\partial N_{21} / \partial s \geqslant 0$，否则 $\partial N_{21} / \partial s < 0$。

（2）$\partial N_{22} / \partial s \geqslant 0$，除非小城市空间结构为 D 型或 F 型。当空间结构为 D 型时，如果存在

$$\Omega_2 = \frac{n_2 p_{11} p_r (p_{21} + p_{22})}{n_1 p_{21} p_{22}(p_{21} - p_r)} \geqslant 1 \quad (4.23)$$

那么，$\partial N_{22} / \partial s \geqslant 0$，否则 $\partial N_{22} / \partial s < 0$。

证明 （1）由表 4.2 可知，当小城市的空间结构为 F 型时，城际通勤者的数量为

$$N_{21} = n_2 (x_{4,6} - x_3) = n_2 \left(\frac{Y_1 - Y_2 - p_{22}L + p_{21}s - p_r s - \Lambda}{p_{21} - p_{22}} - s + \frac{p_{11}N_{11}}{2n_1 p_{21}} - \frac{p_r s + \Lambda}{p_{21}} \right)$$

其中，n_2 表示小城市的家庭居住密度；$x_{4,6}$ 的表达式见式（4.19）；x_3 的表达式见式（4.20）。此时，大都市的家庭数量关于高铁车站位置的偏导数为

$$\frac{\partial N_{11}}{\partial s} = \frac{2n_1 n_2 p_{22}(p_{21} + p_r)}{2n_1 p_{21} p_{22} + n_2 p_{11} p_{21} + n_2 p_{11} p_{22}}$$

因此，可以得到城际通勤者数量关于高铁车站位置的偏导数为

$$\frac{\partial N_{21}}{\partial s} = \frac{(p_{22}p_{21} + p_{22}p_r - 2p_{21}p_r)(2n_1 p_{21} p_{22} + n_2 p_{11} p_{21}) + n_2 p_{11} p_{21} p_{22}(p_{21} - p_r)}{n_2 p_{21}(p_{21} - p_{22})(2n_1 p_{21} p_{22} + n_2 p_{11} p_{21} + n_2 p_{11} p_{22})}$$

由于上式的分母大于零，因此，当且仅当上式分子也大于零时，分式才大于零，即满足

$$\Omega_1 = \frac{p_{22}(p_{21} + p_r)(2n_1 p_{21} p_{22} + n_2 p_{11} p_{21}) + n_2 p_{11} p_{21} p_{21} p_{22}}{2p_{21} p_r (2n_1 p_{21} p_{22} + n_2 p_{11} p_{21}) + n_2 p_{11} p_{21} p_{22} p_r} \geqslant 1$$

（2）由表 4.2 可知，当城市空间结构为 D 型时，小城市的市内通勤者数量为

$$N_{22} = n_2 (x_6 - x_{4,5}) = n_2 \left(L + \frac{p_{11}N_{11}}{2n_1 p_{22}} - \frac{Y_1 - Y_2}{p_{22}} - \frac{Y_1 - Y_2 + p_{22}L + p_{21}s - p_r s - \Lambda}{p_{21} + p_{22}} \right)$$

其中，$x_{4,5}$ 的表达式见式（4.19）；x_6 的表达式见式（4.20）。结合 $\partial N_{11}/\partial s$，小

城市的市内通勤者数量关于高铁车站位置的偏导数为

$$\frac{\partial N_{22}}{\partial s} = \frac{2n_2 p_{11} p_r (p_{21} + p_{22}) - 2n_1 p_{21} p_{22} (p_{21} - p_r)}{n_2 (p_{21} + p_{22})(2n_1 p_{21} p_{22} + n_2 p_{11} p_{21} + n_2 p_{11} p_{22})}$$

由于上式的分母大于零，因此，当且仅当上式中的分子大于零时，整个分式大于零，即满足

$$\Omega_2 = \frac{n_2 p_{11} p_r (p_{21} + p_{22})}{n_1 p_{21} p_{22} (p_{21} - p_r)} \geqslant 1$$

证毕。

当城市空间结构为 D 型或 F 型时，城际通勤者居住区域的左边界随着高铁线路的增加而缩小，而右边界随着高铁线路的增加而扩大。因此，这两种作用的结果取决于参数关系。

表 4.5 是关于高铁列车速度的比较静态分析。根据表 4.5，可以总结出命题 4.4，它揭示了高铁列车速度（或票价率）对城际迁移和城际通勤的影响。此外，命题 4.4 还表明，当小城市具有特定的空间结构时，只有外居地主可以从高铁列车提速（或降低票价率）中获利。

命题 4.4　（1）随着高铁列车速度的增加（或票价率的降低），当小城市的空间结构为 B 型时，部分大都市家庭迁移到小城市居住但仍在大都市工作；当小城市空间结构为 E 型或 G 型时，部分小城市的市内通勤者变成城际通勤者；当小城市空间结构为 C 型、D 型、F 型时，上述两类家庭行为将同时发生。

（2）当小城市空间结构为 E 型或 G 型时，尽管城际通勤者的数量会随着高铁列车速度的增加（或票价率的降低）而增加，但唯一的受益者是外居地主。

证明　（1）由表 4.5 可知，当小城市的城市空间结构为 B 型时，满足如下关系式：$\partial N_{11} / \partial v_r < 0$、$\partial N_{21} / \partial v_r > 0$ 和 $\partial N_{22} / \partial v_r = 0$；当小城市的城市空间结构为 E 型或 G 型时，满足如下关系式：$\partial N_{11} / \partial v_r = 0$、$\partial N_{21} / \partial v_r > 0$ 和 $\partial N_{22} / \partial v_r < 0$；当小城市的城市空间结构为 C 型、D 型、F 型时，满足如下关系式：$\partial N_{11} / \partial v_r < 0$、$\partial N_{21} / \partial v_r > 0$ 和 $\partial N_{22} / \partial v_r < 0$。

（2）根据式（4.6）和式（4.10），高铁列车速度的提高可以改善城际通勤者的可支配收入。当小城市空间结构为 E 型或 G 型时，满足如下关系式：$\partial N_{11} / \partial v_r = 0$、$\partial N_{21} / \partial v_r > 0$ 和 $\partial N_{22} / \partial v_r < 0$。将 $\partial N_{11} / \partial v_r = 0$ 代入式（4.18）可知，两城市系统的均衡效用将保持不变。结合式（4.8），城际通勤者居住区域的住宅租金将会增加。证毕。

当小城市的空间结构为 E 型或 G 型时，随着高铁列车速度的增加（或票价率

的减少），大都市的家庭数量保持不变［根据式（4.18)，均衡效用也将保持不变］，故此时城际通勤者的可支配收入的增加将被更高的住宅租金所抵消，以维持效用水平不变。表 4.6 给出了关于系统总家庭数的比较静态分析结果。

根据表 4.6，可以总结出命题 4.5，它揭示了当小城市具有特定的空间结构时，外生的系统总家庭数并不影响内生的城际通勤者数量。

命题 4.5　当小城市的空间结构为 E 型时，随着系统总家庭数的增加，城际通勤者数量保持不变，且满足

$$N_{21} = n_2 \left(\frac{Y_1 - Y_2 + p_{22}L + p_{21}s - p_r s - \Lambda}{p_{21} + p_{22}} - \frac{-Y_1 + Y_2 - p_{22}L + p_{21}s + p_r s + \Lambda}{p_{21} - p_{22}} \right) \quad (4.24)$$

当小城市的空间结构为 G 型时，同样如此，且城际通勤者数量满足

$$N_{21} = \frac{2 n_2 \left(Y_1 - Y_2 - p_r s - \Lambda \right)}{p_{21} - p_{22}} \quad (4.25)$$

证明　由表 4.6 可知，当小城市的空间结构为 E 型时，$\partial N_{21} / \partial N = 0$ 成立。城际通勤者的数量为

$$N_{21} = n_2 \left(\frac{Y_1 - Y_2 + p_{22}L + p_{21}s - p_r s - \Lambda}{p_{21} + p_{22}} - \frac{-Y_1 + Y_2 - p_{22}L + p_{21}s + p_r s + \Lambda}{p_{21} - p_{22}} \right)$$

当小城市的空间结构为 G 型时，$\partial N_{21} / \partial N = 0$ 成立。同理，此时城际通勤者的数量为

$$N_{21} = \frac{2 n_2 \left(Y_1 - Y_2 - p_r s - \Lambda \right)}{p_{21} - p_{22}}$$

证毕。

显然，当小城市的空间结构为 E 型或 G 型时，命题 4.5 给出了城际通勤者的最大数量。在这两种城市空间结构类型中，城际通勤者的居住区域被市内通勤者所包围。两城市系统内的新增家庭将在当地 CBD 工作，并导致两城市市内通勤者居住区域的扩张。

4.4　数　值　分　析

4.4.1　数值实验

本节采用一个数值实验展示两城市系统（单站变化）的均衡解并说明其性质，所有输入的参数值见表 4.7。

表 4.7　两城市系统（单站变化）数值实验的输入参数值

参数符号	含义及单位	取值
e_c	汽车行驶单位距离的货币成本（元/千米）	2
e_r	乘坐高铁时单位距离的货币成本（元/千米）	0.6
L	城市间的距离（千米）	51.83
n_i	城市 i 单位距离的住宅供应量（万套/千米）	$(n_1, n_2) = (24.9, 3.1)$
N	两城市系统总家庭数（万个）	1105.2
r_a	农业租金（元/年）	15 000
s	小城市的高铁车站位置（千米）	50.8
t_w	高铁车站站内的平均等待时间（分钟）	20
v_i	城市 i 中汽车的平均行驶速度（千米/时）	20
v_r	高铁列车速度（千米/时）	145.1
Y_i	在城市 i 工作的年平均工资水平（元/年）	$(Y_1, Y_2) = (67\,990, 40\,435)$
λ	平均每天的工作时间（时/天）	8
ρ	每年的平均工作日数（天/年）	250

　　经计算，该数值实验中小城市高铁车站的位置是 50.8 千米，对应的城市空间结构为 E 型。此时，大都市 CBD 处的住宅租金为 54 289 元/年，小城市高铁车站和 CBD 的住宅租金分别为 27 441 元/年和 26 734 元/年。两城市的住宅租金函数如图 4.4 所示。

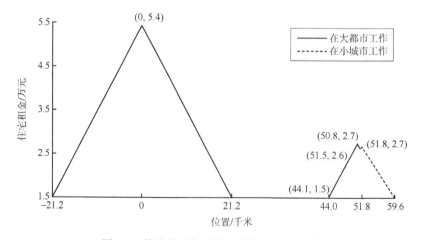

图 4.4　数值实验中两城市的住宅租金函数

　　两城市系统数值实验的其他均衡解如表 4.8 所示。可以看出，居住在小城市的家庭中约有一半选择在大都市工作。

表 4.8　两城市系统数值实验的其他均衡解

空间结构	N_{11}	N_{21}	N_{22}	$B_{11}^+ = B_1^+$	B_{21}^-	B_{21}^+	B_{22}^-	B_{22}^+
E 型	1056.7 万个	22.8 万个	25.8 万个	21.2 千米	44.1 千米	51.5 千米	44.0 千米	59.6 千米

不同的城市空间结构的发生条件表明，随着高铁车站位置 s、高铁列车速度 v_r、高铁票价率 e_r 和系统总家庭数 N 的变化，小城市的空间结构也会发生变化。这些输入参数值与小城市空间结构类型的对应关系如表 4.9 所示。

表 4.9　小城市的空间结构类型与输入参数值的对应关系

参数	A 型	B 型	C 型	D 型	E 型	F 型	H 型
s	(46.1, 51.8)	—	[40.0, 42.0]	(42.0, 45.8]	(45.8, 46.1]	—	—
v_r	[100.0, 104.7]	—	—	(145.8, 183.2]	(104.7, 145.8]	[183.2, 200.0]	—
e_r	(0.690, 0.700)	[0.400, 0.447]	—	(0.551, 0.598)	(0.598, 0.690]	(0.447, 0.551]	—
N	—	(722, 743)	(743, 763)	(763, 1101)	(1101, 1200)	—	[700, 722)

各类型家庭数量对高铁车站位置、高铁列车速度、高铁票价率和系统总家庭数的敏感性分析分别如图 4.5、图 4.6、图 4.7 和图 4.8 所示。住宅租金对高铁车站位置、高铁列车速度、高铁票价率和系统总家庭数的敏感性分析分别如图 4.9、图 4.10、图 4.11 和图 4.12 所示。图 4.5 至图 4.12 中的垂直虚线表示的是各个类型的划分边界。

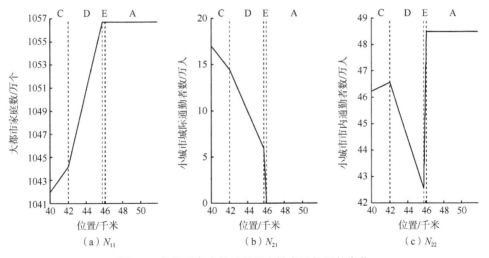

图 4.5　各类型家庭数量关于高铁车站位置的变化

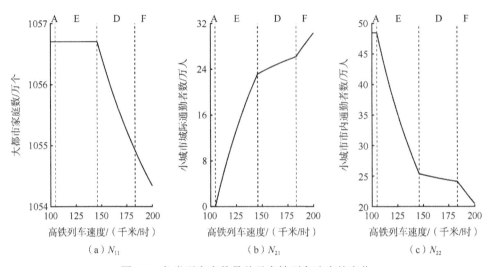

图 4.6　各类型家庭数量关于高铁列车速度的变化

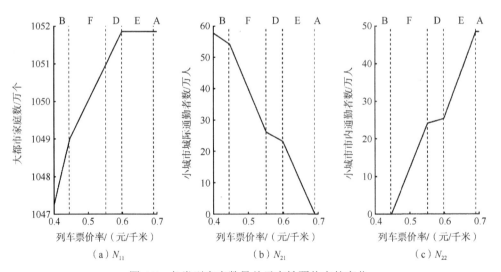

图 4.7　各类型家庭数量关于高铁票价率的变化

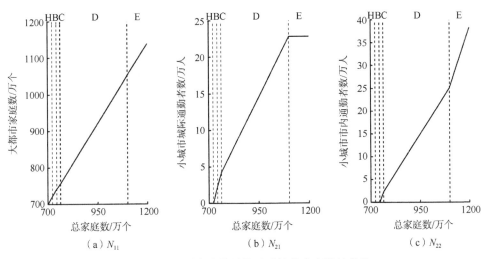

图 4.8 各类型家庭数量关于系统总家庭数的变化

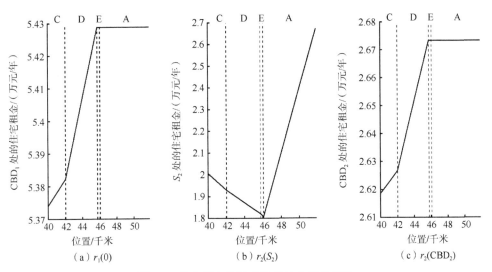

图 4.9 住宅租金关于高铁车站位置的变化

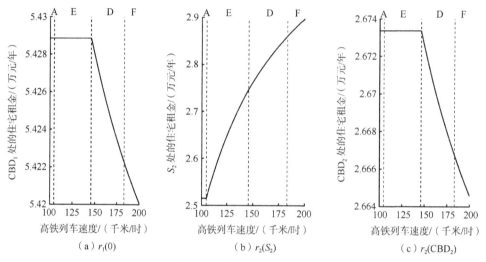

图 4.10   住宅租金关于高铁列车速度的变化

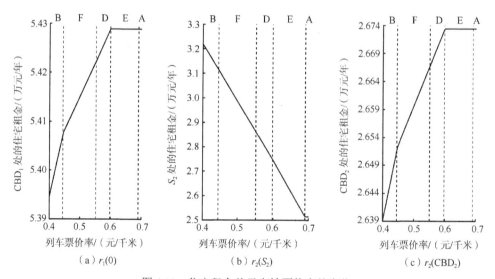

图 4.11   住宅租金关于高铁票价率的变化

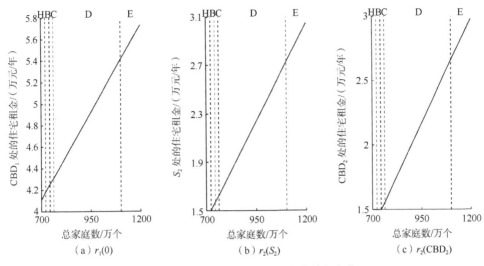

图 4.12　住宅租金关于系统总家庭数的变化

如表 4.9 所示，随着高铁车站位置 s 的增大，小城市的空间结构依次为 C 型 →D 型→E 型→A 型。这与图 4.5、图 4.9 所示的空间结构类型变化是一致的。需要注意的是，对于特定的城市空间结构（D 型），偏导数 $\partial N_{22}/\partial s$ 的正负号是不确定的，如命题 4.3 所述，除非输入的参数值是明确的。这是因为随着高铁车站位置 s 的增大，一方面，一些城际通勤者在小城市中逐渐占据市内通勤者的居住区域（即 N_{22} 减少）；另一方面，一些城际通勤者可能迁移到小城市的右边界处，成为市内通勤者（即 N_{22} 增加）。在数值实验中，输入参数值满足 $\Omega_2 < 1$，则 $\partial N_{22}/\partial s < 0$。

从图 4.9（c）中可以看出，当小城市的空间结构为 D 型时，CBD_2 处的住宅租金随着高铁车站位置 s 的增大而上涨。这可能并不是小城市管理者乐于见到的，因为本地劳动力（在小城市工作的家庭数量）的减少会影响经济产出，而住宅租金的升高会引起当地家庭的不满意。因此在进行高铁车站选址决策前，应全面考察高铁车站位置对城市空间结构的影响。

如表 4.9 所示，随着高铁列车速度 v_r 的增加，小城市的空间结构依次为 A 型 →E 型→D 型→F 型。这与图 4.6 和图 4.10 中的类型变化是一致的。

从图 4.6（a）中可以看出，当高铁列车速度 v_r 大于 145.8 千米/时时，将发生城际迁移；从图 4.6（b）中可以看出，当高铁列车速度 v_r 大于 104.7 千米/时时，将发生城际通勤。可见，高铁列车速度是影响城际通勤和城际迁移的重要因素。由命题 4.4 可知，当小城市空间结构为 E 型时，由于 N_{11} 保持不变，高铁列车提速并没有提高均衡效用水平，图 4.10（a）证明了这一点。这意味着列车提速的收益都通过提高小城市的住宅租金而转移给了外居地主。

如表 4.9 所示，随着高铁票价率 e_r 的增加，小城市的空间结构依次为 B 型→F 型→D 型→E 型→A 型。这与图 4.7 和图 4.11 中的类型变化是一致的。

由于提高高铁票价率和降低高铁列车速度的效果是类似的，因此不再重复介绍。需要注意的是，高票价率和低列车速度意味着城际通勤成本较高，此时高铁开通可能不会引发城际通勤现象。

如表 4.9 所示，随着系统总家庭数 N 的增加，小城市的空间结构依次为 H 型 →B 型→C 型→D 型→E 型。这与图 4.8 和图 4.12 中的类型变化是一致的。

从图 4.8（b）中可以看出，当系统总家庭数大于 722 万个时，小城市才有家庭居住；从图 4.8（c）中可以看出，当系统总家庭数大于 743 万个时，小城市中同时有城际通勤者和市内通勤者居住。此外，当系统总家庭数大于 1101 万个并继续增加时，城际通勤者的数量将始终保持不变，这与命题 4.5 的结论一致。

从图 4.12 中可以看出，各地的住宅租金随着系统总家庭数的增加而增加，这是因为更多的家庭同时竞租有限的住宅供应量。

4.4.2　算例分析：中国城市群

本节将所提出的模型应用于我国的若干个城市对，并分析其城市空间结构。四种类型的城市被定义为两城市系统中潜在的大都市，即直辖市、省会城市、副省级城市和地区生产总值高于省会城市的地级市。需要注意的是，大都市和小城市是相对而言的。本节选取城市间距离小于 150 千米的 50 个城市对来验证所提出的模型（要求城市间已经有高铁通达，但不包含小城市高铁车站位于远离大都市一侧的城市对），这些城市对广泛分布在 13 个城市群中，包括京津冀、长三角和粤港澳大湾区等[①]。图 4.13 展示了算例分析中 50 个城市对的总家庭数和城市间的工资差[②]。需要说明的是，假设 4.2 中假设每个家庭提供一个单位的劳动力，因此系统总家庭数是经人口数转化后的取值。从图 4.13 中可以看到，大多数城市对的总家庭数都在 500 万以下，大多数城市对之间的工资差异都在 1.5 万元以内。

---

　① 不同城市对的数据差异主要体现在城市间距离、两城市总人口、家庭居住密度、高铁线路长度、高铁出行时间和城镇居民人均可支配收入等。

　② 考虑到新冠疫情的影响，总家庭数、家庭居住密度参数值为 2018 年数据。系统总家庭数、家庭居住密度来自《中国城乡建设统计年鉴》，前者是按城区人口数按全国平均劳动力占比换算得到，后者是先按圆形城市估算建成区半径，并根据家庭数和城市半径估算一维城市下的居住密度。城市间距离和高铁线路长度根据 CBD 和高铁车站位置的经纬度通过大圆距离公式计算。高铁出行时间来自铁路 12306 网站，并结合前述线路长度计算出高铁列车速度。城市的工资水平来自《国民经济和社会发展统计公报》中的城镇居民人均可支配收入。

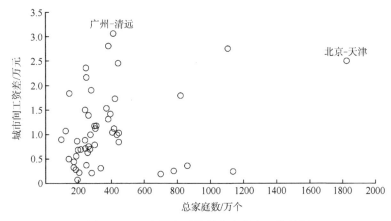

图 4.13　50 个城市对的总家庭数和工资差异

给出算例分析中小城市的高铁车站位置，通过模型进行求解，可以计算出每个城市对中的小城市空间结构类型，具体如表 4.10 所示。从表 4.10 中可以看出，大约 80% 的小城市的空间结构都属于 A 型，这是因为虽然不同小城市的高铁车站位置不同，但大部分城市对的总家庭数和工资差异都在一个特定范围内，这导致了城市空间结构类型的集中。

表 4.10　50 个城市对中的小城市空间结构类型分布

结构	A 型	B 型	C 型	D 型	E 型	F 型	G 型	H 型
数量/个	41	0	5	2	1	0	0	1

注：H 型城市意味着小城市（益阳市）理论上应该是空城，这在现实中当然不是真的。但这也反映出，算例数据中长沙-益阳城市对的城镇居民可支配收入差距过大，也许把这两个城市做成一对是不合适的

从表 4.10 中可以看出，50 个城市对中的小城市中有 41 个的空间结构都属于没有城际通勤的 A 型，这表明在当前的社会经济特征下，这些小城市的高铁车站位置还没有发挥出促进城际通勤的作用。结合图 4.13 可知，主要原因可能是与目前的高铁出行成本（涉及票价率、高铁列车速度、车站等待时间等）相比，城市间的工资差异还不足以吸引小城市家庭通勤到大都市工作。因此，提供城际通勤补贴、高铁月票折扣或简化进站登车流程可能会促进城际通勤的发生。此外，理论推导和算例分析表明，在某些特定的城市空间结构中，系统总家庭数过少也会影响城际通勤者的数量。当然，城市之间也有非通勤出行，但这不是本章研究的主题。

存在城际通勤的 C 型、D 型和 E 型小城市共有 8 个。正如 4.3 节所分析的，不同类型的城市，城际通勤者居住的位置不同。因此，城际通勤者居住位置的差异与实际情况在定性上是一致的，但具体的数值可能是不同的，因为模型中所有

的出行成本和住宅租金函数都是简单线性的。

4.4.3 拓展分析

假设高铁在高峰时段运力有限，则城际通勤者的数量可能受到影响。由于家庭是同质的，为了保证相同的均衡效用水平，有两种方法可以反映这一假设：一种是车厢内拥挤，另一种是感知订票成本（提前预订以保证票额）。本节以后者为例进行介绍，此时年订票成本是内生的，即

$$\begin{cases} \varphi = 0, & \tilde{N}_{21} \leqslant H \\ \varphi > 0, & \tilde{N}_{21} > H \end{cases} \tag{4.26}$$

其中，H 表示高峰时段的外生运力水平；$\tilde{N}_{21}$ 表示不受运力约束时的城际通勤人数。

令 $H = 15$ 万人，在其他输入参数保持不变的情况下，可求出数值实验中新的均衡解。此时，可得到年订票成本为 784 元。城际通勤者的居住区域从 $[44.1, 51.5]$ 缩小为 $[46.4, 51.2]$。需要注意的是，引入运力限制可能会改变城市空间结构，尽管在这个例子中没有改变。

本 章 小 结

本章提出了一个两城市系统空间均衡模型，研究高铁车站位置对家庭职住选择和住宅市场的影响。家庭的目标是通过自由迁移选择居住地和工作地，以最大化自身的效用水平。本章根据各类型家庭的居住分布对城市空间结构进行了分类，并推导出了不同城市空间结构类型的发生条件，这与高铁车站位置和城市社会经济特征有关。通过对我国 50 个城市对的算例分析，对本章所提出模型的性质进行了验证并说明了模型的应用。

本章的主要研究结果如下。

第一，高铁车站位置是影响城市空间结构多样性的重要因素之一。在大多数情况下，小城市的高铁车站离大都市越近，城际通勤就越有吸引力，这是因为在长期均衡下家庭可以通过搬迁到高铁车站附近来节省城际通勤成本。

第二，城市社会经济特征也会影响所提出模型的均衡结果。例如，随着高铁列车速度和票价率的变化，城际迁移和城际通勤发生的时间和地点也会发生相应的变化。但是，当小城市具有特定的空间结构时，系统总家庭数可能不会影响城际通勤者的数量。

第三，尽管高铁已经运营多年并存在城际通勤现象，但可能并不普遍。这说明阻碍城际通勤的还有其他因素，值得进一步研究。例如，如果相邻两城市间工

资差异过大，即小城市工资太低，那么城际通勤成本相对工资是高昂的，小城市居民不如搬去大城市居住和工作；如果两城市工资差异过小，即城际通勤成本大于工资差，那城际通勤无收益。

本章所提出的模型可作为研究高铁车站位置对两城市系统空间结构影响的有价值的工具，并有助于在战略层面上辅助评估高铁车站选址方案。如果地方管理者希望通过高铁建设带动城市扩张，那么高铁车站位置的选择将是十分关键的。本章的研究表明，并非所有在小城市郊区设站的方案都有助于带动城市扩张，这取决于均衡状态下内生的家庭空间分布。城市间的地理距离越近、工资差距越大，越有利于"高铁新城"的发展。而忽略城市的社会经济特征，盲目在城郊设站，可能会使"高铁新城"成为"鬼城"（荒凉、缺乏人气）。

因此，高铁车站位置要根据城市社会经济特征进行仔细评估。对于那些可能发生城际通勤的城市，适当的交通管理政策将吸引更多的城际通勤者，并有助于刺激高铁车站周边的土地开发。例如，提供城际通勤补贴、折扣月票和简化进站登车流程等。

参 考 文 献

[1] Baum-Snow N. Did highways cause suburbanization?[J]. The Quarterly Journal of Economics，2007，122（2）：775-805.

[2] 黄海军，高自友，田琼，等. 新型城镇化导向下的城市群综合交通系统管理[J]. 中国科学基金，2018，32（2）：214-223.

[3] Huang H J，Xia T，Tian Q，et al. Transportation issues in developing China's urban agglomerations[J]. Transport Policy，2020，85：A1-A22.

[4] Hazledine T，Donovan S，Mak C. Urban agglomeration benefits from public transit improvements：extending and implementing the Venables model[J]. Research in Transportation Economics，2017，66：36-45.

[5] Giansoldati M，Danielis R，Rotaris L. Train-feeder modes in Italy. Is there a role for active mobility?[J]. Research in Transportation Economics，2021，86：100990.

[6] Deng T T，Wang D D，Hu Y K，et al. Did high-speed railway cause urban space expansion?：Empirical evidence from China's prefecture-level cities[J]. Research in Transportation Economics，2020，80：100840.

[7] Diao M，Zhu Y，Zhu J R. Intra-city access to inter-city transport nodes：the implications of high-speed-rail station locations for the urban development of Chinese cities[J]. Urban Studies，2017，54（10）：2249-2267.

[8] Xu S X，Liu T L，Huang H J，et al. Mode choice and railway subsidy in a congested monocentric city with endogenous population distribution[J]. Transportation Research Part A：Policy and Practice，2018，116：413-433.

[9] Suh S H. The possibility and impossibility of intercity commuting[J]. Journal of Urban Economics，1988，23（1）：86-100.

[10] Ogura L M. Urban growth controls and intercity commuting[J]. Journal of Urban Economics，2005，57（3）：371-390.

[11] Borck R，Wrede M. Subsidies for intracity and intercity commuting[J]. Journal of Urban Economics，2009，66（1）：25-32.

[12] Dong T，Jia N，Ma S F, et al. Impacts of intercity commuting on travel characteristics and urban performances in a two-city system[J]. Transportation Research Part E：Logistics and Transportation Review，2022，164：102792.

[13] Li Z C，Ma J C. Investing in inter-city and/or intra-city rail lines? A general equilibrium analysis for a two-city system[J]. Transport Policy，2021，108：59-82.

[14] Tabuchi T. Urban agglomeration and dispersion：a synthesis of Alonso and Krugman[J]. Journal of Urban Economics，1998，44（3）：333-351.

第5章 城际交通网络对城市群经济空间结构的影响分析

5.1 问题背景

交通基础设施是国民经济中的基础性、先导性和战略性产业,对日常通勤、货物运输和人口流动有着深远影响。随着城市化进程的加快,适度超前开展交通基础设施投资已成为社会共识。为了深入推进京津冀协同发展,我国政府提出规划建设一个适当规模的新城,以集中承接北京的非首都功能。根据《河北雄安新区规划纲要》,构建快捷高效的交通网是建设雄安新区的重要组成部分。为了确保交通网络的改善符合区域政策目标,有必要了解其对区域发展的复杂影响。

在传统的效益分析研究中,交通基础设施与区域经济之间的许多相互作用没有被捕捉到。这是因为交通改善的好处可能会从节省出行时间转移到其他地方,例如,交通需求和土地价值可能会随着交通状况改善而发生变化,反过来又会影响人们的职住选择,推动产业调整和升级。近年来,我国大规模的交通基础设施投资引出了一些重要而有趣的问题:交通基础设施建设如何帮助"新城"发展,以实现人口增长和土地扩张的目标?不同的交通基础设施对区域和城市空间结构的影响是否相同?多种交通基础设施的相互作用会对城市空间均衡产生什么影响?为了解决上述问题,本章将研究城际交通网络对城市群经济空间结构的影响,在前面章节的基础上将资本要素引入空间一般均衡模型,并探讨高铁与其他交通基础设施之间的相互作用,加深对高铁与多城市系统关系的认识。

为此,本章提出一个多城市系统空间一般均衡模型,考虑家庭的市内通勤行为、城际出行行为和可贸易商品的运输过程,通过刻画居民消费中必需品城市产地差异和价格调整,探讨城际高铁等多种交通基础设施对多城市系统内生产要素流动的影响。最后通过数值实验和京津雄城市群的实例研究说明该模型的性质和应用。

本章的其余部分安排如下:5.2 节提出多城市系统空间一般均衡模型;5.3 节进行城市群空间均衡分析;5.4 节进行数值分析。

5.2　模型构建

5.2.1　基本假设

如图 5.1 所示，多城市系统由 I 个线性城市组成，其中城市 i 的边界和土地租金函数分别表示为 $\bar{x}_i = N_i/2$ 和 $r_i(x)$。作为生产要素的资本和劳动力在多城市系统内自由流动，其中系统总家庭数为 N，总资本存量为 K。家庭在城市间出行，商品在城市间运输，城市 i 和城市 j 之间的距离为 d_{ij}。

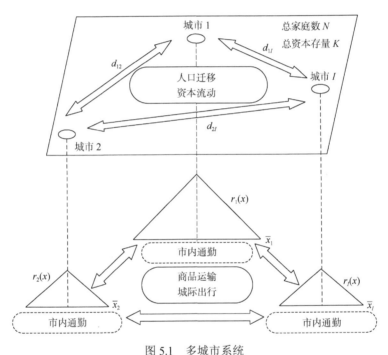

图 5.1　多城市系统

垂直虚线表示上下一一对应的关系，如城市 1 的市内通勤等

在不失一般性的前提下，为了便于理解本章的基本思想，引入假设 5.1～假设 5.3。

假设 5.1　考虑一个封闭的多城市系统，这意味着总家庭数和总资本存量是外生给定且固定的。这些城市被广阔的农业腹地分隔开，每个城市的就业机会均位于城市 CBD，且其占据的空间可以忽略不计。所有土地为系统家庭共有，城市边界的土地租金归一化为零[1]。

假设 5.2　可贸易商品部门和不可贸易服务部门都以资本与劳动力为投入，生产相应的必需品。采用阿明顿（Armington）假设[2]，即不同城市生产或提供的同一类必需品，虽然都能满足消费者对该类必需品的基本需求，但由于各种因素的影响，它们之间不能完全相互替代。城市间的运输成本被假定为"冰山形式"，即一些商品在从生产地城市到消费地城市的途中"融化"掉了（不考虑同城运输成本）。服务消费依赖于消费出行[3-4]，其中市内消费出行和城际消费出行的市内交通部分被认为包括在更频繁的日常通勤中。

假设 5.3　所有家庭都是理性和同质的，每个家庭提供一个单位的劳动力，占据一个单位的土地（但位置可能不同）。假设日常通勤和城际消费出行会以"冰山形式"减少家庭的有效劳动供给，并且不考虑城际通勤的可能性[5]。假定城际消费出行需要先到达位于当地 CBD 的既有铁路（高铁）车站，然后乘坐列车前往另一个城市[6]。

5.2.2　符号定义

为了论述方便，表 5.1 定义了本章使用的主要符号。

表 5.1　多城市系统主要符号说明

符号	定义	备注
A_i	城市 i 的禀赋水平	输入参数
c_i	单位通勤成本	输入参数
c_{ij}	城市 i 和 j 之间的单位城际出行成本	输入参数
d_{ij}	城市 i 和 j 之间的距离	输入参数
K	多城市系统总资本存量	输入参数
K_i	城市 i 的资本存量	内生变量
N	多城市系统总家庭数	输入参数
N_i	城市 i 的家庭数量	内生变量
t_{ij}	城市 i 和 j 之间的单位运输成本	输入参数
w_1	城市 1 的单位劳动供给的工资水平	输入参数
α_m	第 m 类必需品的劳动产出弹性	输入参数
β_m	家庭对第 m 类必需品的偏好程度	输入参数
Δ	消耗一单位不可贸易服务所需的出行次数	输入参数
γ_m	第 m 类必需品的集聚外部性	输入参数

5.2.3　城市结构

根据假设 5.3，每个家庭提供一个单位的劳动力并且日常通勤会以"冰山形式"减少家庭的有效劳动供给。因此，对于一个居住在城市 i、距离 CBD_i 为 x 处的家庭，其有效劳动供给可以表示为

$$h_i(x) = 1 - 2c_i x \qquad (5.1)$$

其中，数字"1"表示每个家庭提供一个单位的劳动力；数字"2"表示往返于居住地和工作地之间；$c_i > 0$ 刻画往返通勤造成的劳动效率损失。

根据假设 5.1，将城市边界的土地租金归一化为零，则居住在城市 i 边界 $\bar{x}_i$ 处的家庭净收入为 $w_i h_i(\bar{x}_i) - r_i(\bar{x}_i) = w_i(1 - c_i N_i)$，其中 w_i 表示城市 i 单位劳动供给的工资水平；$r_i(x)$ 表示与位置相关的土地租金，城市 i 的边界满足 $\bar{x}_i = N_i/2$。在均衡状态下，无论家庭如何选择居住位置，同一城市的所有家庭都具有相同的净收入。否则，理性且同质的家庭会从净收入较低的地区向净收入较高的地区迁移，即 $w_i h_i(x) - r_i(x) = w_i(1 - c_i N_i)$。因此，城市 i 位置 x 处的土地租金可以表示为

$$r_i(x) = c_i w_i(N_i - 2x) \qquad (5.2)$$

根据假设 5.3，每个家庭占据一个单位的土地，因此线性城市 i 的城市边界可以简单表示为 $\bar{x}_i = N_i/2$，即家庭对称居住在城市 CBD 的两侧。结合式（5.2），城市 i 的集计土地租金为

$$R_i = 2\int_0^{N_i/2} r_i(x)\,\mathrm{d}x = \frac{1}{2}c_i w_i N_i^2 \qquad (5.3)$$

由于土地租金为系统家庭共有，因此每个当地家庭将收到一笔经济租金，即 $R_i/N_i = c_i w_i N_i/2$。

5.2.4　要素市场

1. 生产和集聚外部性

本章假设城市 i 生产的第 m 类必需品的产出为 $y_{im} = E_m(H_i)F(H_{im}, K_{im})$，其中，$H_{im}$ 和 K_{im} 分别表示城市 i 的产业 m 投入的劳动力和资本存量。$E_m(H_i) = A_i H_i^{\gamma_m}$ 描述与城市 i 总劳动供给 H_i 有关的集聚外部性。其中，A_i 表示城市 i 外生的禀赋水平，满足 $E_m(0) \geqslant 0$ 且 $E_m' > 0$；γ_m 是反映规模收益递增的系数；内部生产函数 $F(\cdot)$ 满足"稻田条件"，即 $\lim\limits_{H_{im} \to 0} F_H(H_{im}, \cdot) = \infty$，以避免劳动力完全集聚在特定城市内。

根据 Borck 和 Wrede[7] 的研究，本章采用柯布-道格拉斯生产函数，即

$$y_{im} = E_m(H_i)H_{im}^{\alpha_m} K_{im}^{1-\alpha_m} \qquad (5.4)$$

其中，α_m 表示产业 m 关于劳动供给的产出弹性系数。根据利润最大化问题式（5.4）的一阶条件，可以得到城市 i 生产第 m 类必需品的劳动和资本需求函数，即

$$H_{im} = \frac{\alpha_m y_{im} q_{im}}{w_i} \qquad (5.5)$$

$$K_{im} = \frac{(1-\alpha_m) y_{im} q_{im}}{\varepsilon} \qquad (5.6)$$

其中，w_i 和 q_{im} 分别表示城市 i 单位劳动供给的工资水平和生产的第 m 类必需品的离岸价；ε 表示资本利息（由于资本自由流动，各地的利率水平相同）。结合零利润条件，可以推导出城市 i 生产的第 m 类必需品的生产成本（即离岸价）为

$$q_{im} = \frac{w_i H_{im} + \varepsilon K_{im}}{y_{im}} = \frac{w_i^{\alpha_m} \varepsilon^{1-\alpha_m}}{\alpha_m^{\alpha_m} (1-\alpha_m)^{1-\alpha_m} A_i H_i^{\gamma_m}} \qquad (5.7)$$

2. 消费和替代弹性

本章采用柯布-道格拉斯效用函数，即对于每个城市不同生产部门生产的必需品，城市 i 的家庭最大化其家庭效用：

$$U_i = \max_Z \prod_m Z_{im}^{\beta_m}, \quad \sum_m \beta_m = 1 \qquad (5.8)$$

并受到预算约束：

$$\sum P_{im} Z_{im} = w_i h_i(x) - r_i(x) + \frac{R_i}{N_i} + \frac{\varepsilon K}{N} = w_i \left(1 - \frac{1}{2} c_i N_i\right) + \frac{\varepsilon K}{N} \qquad (5.9)$$

其中，β_m 表示家庭对第 m 类必需品的偏好程度；Z_{im} 和 P_{im} 分别表示家庭对城市 i 生产的第 m 类必需品的消费指数和价格指数，分别可以表示为

$$Z_{im} = \left(\sum_j \left(z_i^{jm}\right)^{\rho_m}\right)^{\frac{1}{\rho_m}}, \quad 0 < \rho_m < 1 \qquad (5.10)$$

$$P_{im} = \left(\sum_j \left(p_i^{jm}\right)^{\frac{\rho_m}{\rho_m-1}}\right)^{\frac{\rho_m-1}{\rho_m}} \qquad (5.11)$$

其中，ρ_m 表示家庭对第 m 类必需品品种多样性的偏好程度；z_i^{jm} 和 p_i^{jm} 分别表示城市 i 的家庭对城市 j 生产的第 m 类必需品的消费量和到岸价。为了简单起见，假设商品和服务生产部门分别只生产一种必需品（外部性来源于生产集聚[8]而非必需品多样性[9]），则到岸价可以表示为

$$p_i^{jm} = \begin{cases} q_{jm}(1 + d_{ij} t_{ij}), & m = 1 \\ q_{jm} + \Delta \cdot 2 d_{ij} c_{ij} w_i, & m = 2 \end{cases} \qquad (5.12)$$

其中，$m=1$ 和 $m=2$ 分别表示可贸易商品和不可贸易服务。前者（$m=1$ 的情况）表示为了保证一单位的商品到达，必须在生产地装运 $1+d_{ij}t_{ij}$ 单位的商品，d_{ij} 和 t_{ij} 分别表示城市 i 与城市 j 之间的距离和单位运输成本；后者（$m=2$ 的情况）表示不可贸易服务的消费依赖于消费出行。

根据效用最大化问题式（5.8）和式（5.9）的一阶最优性条件，可以得到城市 i 的家庭对城市 j 生产的第 m 类必需品的需求函数为

$$z_i^{jm} = \left(\frac{p_i^{jm}}{P_{im}}\right)^{-\sigma_m} Z_{im} = \beta^m \left(w_i\left(1-\frac{1}{2}c_iN_i\right) + \frac{\varepsilon K}{N}\right)\frac{\left(p_i^{jm}\right)^{-\sigma_m}}{P_{im}^{1-\sigma_m}} \tag{5.13}$$

其中，$\sigma_m = 1/(1-\rho_m)$ 表示不同城市生产的第 m 类必需品之间的替代弹性；P_{im} 和 p_i^{jm} 的表达式分别见式（5.11）和式（5.12）。

5.3　城市群空间均衡分析

5.3.1　空间均衡条件

在多城市系统空间一般均衡模型的框架下将生产、消费和交通结合起来，以实现劳动力市场、资本市场和必需品市场出清。在均衡状态下，所有家庭获得一个相同的均衡效用，因此没有家庭有迁移的动机。

劳动力市场出清要求各生产部门的劳动力需求总量等于城市家庭提供的劳动力供给总量，即

$$\sum_m H_{im} = H_i = N_i\left(1-\frac{1}{2}c_iN_i\right) \tag{5.14}$$

资本市场出清要求资本存量和资本需求之间实现平衡。根据假设 5.1，总资本存量是外生给定且固定的，即

$$\sum_i \sum_m K_{im} = K \tag{5.15}$$

所有必需品市场出清同样要求供需平衡，即

$$y_{im} - \frac{2\Delta\alpha_m y_{im}\sum_j c_{ij}d_{ij}z_i^{j2}}{1-c_iN_i/2} = \begin{cases} \sum_j N_j z_j^{im}\left(1+t_{ij}d_{ij}\right), & m=1 \\ \sum_j N_j z_j^{im}, & m=2 \end{cases} \tag{5.16}$$

其中，式（5.16）左侧第二项等于城际消费出行成本（根据假设 5.3，城际消费出行

会以"冰山形式"减少家庭的有效劳动供给，因此由等价的必需品生产损失表示）[①]。需要说明的是，可贸易商品的运输具有"冰山形式"的损耗，但消费不可贸易服务本身不会有服务损失。

封闭多城市系统的空间均衡还要求系统总家庭数是外生给定且固定的，即

$$\sum_i N_i = N \tag{5.17}$$

此外，还要求没有家庭有迁移的动机。在均衡状态下，根据式（5.8）和式（5.9），每个家庭的间接效用水平为

$$U_i = \left(w_i \left(1 - \frac{1}{2} c_i N_i \right) + \frac{\varepsilon K}{N} \right) \prod_m \left(\frac{\beta_m}{P_{im}} \right)^{\beta_m} = u \tag{5.18}$$

其中，u 表示多城市系统内家庭的均衡效用[②]。

5.3.2　启发式算法设计

多城市系统空间均衡模型包含 14 组方程和 14 组变量：式（5.3）、式（5.5）～（5.7）和式（5.10）～（5.18），其中式（5.14）包括两组方程；生产和消费变量（y_{im}、z_i^{jm}、Z_{im}）、价格变量（q_{jm}、p_i^{jm}、P_{im}）、资本变量（K_{im}、ε）、人口变量（H_{im}、H_i、N_i）和其他变量（R_i、w_i、u）。方程和变量的总数量为 $2MI^2 + 6MI + 4I + 2$，其中 $M = 2$，意味着每个城市均有生产可贸易商品和不可贸易服务的两个生产部门。根据瓦尔拉斯定律，如果其他市场处于均衡状态，那么资本市场也将自动达到均衡水平[10]。因此，不失一般性地，将城市 1 的工资作为计价单位，那么式（5.15）表示的资本市场出清条件将自动满足。

本节提出一种求解多城市空间均衡模型的启发式算法，具体步骤如下。

步骤 1：初始化。为家庭空间分布选择一个初始方案 $\left(N_i^0 = N_1^0, N_2^0, \cdots, N_I^0 \right)$。令 $w_1 = 1$ 并置计数器 $n = 0$。

步骤 2：确定变量。修正后的式（5.16）包含 $2I$ 个方程用于求解 H_{i1}^*、$w_{i \neq 1}^*$

---

① 根据式（5.5），城市 i 的工资水平可以表示为 $w_i = \alpha_m y_{im} q_{im} / H_{im}$，这可以理解为劳动者报酬是其生产的相应商品或服务的数量 $\alpha_m y_{im} / H_{im}$。由于家庭需要到其他城市进行服务消费，结合式（5.16）和式（5.12），城市 i 生产部门 m 的单个劳动者的城际消费出行成本可以用本应生产的商品或服务数量表示，即 $2\Delta \sum_j c_{ij} d_{ij} z_i^{j/2} \cdot \frac{\alpha_m y_{im}}{H_{im}}$，则总的城际消费出行成本如式（5.16）等号左侧第二项所示。

② 根据效用最大化问题式（5.8）和式（5.9）的一阶最优性条件，家庭对城市 i 生产的第 m 类必需品的消费指数为 $Z_{im} = \left(\beta_m w_i \left(1 - c_i N_i / 2 \right) + \varepsilon K / N \right) / P_{im}$，将其代入式（5.8）即可得到均衡效用水平。

和 $\varepsilon^{*①}$。

步骤 3：收敛性检查。根据式（5.18）更新家庭效用 $U_i^n\left(N_i^n\right)$。如果连续迭代得到的城市间效用差足够接近，则终止算法并输出均衡解。否则，设置 $n=n+1$，执行步骤 4。

步骤 4：计算家庭分布。假设 $N_i^{n+1}=N_i^n+\lambda\left(U_i^n-\bar{U}^n\right)$，其中 λ 是一个正参数，

$$\bar{U}^n=\frac{\sum\limits_i U_i^n}{I}$$ 是平均效用（必须保持 $\sum\limits_i^I N_i^{n+1}=N$）。然后转至步骤 2。

在步骤 2 中，由于修正后的式（5.16）是 H_{i1}^*、$w_{i\neq1}^*$ 和 ε^* 的隐函数，所以采用迭代方法或解方程软件来获得均衡解。如 5.3.1 节所述，将均衡解代入式（5.15）是一定成立的。

5.4 数 值 分 析

5.4.1 数值实验

多城市系统空间一般均衡模型涉及多个市场的相互作用，难以用解析方法求解。本节给出一个两城市系统的数值实验说明该模型的性质，所有输入参数值见表 5.2。

表 5.2 两城市系统数值实验的输入参数值

参数符号	含义	取值
A_i	城市 i 的禀赋水平	$(A_1, A_2)=(1,1)$
c_i	单位通勤成本	$(c_1, c_2)=(0.03, 0.03)$
c_{ij}	城市 i 和 j 之间的单位城际出行成本	$c_{12}=c_{21}=0.4$
d_{ij}	城市 i 和 j 之间的距离	$d_{ij}=1, j\neq i$
K	多城市系统总资本存量	$K=100$
N	多城市系统总家庭数	$N=10$
t_{ij}	城市 i 和 j 之间的单位运输成本	$t_{12}=t_{21}=0.2$
w_1	城市 1 的单位劳动供给的工资水平	$w_1=1$
α_m	第 m 类必需品的劳动产出弹性	$(\alpha_1, \alpha_2)=(0.5, 0.5)$

① 对所有的 $i,j\in\{1,2,\cdots,I\}$，首先，根据式（5.5）、式（5.6）和式（5.14），K_{im} 可以用 H_{im} 和要素价格表示。其次，式（5.7）的 q_{im} 可以代入式（5.12）的 p_i^{jm}，进而代入式（5.11）的 P_{im}，将 p_i^{jm} 和 P_{im} 代入式（5.13）的 z_i^{jm}。最后，将 z_i^{jm} 和式（5.4）的 y_{im} 代入式（5.16），则只需解 $2I$ 个方程即可得到均衡解。

续表

参数符号	含义	取值
β_m	家庭对第 m 类必需品的偏好程度	$(\beta_1, \beta_2) = (0.5, 0.5)$
Δ	消耗一单位不可贸易服务所需的出行次数	$\Delta = 0.04$
γ_m	第 m 类必需品的集聚外部性	$(\gamma_1, \gamma_2) = (0.2, 0.2)$

注：本节数值实验中的参数是无单位的，仅为说明模型的性质

图 5.2 为两城市系统家庭效用曲线随家庭分布的变化。由于表 5.2 所示的两个城市各项属性是相同的，所以两条曲线看起来是对称的。需要注意的是，图 5.2 中的三个均衡点中只有两个是稳定的，即对称均衡是不稳定的。换句话说，即使一个城市的家庭略多于另一个城市，其规模也会随着时间的推移而增长，直到达到"核心-外围"的稳定均衡点。以城市 1 家庭的效用曲线（实线）为例，它可以被看成是由三段组成的。随着家庭数量的增加（从左至右），城市 1 家庭的效用水平先是向下移动，然后上升，最后又下降。

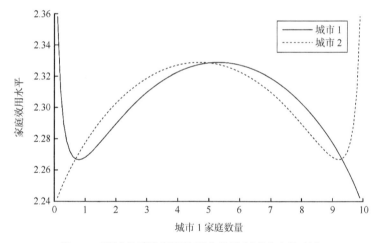

图 5.2　两城市系统家庭效用曲线随家庭分布的变化

图 5.3～图 5.5 详细描述了三种交通相关成本（单位通勤成本、单位运输成本、单位城际出行成本）的变化对家庭分布和均衡效用的影响。需要注意的是，在自由市场中交通相关成本的降低并不总是有利的，如图 5.3 所示，增大单位通勤成本将使得"核心-外围"均衡转向对称均衡，大城市家庭将迁移到小城市以降低长距离的通勤成本。此外，倒"U"型效用曲线使得处于竞争均衡状态的城市规模可能偏离最优规模，这为合理调控人口规模提供了依据。

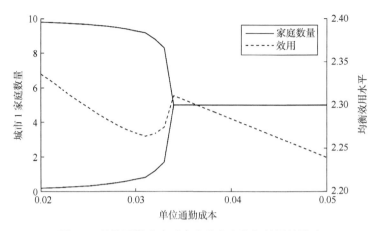

图 5.3　单位通勤成本对家庭分布和均衡效用的影响

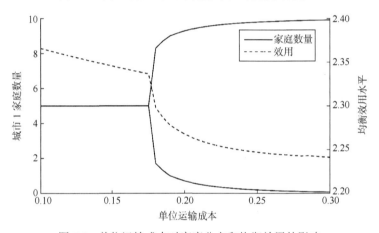

图 5.4　单位运输成本对家庭分布和均衡效用的影响

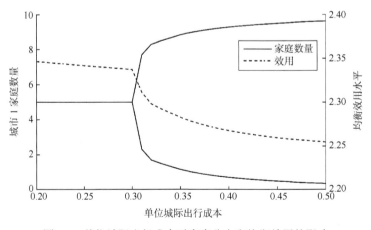

图 5.5　单位城际出行成本对家庭分布和均衡效用的影响

如图 5.4 所示，降低单位运输成本将使得"核心-外围"均衡转向对称均衡，这是因为无论居住在何处，获取商品的成本将降低。

由于家庭必需品的到岸价与运输成本或城际出行成本呈正相关，因此它们对两城市系统的家庭分布有类似的影响。如图 5.5 所示，降低单位城际出行成本也将使得"核心-外围"均衡转向对称均衡。同样，这是因为无论居住在何处，获取服务的成本将降低。

随着技术的进步，长期来看，各种交通相关成本都将呈下降趋势。由于不同的成本可能会产生相反的影响，因此接下来说明各种交通成本的交互作用如何改变家庭分布，具体如图 5.6 和图 5.7 所示。在图 5.6 中，单位通勤成本与单位运输成本的交互作用导致家庭分布先进行集聚，然后分散。

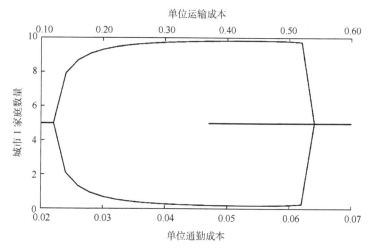

图 5.6　单位通勤成本与单位运输成本交互作用对家庭分布的影响

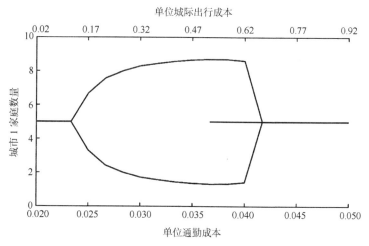

图 5.7　单位通勤成本与单位城际出行成本交互作用对家庭分布的影响

需要注意的是，由于存在多种交通成本的交互作用，稳定的均衡点可能不是唯一的，这表明初始状态对均衡的演化也很重要。同理，图 5.7 描述的单位通勤成本与单位城际出行成本的交互作用有类似的结果，但由于模型中的构成和参数不同，因此具体的均衡值也不同。

5.4.2 算例分析：京津雄城市群

京津雄城市群位于我国华北平原北部，其中北京市和天津市是两个直辖市，雄安新区是河北省管辖的国家级新区。雄安新区与北京市和天津市的距离均约为 100 公里，其远期规划面积约为 2000 平方公里，雄安新区规划范围涉及河北省雄县、容城、安新 3 县及周边部分区域。

雄安新区的建设旨在缓解北京市的发展压力，推动京津冀地区协同发展，培育创新驱动发展新引擎。雄安新区是中国政府面向未来打造的一张发展新名片，将成为中国经济发展的新引擎和城市化进程的重要标志。根据《河北雄安新区规划纲要》，构建快捷高效的交通网是建设雄安新区的重要组成部分，包括加快建立轨道交通网络、完善高速公路网、综合布局各类城市交通设施。

本节将通过算例分析考察交通基础设施建设对该城市群经济空间结构的影响，其中北京市、天津市、雄安新区分别用城市 1、城市 2、城市 3 表示，所有输入参数值见表 5.3。

表 5.3　京津雄城市群算例分析的输入参数值

参数符号	含义及单位	取值
A_i	城市 i 的禀赋水平	$(A_1, A_2, A_3) = (1,1,1)$
c_i	单位通勤成本	$(c_1, c_2, c_3) = [0.4, 0.5, 5.0] \times 10^{-3}$
c_{ij}	城市 i 和 j 之间的单位城际出行成本	$c_{ij} = \begin{bmatrix} 0 & 0.6 & 1.6 \\ 0.6 & 0 & 2.4 \\ 1.6 & 2.4 & 0 \end{bmatrix} \times 10^{-3}$
d_{ij}	城市 i 和 j 之间的距离（千米）	$d_{ij} = \begin{bmatrix} 0 & 111 & 105 \\ 111 & 0 & 112 \\ 105 & 112 & 0 \end{bmatrix}$
K	多城市系统总资本存量（亿元）	$K = 188\,075$
N	多城市系统总家庭数（万个）	$N = 1860$
t_{ij}	城市 i 和 j 之间的单位运输成本	$t_{ij} = \begin{bmatrix} 0 & 1.4 & 2.1 \\ 1.4 & 0 & 2.1 \\ 2.1 & 2.1 & 0 \end{bmatrix} \times 10^{-3}$
w_1	城市 1 的单位劳动供给的工资水平（万元/年）	$w_1 = 6.8$

续表

参数符号	含义及单位	取值
α_m	第 m 类必需品的劳动产出弹性	$(\alpha_1, \alpha_2) = (0.50, 0.50)$
β_m	家庭对第 m 类必需品的偏好程度	$(\beta_1, \beta_2) = (0.35, 0.65)$
Δ	消耗一单位不可贸易服务所需的出行次数	$\Delta = 0.02$
γ_m	第 m 类必需品的集聚外部性	$(\gamma_1, \gamma_2) = (0.10, 0.25)$

注：单位通勤成本、单位城际出行成本、单位运输成本均为换算后的无量纲的劳动损失。

考虑到新冠疫情影响，多城市系统总家庭数、多城市系统总资本存量等参数值为 2018 年数据；多城市系统总家庭数来自《中国城乡建设统计年鉴》中的城区人口数，并按全国平均劳动力占比换算；多城市系统总资本存量数据取自金融机构存款数据；城市间距离根据 CBD 的经纬度通过大圆距离公式计算；单位通勤成本是根据北京市和天津市的平均通勤时间和劳动人口换算得到（每天工作 8 小时）；单位城际出行成本基于列车运行时间进行换算，列车运行时间来自中国铁路 12306 网站；京津之间的单位运输成本按 2018 年全国社会物流总费用占 GDP 的比例（14.8%）估算得到；雄安到北京、天津的单位运输成本与京津之间的单位运输成本按常规省市省道和国道的限速比（80∶120）估算得到；城市的单位劳动供给的工资水平来自《国民经济和社会发展统计公报》中的城镇居民人均可支配收入。

在基准案例中，均衡点是三个城市效用面的交点，如图 5.8 所示。此时，内生的家庭数分布为北京市 1121 万个、天津市 708 万个、雄安新区 31 万个。下面用三个例子来分析交通基础设施是如何影响均衡点的。假设城市交通、高速公路和高铁将分别降低单位通勤成本、单位运输成本和单位城际出行成本。

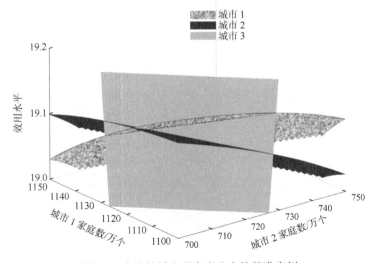

图 5.8　京津雄城市群家庭分布的基准案例

　　城市交通建设将通过缓解拥堵、提高车速等降低单位通勤成本①。例如，可以建设更高效的公共交通系统、设置更合理的路线以及提高交通信号灯的控制效率等。图 5.9 显示了城市 3 单位通勤成本对家庭数量和效用水平的影响。可以看出，随着城市 3 市内交通状况的改善，家庭的可支配收入将得到提高，进而提升潜在的效用水平，这使得城市群内的家庭有动机迁往城市 3，直到所有城市家庭的效用水平相同。

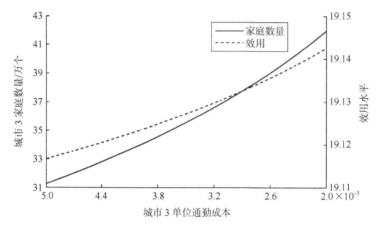

图 5.9　城市 3 单位通勤成本对家庭数量和效用水平的影响

右侧纵轴既是城市 3 的效用水平，也是系统均衡效用水平，因为均衡时所有城市效用水平相同

　　高速公路的建设可以降低单位运输成本②，包括时间成本和车辆损耗等。虽然高速公路也为城际出行提供了便利，但考虑到京津雄城市群发达的铁路网络和为了只分析单一交通成本变化的影响，因此假定铁路是城际出行的唯一方式。事实上，如果允许高速公路建设的同时改善两类交通相关成本并不会影响具体的分析过程，但会对结果的具体值有一定的影响。

　　图 5.10 和图 5.11 显示了城市 3 与其他城市之间单位运输成本对家庭数量和效用水平的影响。高速公路的建设使得城市 3 的家庭从其他城市获得可贸易商品的成本降低，这刺激了家庭数量的增长。从发展城市 3 的角度来看，应优先提高城市 3 与城市 1 之间的高速公路服务水平。然而值得注意的是，图 5.10 中随着城市 3 和城市 1 之间单位运输成本降低，城市 3 的家庭数在增长，但计算结果表明，

---

　　① 本章单位通勤成本的表示方法说明如下。根据假设 5.2，每个家庭提供一个单位的劳动力，而通勤会以"冰山形式"减少有效劳动供给，因此通勤成本将小于"1"，以保证有效劳动供给大于"0"。又因为每个家庭占据一单位的土地，因此城市半径/范围可以换算为家庭数量表示。故单位通勤成本为用劳动供给损失表示的通勤成本除以用家庭数量表示的通勤距离。

　　② 本章单位运输成本的表示方法说明如下。根据假设 5.2，城市间的运输成本被假定为"冰山形式"，即一些商品在从生产地城市到消费地城市的途中"融化"掉了。这部分损耗被认为是运输成本，故单位运输成本为商品损耗比除以城市间距离。

迁入城市 3 的家庭主要来自城市 2,这可能与区域政策的目标不一致。这是因为改善城市 3 与城市 1 之间的高速公路服务水平,将使得两地家庭从对方城市获得可贸易商品的到岸价降低,进而吸引了城市 2 家庭的迁入。对比图 5.10 和图 5.11 可以看出,改善城市 3 与任意城市间的单位运输成本对效用水平的提升是相似的。但从家庭数量增长的角度来看,降低城市 3 和城市 1 之间的单位运输成本的效果更显著。

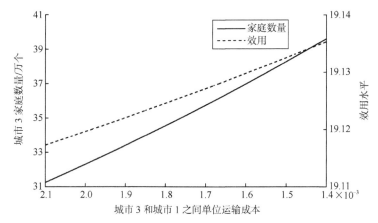

图 5.10 城市 3 和城市 1 之间单位运输成本对家庭数量和效用水平的影响

右侧纵轴既是城市 3 的效用水平,也是系统均衡效用水平,因为均衡时所有城市效用水平相同

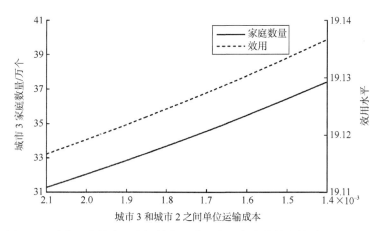

图 5.11 城市 3 和城市 2 之间单位运输成本对家庭数量和效用水平的影响

右侧纵轴既是城市 3 的效用水平,也是系统均衡效用水平,因为均衡时所有城市效用水平相同

高铁在我国主要提供客运服务,高铁开通的直接影响是降低城际出行成本[①]。图 5.12 和图 5.13 显示了城市 3 家庭数量和效用水平随单位城际出行成本变化的情

---

① 本章单位城际出行成本的表示方法说明如下。根据假设 5.2 和假设 5.3,服务消费依赖于消费出行,且城际消费出行会以"冰山形式"减少家庭的有效劳动供给,故单位城际出行成本用劳动供给损失表示的城际出行成本除以城市间距离。

况。高铁建设使得城市 3 的家庭从其他城市获得不可贸易服务的成本降低，这刺激了家庭数量的增长。同样，图 5.12 中随着城市 3 和城市 1 之间单位城际出行成本降低，城市 3 的家庭数在增长，但计算结果表明，迁入城市 3 的家庭主要来自城市 2。

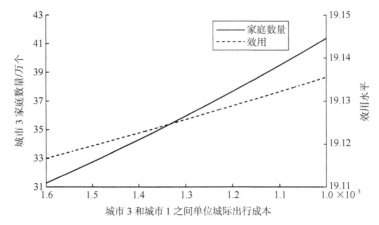

图 5.12　城市 3 和城市 1 之间单位城际出行成本对家庭数量和效用水平的影响
右侧纵轴既是城市 3 的效用水平，也是系统均衡效用水平，因为均衡时所有城市效用水平相同

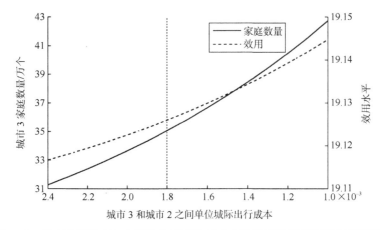

图 5.13　城市 3 和城市 2 之间单位城际出行成本对家庭数量和效用水平的影响
右侧纵轴既是城市 3 的效用水平，也是系统均衡效用水平，因为均衡时所有城市效用水平相同

如图 5.13 所示，高铁建设的影响在城市 3 和城市 2 之间更为显著，这是因为在这条既有铁路上列车运行速度更慢。但是，如果单位城际出行成本在城市 3 与城市 1 之间、城市 3 与城市 2 之间减少程度相同，即城市 3 与城市 2 之间也下降 0.6×10^{-3}（见图 5.13 中竖直虚线），那么在城市 3 和城市 1 之间建设高铁更具有吸引力。

综合上述三类交通改善的影响，计算新的长期均衡结果，以验证交通基础设施建设在城市群家庭分布中发挥的市场调节作用。此时，内生的家庭数量分布为北京市 1075 万个、天津市 668 万个、雄安新区 117 万个。雄安新区家庭数量的增长是由于通勤成本的降低和更容易从其他城市获得必需品。这些结果在定性上与现实相符，但具体数值可能有所不同，因为模型中所有的交通相关成本和土地租金函数都是简单线性的。

本 章 小 结

本章提出了一个考虑市内通勤、城际出行和商品运输的多城市系统空间一般均衡模型，研究交通基础设施对城市群经济空间结构的影响。城市生产部门投入资本和劳动力生产差异化的可贸易商品和不可贸易服务。家庭（劳动者）通过在城市之间自由迁移和选择居住位置以实现自身效用最大化，资本通过自由流通在各地保持相同的利率。交通基础设施投资降低了交通相关成本，例如单位通勤成本、单位运输成本和单位城际出行成本，从而影响家庭的空间分布并导致商品和服务价格的变化。此外，本章通过数值实验和京津雄城市群的实例研究，说明了该模型的性质和应用。

本章的主要研究成果如下。第一，自由放任的城市可能会偏离其最优规模，这为合理调控城市人口规模提供了理论基础。出于同样的原因，交通改善可能会降低家庭效用，就像交通流理论中的布雷斯悖论。第二，交通基础设施投资通常会提高当地家庭的生活水平，从而导致人口流入和土地扩张。交通改善的结果与初始状态密切相关，包括城市规模分布和当地的交通基础设施水平。第三，城市群交通状况的改善不仅会导致内部移民，由于效用水平提高，在开放系统中，该城市群还会吸引其他城市（群）的移民，这表明交通基础设施投资政策具有更广泛的影响，需要仔细评估。

本章所提出的模型可作为研究交通基础设施对区域空间均衡影响的有价值的工具，并有助于从战略上评估交通基础设施投资是否符合区域政策的目标。研究结果表明，针对雄安新区的交通基础设施投资有助于实现疏解北京市人口压力的目标。但是，京津雄城市群交通网络应该均衡发展，否则，仅仅改善北京市与雄安新区之间的交通联系可能会导致天津市的家庭外流。此外，交通基础设施投资应考虑现有交通基础设施水平。如果不同城市间交通基础设施改善将在相同程度上降低交通相关成本的绝对值，那么建设北京市和雄安新区之间的高铁和高速公路的政策都应该得到优先考虑；但如果不同城市间交通基础设施改善将交通相关成本降低到同一水平，那么考虑到天津市至雄安新区已有铁路系统相对不发达的现实，优先改善它们之间的铁路系统是可以接受的。

参 考 文 献

[1] Verhoef E T, Nijkamp P. Spatial externalities and the urban economy[J]. Contributions to Economic Analysis, 2004, 266: 87-120.

[2] Armington P S. A theory of demand for products distinguished by place of production[EB/OL]. https://www.elibrary.imf.org/view/journals/024/1969/001/article-A007-en.xml[2024-09-01].

[3] Anas A, Kim I. General equilibrium models of polycentric urban land use with endogenous congestion and job agglomeration[J]. Journal of Urban Economics, 1996, 40 (2): 232-256.

[4] Anas A, Xu R. Congestion, land use, and job dispersion: a general equilibrium model[J]. Journal of Urban Economics, 1999, 45 (3): 451-473.

[5] Roback J. Wages, rents, and the quality of life[J]. Journal of Political Economy, 1982, 90 (6): 1257-1278.

[6] Ogura L M. Urban growth controls and intercity commuting[J]. Journal of Urban Economics, 2005, 57 (3): 371-390.

[7] Borck R, Wrede M. Subsidies for intracity and intercity commuting[J]. Journal of Urban Economics, 2009, 66 (1): 25-32.

[8] Arnott R. Congestion tolling with agglomeration externalities[J]. Journal of Urban Economics, 2007, 62 (2): 187-203.

[9] Krugman P. Increasing returns and economic geography[J]. Journal of Political Economy, 1991, 99 (3): 483-499.

[10] Mun S I. Transport network and system of cities[J]. Journal of Urban Economics, 1997, 42 (2): 205-221.

第6章 高铁对城市群城际出行、效用和社会福利的影响

6.1 概　　述

6.1.1 研究背景

随着以高铁为代表的交通基础设施的快速发展，城际交通在区域经济中发挥着越来越重要的作用。更便捷的城际交通促进了要素在城市间的流动，公众和政府对城市的发展逐渐从关注单个城市转移到通常由不少于三个功能不同、行政区划不同的城市组成的城市群[1]。例如，交通运输部印发的《综合运输服务"十四五"发展规划》提出，到2025年，"全国123出行交通圈"（都市区1小时通勤、城市群2小时通达、主要城市3小时覆盖）加快构建，旨在通过投资城际交通基础设施进一步降低出行成本（主要是时间成本）。

在城市群内，城市间修建高铁无疑会对城市特征产生直接影响，包括居民的出行选择、效用和社会福利[2-3]。现有研究主要基于单中心城市模型[4-6]、多中心城市模型[7-8]和两城系统模型[9-10]，从城市经济学的角度研究交通投资的影响。然而，几乎很少有研究关注两个城市之间的交通基础设施投资对第三个城市的影响[11]。由于城市并非完全孤立存在，从交通基础设施投资，特别是高铁建设的角度，充分探究、理解包含多个城市的城市群中的居民城际出行选择行为和居民效用，各城市及城市群（总）社会福利的变化对引导我国城市群未来健康发展至关重要。

已有的多城市研究往往自发地将交通投资的决策者视为中央政府或社会规划者。现实中，城市群一般由不同行政区划的城市组成。例如，在京津冀城市群中，北京、天津和廊坊（河北省）之间不存在严格的从属关系。如果将城市群视为一个系统，其最高决策者修建高铁的动机自然会受到系统整体利益影响，由此产生的外部性会对每个城市产生不同的影响[12]，换句话说，修建高铁并不总是有利于所有城市。在城市化进程变缓、出生率逐年降低的背景下，城市有动机通过吸引其他城市的居民到自己的城市，以最大化高铁带来的利益（如社会福利）。从这个角度来看，城市之间可能会出现竞争行为，这为博弈论的应用提供了理想的环境[13]。因此，必须考虑以下问题：存在城市竞争的关系下，高铁如何影响城市居民的城

际出行选择、效用以及城市的社会福利？两城市间引入高铁一定会刺激城市群内的总的城际出行需求吗？高铁可达性、发车频率等因素是否会产生不同的均衡？

　　针对这些问题和现有文献的局限性，本章研究一个简化的但具有代表性的城市群，包括一个中心城市和两个外围城市。通过对两个外围城市之间修建高铁前后两种情景的比较，揭示高铁对城际客流量、居民效用以及各城市和城市群（系统）社会福利的影响。考虑到系统中城际出行需求的有限性，即居民的城际出行次数不是无限的，我们采用古诺模型来描述城市间的竞争。本章首先从博弈角度分析城市群背景下高铁对城市特征的影响，这是将博弈论纳入多城市交通问题研究的一次大胆尝试，为分析城市群内城市间竞争行为（玩家不仅是城市，还可以是高铁运营商等）提供一个一般的博弈论框架。其次，通过将研究高铁问题的情景从双城系统扩展到城市群中，系统考察引入高铁对城市城际出行需求、居民效用和城市社会福利变化的影响，揭示中心城市与外围城市在这些特征上的差异。最后，从不同居民的城际出行收益（从居民异质性角度）、高铁可达性（从城市异质性角度）和高铁发车频率（从运营角度）三个方面挖掘影响研究结果的潜在因素。本章所建立的模型和结果将有助于从根本上解释城市群的演化过程，为政府制定交通投资政策提供依据。

6.1.2　文献回顾

　　本章的工作是对城市经济学模型和交通问题中的博弈模型这两方面文献的延伸。自 Alonso[14]首次提出单中心城市模型［又称 Alonso-Muth-Mills（阿朗索-穆特-米尔斯）单中心城市模型[14-16]］以来，相当多学者基于单中心城市模型研究了交通问题，例如收费[12, 17, 18]、补贴[19-20]、投资等[21-22]。Li 等[23]将线性单中心模型推广到二维模型中，找到了城市主干道的最优密度。鉴于居住和就业分布更为复杂，经典的单中心城市模型无法准确刻画居民的职住选择，Debrezion 等[7]采用多中心城市模型揭示了城市扩张与铁路投资之间的关系。Xu 等[8]将动态拥堵效应引入核心-郊区城市模型中，研究了通勤者的通勤模式选择、居住和工作选择。在此基础上，Xu 等[24]进一步优化了四种财政制度下城市就业副中心的最优数量。Liu 等[25]研究了城市核心区和郊区之间居民乘坐自动驾驶汽车的通勤行为。虽然多中心城市模型仍然局限于一个城市，但它为城际交通研究提供了理论基础。

　　20 世纪 80 年代，Suh[26]首先讨论了城际通勤的可能性及其发生条件。随后，Sasaki[27]提出了既考虑市内通勤成本，又考虑城际出行成本的双城市系统交通问题研究框架。Borck 和 Wrede[28]探讨了以铁路连接的两城市系统中，在社会最优和竞争均衡下，市内通勤补贴和城际通勤补贴对城市空间结构的影响。Li 和 Ma[9]研究了城市内地铁投资和城市间高铁投资对城际出行、居民迁移和住房租金的影响。Dong 等[29]通过整合出行模式选择均衡、居住区位选择均衡和住房市场均衡，提出了更加完整的两城空间均衡模型。Yang 和 Huang[10]发现高铁站点的位置会影响空间均衡，并找出了两城市系统中不同高铁站位置产生的所有潜在的空间结构。

尽管学者从城市经济学的角度对高铁与城市特征的关系进行了大量的研究，但上述涉及双城市系统的文献仍存在一定的局限性。一方面，虽然双城市系统模型具有从理论上研究高铁与城市特征之间相互作用的优势，但当系统中城市数量增加时，均衡时的解析解难以找到。除了 Mun[11]提出的三城市系统模型对城际货物流动进行了一般均衡分析外，鲜有文献将两城市系统扩展为包含三个及三个以上城市的城市群系统。另一方面，这些研究自发地聚焦于社会规划者的决策，而忽视了每个城市的行为。

一般来说，社会最优策略不一定对所有城市都有利，城市群内对系统最优的策略也不一定被某一城市所采用。Oates[30]指出，如果一个地区在确定其最优税收时不考虑对其他地区的影响，将导致分配扭曲和整体效率的损失。从这一角度来看，城市间可能会出现政策上的博弈并产生影响。Borck 等[31]通过展示两个发展不均衡区域之间的补贴博弈，说明外围城市有动机提供足够的补贴，以阻止其产业向核心城市迁移。虽然少部分研究注意到了城市之间的潜在竞争，例如 Vandyck 和 Proost[32]的研究表明不同生产力地区之间的通勤补贴竞争可能导致城际交通基础设施投资不足，Ren 等[33]发现城市之间的通勤补贴竞争可以进一步使核心城市受益，而 Wang 等[34]认为城市间通勤补贴竞争可能有利于城市系统，但这些研究都是基于两个城市之间的博弈。因此，需要一个包含两个以上城市博弈的简洁理论框架。

一些文献已使用博弈论模型研究交通运输市场之间的竞争[35-37]。根据玩家（参与者）在数量或价格上竞争，博弈论模型分为古诺模型或伯川德模型。Bracaglia 等[38]研究了不同高铁网络中高铁投资产生的内部竞争，并比较了高铁投资前后运营商利润和城市社会福利方面的表现。Wang 等[39]侧重分析了高铁运营商的目标函数中社会福利的占比，并找到了最优的社会福利权重。此外，有研究证明，航空公司-高铁（以下简称空铁）竞争可能会导致居民产生额外的出行需求，并对环境产生负面影响[40-41]。Wang 等[42]研究了航空公司进入后，现有高铁运营商的运营变化。Jiang 和 Zhang[43]在轮辐网络中考虑了枢纽机场容量约束，探索了空铁合作效果。Jiang 等[44]发现，空铁合作增加了长途航线的飞行频率，减少了污染排放。对于价格竞争，Jiang 和 Wang[45]考察了固定和可变高铁票价对社会福利变化的影响。其认为在没有航空税补贴的情况下，高铁补贴增加了高铁出行需求，减少了航空出行需求。还有一些文献，通过具有用户位置信息的霍特林（Hotelling）模型研究了交通模式间的竞争。Yang 和 Zhang[46]考虑到旅客的空间分布，研究了空铁竞争对运营商利润和社会福利的影响。Emami 等[47]分析了在连接郊区和 CBD

的走廊中，乘客对公共交通和私家车的方式选择。虽然上述提到的文献中使用的网络包含多个节点（城市），但在模型中只考虑了一个双寡头垄断市场（两个运营商），即只有两个玩家参与博弈且网络中的 OD 对是单向的。如果我们将城市（政府）视为博弈的参与者，那么城际出行是双向的这一现实是我们必须考虑的，同时两个城市间不同出行方向上的出行数量可能相差很大。

综上所述，现有文献有助于理解高铁对城市内部和系统空间结构的影响，但仍存在局限性：①包含三个及三个以上城市的城市群系统没有得到广泛关注；②系统内城市间的多重博弈下交通基础设施投资带来的影响尚未挖掘；③忽略了居民城际出行之间内生的相互影响。

6.2　基于古诺博弈的模型构建

6.2.1　不完全高铁网络

在由一个中心城市和两个外围城市组成的代表性城市群中，首先考虑在中心城市和外围城市之间已经投资了高铁，而两个外围城市之间没有连通高铁的情景。假设每个城市的居民（城际出行者）可以自由地前往另外两个城市。需要说明的是，市内出行通常是居民的主要出行行为。这里假设城市为一个点，且重点关注城际出行。因此，这里的居民指的是城际出行者。分别使用城市 i 和城市 j（$-j$）来表示中心城市和外围城市。我们假设外围城市的居民没有动机去穿越中心城市到另一外围城市并支付中心城市到另一小城市的额外高铁费用。中心城市一般为北京这样的大城市。居住在邻近小城市的居民往往更愿意选择乘坐高铁去中心城市来满足他们的需求，而不是另一个小城市。需要注意的是，这一假设并不意味着外围城市间完全不存在城际出行。其可能存在其他方式的城际出行，例如私家车出行，这将在第 7 章讨论，这里只关注高铁城际出行。城市群（系统）内的城际出行情况如图 6.1 所示。

在高铁修建之前，只有外围城市间对中心城市出行者的出行目的地选择构成博弈。采用 Singh 和 Vives[48]的二次效用函数，一个城市的代表性居民的效用取决于前往其他两个城市的出行次数。居民的效用可以表示为

$$
\begin{cases}
U_i = \alpha q_{ij} + \alpha q_{i,-j} - \dfrac{1}{2}\left(q_{ij}^2 + q_{i,-j}^2 + 2\gamma q_{ij} q_{i,-j}\right) \\
U_j = \alpha q_{ji} - \dfrac{1}{2} q_{ji}^2
\end{cases}
\tag{6.1}
$$

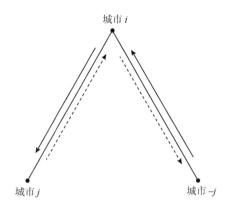

图 6.1　城市群（系统）内的城际出行情况

实线箭头和虚线箭头分别表示出行的不同方向

其中，q_{ij} 表示从城市 i 到城市 j 的城际出行次数；α 是数值为正的参数，表示城际出行收益。注意，为简化表达，式（6.1）中只使用下标 j 表示外围城市［式（6.2）同］。$\gamma \in [0,1]$ 表示两个外围城市之间的可替代性程度。例如，如果其对中心城市的居民来说是同质的，则 $\gamma = 1$。可替代性也可以解释为竞争的激烈程度，$\gamma = 1$ 暗示城市间竞争最激烈。

居民的目标是最大化消费者剩余，即

$$\max_{q_{ij}, q_{i,-j}} \mathrm{CS}_i = U_i - p_{ij}q_{ij} - p_{i,-j}q_{i,-j}$$
$$\max_{q_{ji}} \mathrm{CS}_j = U_j - p_{ji}q_{ji} \tag{6.2}$$

其中，p 代表高铁票价。通过一阶条件可以推导出反需求函数，即

$$\begin{cases} p_{ij} = \alpha - q_{ij} - \gamma q_{i,-j} \\ p_{i,-j} = \alpha - q_{i,-j} - \gamma q_{ij} \end{cases} \tag{6.3}$$

而对于外围城市，有 $p_{ji} = \alpha - q_{ji}$，$p_{-ji} = \alpha - q_{-ji}$。城市的目标是使高铁运营利润和社会福利的加权总和最大化。因此，对于中心城市，有

$$\max_{q_{ji}, q_{-ji}} \delta_i \times \mathrm{SW}_i + (1-\delta_i)\pi_i \tag{6.4}$$
$$\text{s.t.} \quad p_{ij} = p_{ji}$$

其中，SW_i 和 π_i 分别表示城市的社会福利和高铁运营获得的利润。假设高铁运营的利润由目的地城市收取，以激励各城市吸引其他城市的居民前来出行。δ_i 表示运营商目标函数中社会福利的权重。在不失一般性的前提下，假设城市群中的城市在追求社会福利方面的偏好是同质的，即 $\delta_i = \delta$。$\delta \in [0,1]$ 在一定程度上衡量了

城市的"私有化"程度。$\delta = 1$意味着城市只关心社会福利。考虑到高铁往返票价基本相同这一现实,引入高铁票价约束。往返价格可能会因时段(如高峰时段)和高铁类型(如我国的CRH380A和CRH380B)而产生细微不同,但相同座位级别(如二等座、商务座)的变化与原价相比往往可以忽略不计。

社会福利由消费者剩余和高铁利润组成,即

$$SW_i = CS_i + \pi_i \tag{6.5}$$

其中,利润表达式为

$$\pi_i = \left(p_{ij} - c_{ij}\right)q_{ji} \tag{6.6}$$

其中,c_{ij}表示单位高铁运营成本。为简单起见,在不影响结果的情况下,此节先假设$c_{ij} = 0$。在6.4.3节,将其替换为与高铁发车频率相关的参数并讨论其影响。结合中心城市和外围城市的优化问题进行求解,可推导出均衡时各方向上的城际出行次数,即

$$q_{ij}^* = q_{i,-j}^* = \frac{\delta\left(1-\gamma^2\right)\alpha}{\delta - \gamma^2 - \gamma + \delta\left(1-\gamma^2\right)\left(1-\delta+\gamma\right)} \tag{6.7}$$

其中,$q_{ji}^* = q_{-ji}^* = \left(1+\gamma\right)q_{ij}^*$。可以发现,在高铁投资前,外围城市到中心城市的城际出行需求大于中心城市到外围城市的城际出行需求。在现实中,由于中心城市资源更为丰富、能够提供更多的就业机会等,居住在外围城市的居民对前往中心城市进行以工作、商务等为目的的城际出行往往表现出更大的意愿。

有了均衡时的城际出行次数,我们就可以得到相应的高铁票价、利润、居民效用和城市社会福利,即p_{ij}^*、π_i^*、U_i^*和SW_i^*。值得注意的是,需要对参数(δ和γ)的取值范围通过下面两个条件进行界定:①城际出行次数和高铁票价的非负性;②城市优化问题的凸性,以确保能达到目标函数的最大值。

引理6.1 (1)$\delta - \gamma^2 - \gamma - \delta^2\left(1-\gamma^2\right) \geqslant 0$且$\delta \neq 0$,以满足城际出行次数和高铁票价的非负性。

(2)当前条件下,城市优化问题的凸性自动满足。

证明 (1)使$q_{ij}^* \geqslant 0$,有$\delta - \gamma^2 - \gamma + \delta\left(1-\gamma^2\right)\left(1-\delta+\gamma\right) \geqslant 0$,其中$\delta\left(1-\gamma^2\right) \geqslant 0$总是满足。将出行需求表达式代入式(6.3),可以得到

$$p_{ij}^* = \alpha\frac{\delta - \gamma^2 - \gamma - \delta^2\left(1-\gamma^2\right)}{\delta - \gamma^2 - \gamma + \delta\left(1-\gamma^2\right)\left(1-\delta+\gamma\right)} \tag{6.8}$$

我们很容易发现$\delta - \gamma^2 - \gamma - \delta^2\left(1-\gamma^2\right) \geqslant 0$。这意味着$\delta \geqslant \gamma$总是成立。同时,

由于 $\delta-\gamma^2-\gamma+\delta\left(1-\gamma^2\right)(1-\delta+\gamma)\neq 0$ ，因而 $\delta\neq 0$ 。

（2）为表明式（6.8）为优化问题的最优解，显然只需要证明中心城市目标函数的凸性即可，通过二阶条件，海塞矩阵可以表示为

$$H=\begin{bmatrix}\dfrac{\partial^2\delta\times\mathrm{SW}_i+(1-\delta)\pi_i}{\partial q_{ji}^2} & \dfrac{\partial^2\delta\times\mathrm{SW}_i+(1-\delta)\pi}{\partial q_{ji}\partial q_{-j,i}}\\[3mm]\dfrac{\partial^2\delta\times\mathrm{SW}_i+(1-\delta)\pi}{\partial q_{-j,i}\partial q_{ji}} & \dfrac{\partial^2\delta\times\mathrm{SW}_i+(1-\delta)\pi}{\partial q_{-j,i}^2}\end{bmatrix}=\begin{bmatrix}-1 & 0\\ 0 & -1\end{bmatrix}\quad(6.9)$$

其中，一阶行列式 $\mathrm{Det}_1=-1<0$ ，二阶行列式 $\mathrm{Det}_2=1>0$ 。证毕。

由此可知，社会福利的权重应大于城市间替代性，且不能同时为零，即不能出现 $\delta=\gamma=0$ ，以避免出现城市只追求利润却提供免费高铁服务这一悖论。在此基础上，分别继续考察社会福利权重、居民出行收益和城市替代性对城际出行、居民效用和社会福利的影响。

命题 6.1　（1）对于 δ ，如果 $\delta\geqslant\gamma^{\frac{1}{2}}(1-\gamma)^{-\frac{1}{2}}$ ，则 $\dfrac{\partial q_{ij}^*}{\partial\delta}\geqslant 0$ ，$\dfrac{\partial q_{ji}^*}{\partial\delta}\geqslant 0$ ，$\dfrac{\partial U_i^*}{\partial\delta}\geqslant 0$ ，

$\dfrac{\partial U_j^*}{\partial\delta}\geqslant 0$ ，$\dfrac{\partial\mathrm{SW}_j^*}{\partial\delta}\geqslant 0$ ；如果 $\delta-\gamma^2-\gamma-\delta^2\left(1-\gamma^2\right)-\gamma\delta\left(1-\gamma^2\right)\geqslant 0$ ，则 $\dfrac{\partial\mathrm{SW}_i^*}{\partial\delta}\geqslant 0$ 。

（2）对于 α ，$\dfrac{\partial q_{ij}^*}{\partial\alpha}\geqslant 0$ ，$\dfrac{\partial q_{ji}^*}{\partial\alpha}\geqslant 0$ ，$\dfrac{\partial U_i^*}{\partial\alpha}\geqslant 0$ ，$\dfrac{\partial U_j^*}{\partial\alpha}\geqslant 0$ ，$\dfrac{\partial\mathrm{SW}_i^*}{\partial\alpha}\geqslant 0$ ，$\dfrac{\partial\mathrm{SW}_j^*}{\partial\alpha}\geqslant 0$ 。

（3）对于 γ ，$\dfrac{\partial q_{ij}^*}{\partial\gamma}\geqslant 0$ ，$\dfrac{\partial q_{ji}^*}{\partial\gamma}\geqslant 0$ ，$\dfrac{\partial U_i^*}{\partial\gamma}\leqslant 0$ ，$\dfrac{\partial U_j^*}{\partial\gamma}\geqslant 0$ ，$\dfrac{\partial\mathrm{SW}_j^*}{\partial\gamma}\geqslant 0$ ，而 $\dfrac{\partial\mathrm{SW}_i^*}{\partial\gamma}$

随着 δ 的增大趋向于负值。

证明　（1）对于 δ ，有

$$\frac{\partial q_{ij}^*}{\partial\delta}=\frac{\left(\delta^2\left(1-\gamma^2\right)-\gamma^2-\gamma\right)\alpha\left(1-\gamma^2\right)}{\left(\delta-\gamma^2-\gamma+\delta\left(1-\gamma^2\right)(1-\delta+\gamma)\right)^2}$$

$$\frac{\partial U_i^*}{\partial\delta}=2\left(\alpha-(1+\gamma)q_{ij}^*\right)\frac{\partial q_{ij}^*}{\partial\delta}\qquad(6.10)$$

$$\frac{\partial U_j^*}{\partial\delta}=\left(\alpha-q_{ji}^*\right)\frac{\partial q_{ji}^*}{\partial\delta}$$

$$\frac{\partial\mathrm{SW}_i^*}{\partial\delta}=2(1+\gamma)\left(\alpha-(1+2\gamma)q_{ij}^*\right)\frac{\partial q_{ij}^*}{\partial\delta}$$

$$\frac{\partial \mathrm{SW}_j^*}{\partial \delta} = \left(\alpha - \left(1-\gamma^2\right)q_{ij}^*\right)\frac{\partial q_{ij}^*}{\partial \delta}$$

其中，$\delta - \gamma^2 - \gamma + \delta\left(1-\gamma^2\right)\left(1-\delta+\gamma\right) > 0$。根据 $\partial q_{ij}^*/\partial\delta \geqslant 0$ 和 $\delta^2\left(1-\gamma^2\right) - \gamma^2 - \gamma \geqslant 0$，有 $\delta \geqslant \gamma^{1/2}\left(1-\gamma\right)^{-1/2}$。由于 $q_{ji}^* = \left(1+\gamma\right)q_{ij}^*$，$\partial q_{ji}^*/\partial\delta$ 取决于 $\partial q_{ij}^*/\partial\delta$。对于效用，如果 $\partial q_{ij}^*/\partial\delta \geqslant 0$，$\alpha - \left(1+\gamma\right)q_{ij}^* \geqslant 0$ 和 $\alpha - q_{ji}^* \geqslant 0$ 导致 $\partial U_i^*/\partial\delta \geqslant 0$ 和 $\partial U_j^*/\partial\delta \geqslant 0$。需要注意的是，$\partial \mathrm{SW}_i^*/\partial\delta$ 同时受 $\delta - \gamma^2 - \gamma - \delta^2\left(1-\gamma^2\right) - \gamma\delta\left(1-\gamma^2\right)$ 和 $\alpha - \left(1+2\gamma\right)q_{ij}^*$ 约束。当且仅当同时满足 $\delta - \gamma^2 - \gamma - \delta^2\left(1-\gamma^2\right) - \gamma\delta\left(1-\gamma^2\right) \geqslant 0$ 以及 $\delta \geqslant \gamma^{1/2}\left(1-\gamma\right)^{-1/2}$ 时，$\partial \mathrm{SW}_i^*/\partial\delta \geqslant 0$。

（2）对于 α，有

$$\frac{\partial q_{ij}^*}{\partial \alpha} = \frac{\delta\left(1-\gamma^2\right)}{\delta - \gamma^2 - \gamma + \delta\left(1-\gamma^2\right)\left(1-\delta+\gamma\right)} \geqslant 0$$

$$\frac{\partial U_i^*}{\partial \alpha} = 2q_{ij}^* + 2\left(\alpha - \left(1+\gamma\right)q_{ij}^*\right)\frac{\partial q_{ij}^*}{\partial \alpha} \geqslant 0$$

$$\frac{\partial U_j^*}{\partial \alpha} = q_{ji}^* + \left(\alpha - q_{ji}^*\right)\frac{\partial q_{ji}^*}{\partial \alpha} \geqslant 0 \tag{6.11}$$

$$\frac{\partial \mathrm{SW}_i^*}{\partial \alpha} = 2\left(1+\gamma\right)\left(2\alpha - \left(1+2\gamma\right)q_{ij}^*\right)\frac{\partial q_{ij}^*}{\partial \alpha} \geqslant 0$$

$$\frac{\partial \mathrm{SW}_j^*}{\partial \alpha} = \left(\alpha - \left(1-\gamma^2\right)q_{ij}^*\right)\frac{\partial q_{ij}^*}{\partial \alpha} + q_{ij}^* \geqslant 0$$

其中，$\alpha - \left(1+\gamma\right)q_{ij}^* \geqslant 0$，$\alpha - q_{ji}^* \geqslant 0$，$2\alpha - \left(1+2\gamma\right)q_{ij}^* \geqslant 0$ 和 $\alpha - \left(1-\gamma^2\right)q_{ij}^* \geqslant 0$。同时，根据 $q_{ji}^* = \left(1+\gamma\right)q_{ij}^*$，可得 $\partial q_{ji}^*/\partial\alpha \geqslant 0$。

（3）对于 γ，结合包络定理，有

$$\frac{\partial q_{ij}^*}{\partial \gamma} = \alpha \frac{2\gamma\left(\delta\left(1-\gamma^2\right) - \left(\delta - \gamma^2 - \gamma\right)\right) + \delta\left(1-\gamma^2\right) - \delta\left(1-\gamma^2\right)^2}{\left(\delta - \gamma^2 - \gamma + \delta\left(1-\gamma^2\right)\left(1-\delta+\gamma\right)\right)^2}$$

$$\frac{\partial q_{ji}^*}{\partial \gamma} = q_{ij}^* + \left(1+\gamma\right)\frac{\partial q_{ij}^*}{\partial \gamma} \tag{6.12}$$

$$\frac{\partial U_i^*}{\partial \gamma} = -q_{ij}^{*2} \leqslant 0$$

$$\frac{\partial U_j^*}{\partial \gamma} = \left(\alpha - q_{ji}^*\right)\frac{\partial q_{ji}^*}{\partial \gamma}$$

$$\frac{\partial \mathrm{SW}_i^*}{\partial \gamma} = \left(2\alpha - (3+4\gamma)q_{ij}^*\right)q_{ij}^*$$

$$\frac{\partial \mathrm{SW}_j^*}{\partial \gamma} = \gamma q_{ij}^{*2}$$

由于 $\delta\left(1-\gamma^2\right)-\left(\delta-\gamma^2-\gamma\right) \geqslant 0$ 和 $\delta\left(1-\gamma^2\right)-\delta\left(1-\gamma^2\right)^2 \geqslant 0$，可以推导出 $\partial q_{ij}^*/\partial\gamma \geqslant 0$ 和 $\partial q_{ji}^*/\partial\gamma \geqslant 0$。由于 $\alpha - q_{ji}^* \geqslant 0$，可以发现 $\partial U_j^*/\partial\gamma \geqslant 0$。其中，$2\alpha - (3+4\gamma)q_{ij}^*$ 可以进一步写为 $2\left(\delta-\gamma^2-\gamma\right)-(1+2\gamma+2\delta)\delta\left(1-\gamma^2\right)$ 并用 f_{sw_i} 代替。根据引理 6.1，我们可以得到 $\partial f_{\mathrm{sw}_i}/\partial\gamma = -2+\delta+6\delta\gamma+2\delta^2 < 0$。因此，$f_{\mathrm{sw}_i}$ 的最大值为 $(1-2\delta)\delta$，一旦 $\delta \leqslant 0.5$，$\partial \mathrm{SW}_i^*/\partial\gamma$ 先为正值，之后随着 δ 的增大变为负值。而当 $0.5 < \delta \leqslant \max\delta$ 时，$\partial \mathrm{SW}_i^*/\partial\gamma < 0$ 总是成立。证毕。

在引理 6.1 下，存在一个临界社会福利权重（δ，以下简称权重），可以将城市群中的城市定义为两种类型："私有化"和"社会化"。当城市高度私有化并强调利润时，鼓励城市关注更多的社会福利可能会暂时不利于城市，直到城市变得更加社会化。此结论揭示了不断增加的权重需要与城市的类型相协调。如果城市已经高度私有化，其应继续追求利润，否则，权重应该进一步增加。进一步可以发现，还存在一个临界权重（在第一个临界权重和可行域之间）会影响中心城市的社会福利。为便于理解，图 6.2 分别显示了中心城市和外围城市社会福利随权重和替代性变化的情况。如图 6.2（a）所示，社会福利的曲线波动表明，增加权重只能在两个特定区间内使中心城市受益。

当替代性较大，或两个外围城市之间的竞争强度较高时，会刺激城际出行，从而增加外围城市的居民效用和社会福利，而在权重较大时可能会使中心城市处于不利地位。对于中心城市而言，在出行需求增加的同时，利润会降低，并且随着权重的增大这一现象会加剧。在图 6.2（c）中，很容易观察到，随着替代性的增加，中心城市的社会福利存在一个拐点。通过命题 6.1 可以发现，在外围城市没有高铁连接的情况下，即使以牺牲中心城市的利益为代价，外围城市有动机为了吸引中心城市居民到本城市进行城际通勤，这使得外围城市之间的竞争变得更加激烈。

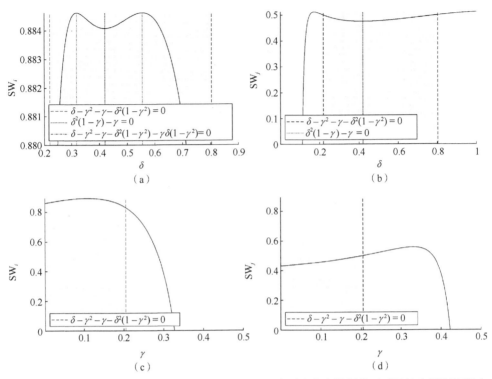

图 6.2　δ（$\alpha=1$，$\gamma=0.15$）和 γ（$\alpha=1$，$\delta=0.4$）在不完全高铁网络下对于社会福利的影响

阴影部分为可行域

6.2.2　完全高铁网络

如图 6.3 所示，与不完全高铁网络相比，高铁引入的同时也增加了中心城市与外围城市之间的博弈，即将单一博弈扩展为相互影响的三个博弈（图 6.4）。在这种情景下，一个有代表性的出行者在一个城市的效用为

$$\bar{U}_i = \sum_j \alpha \bar{q}_{ij} - \frac{1}{2}\left(\sum_j \bar{q}_{ij}^2 + 2\gamma_i \prod_j \bar{q}_{ij} \right) \tag{6.13}$$

其中，字母正上方加横线表示修建高铁后的情况。需要注意的是，相比于修建高铁前，中心城市的"中心"这一概念在某种意义上已经消失了。因此，公式中的 i 和 j 分别表示起点和终点城市。然而，为了更好地对比高铁前后的变化，仍然用城市 i 代表中心城市，城市 j 和城市 $-j$ 分别代表两个外围城市。

注意，任意两个城市对于第三个城市的居民来说具有替代性且构成一个博弈。例如，两个外围城市对中心城市居民的替代性表示为 $\gamma_i \in [0,1]$。不失一般性地，假设高铁投资后城市间已有的可替代性不变，即 $\gamma_i = \gamma$。

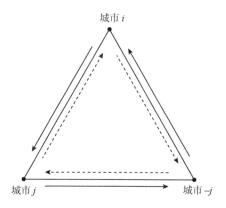

图 6.3　完全高铁网络

实线箭头和虚线箭头分别表示出行的不同方向

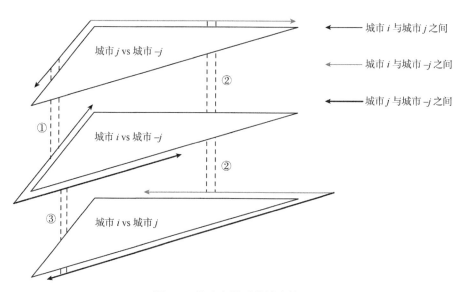

图 6.4　修建高铁后的博弈情况

实线表示一个城市的居民前往另外两个城市的出行选择，虚线表示不同城市间博弈的联系

居民和城市的目标函数改写为

$$\max_{\overline{q}_{ij},\,\overline{q}_{i,-j}} \overline{\mathrm{CS}}_i = \overline{U}_i - \overline{p}_{ij}\overline{q}_{ij} - \overline{p}_{i,-j}\overline{q}_{i,-j} \tag{6.14}$$

$$\max_{\overline{q}_{ji},\,\overline{q}_{-ji}} \delta \times \overline{\mathrm{SW}}_i + (1-\delta)\overline{\pi}_i$$

$$\text{s.t.} \quad \overline{p}_{ij} = \overline{p}_{ji} \tag{6.15}$$

其中，$\overline{\pi}_i = (\overline{p}_{ij} - \overline{c}_{ij})\overline{q}_{ji}$，$\overline{\mathrm{SW}}_i = \overline{\mathrm{CS}}_i + \overline{\pi}_i$，$\overline{c}_{ij} = 0$，这些与不完全网络是一致的。

同样，反需求函数为

$$\overline{p}_{ij} = \alpha - \overline{q}_{ij} - \gamma_i \overline{q}_{i,-j}$$
$$\overline{p}_{i,-j} = \alpha - \overline{q}_{i,-j} - \gamma_i \overline{q}_{ij} \tag{6.16}$$

同时求解三个博弈问题，可以得到城际出行的均衡次数，即

$$\overline{q}_{ij}^* = \overline{q}_{i,-j}^* = \frac{\alpha}{2 - \delta + \gamma_i} \tag{6.17}$$

可以发现，在相同的 α 和 δ 下，均衡时各方向上的城际出行次数具有相似的形式，唯一不同的是其随 γ_i 的变化而变化。同理，可以确定 $\overline{p}_{ij}^*$、$\overline{\pi}_i^*$、$\overline{U}_i^*$、$\overline{SW}_i^*$。在这种情况下，除引理 6.1 中的条件外，还需要考虑一个额外的非套利条件，从而确定每个优化问题中的变量。非套利条件指的是，一个城市的居民去往另一个城市时不会因更低的出行成本而绕行另外一个城市。

引理 6.2　（1）城际出行次数和价格非负始终成立。

（2）当 $\delta < 2(1 - \gamma_i)$ 时，满足城市优化问题的凸性。

（3）当 $\delta \neq 1$ 时，满足非套利条件。

证明　由于 $\delta \in [0,1]$ 和 $\gamma_i \in [0,1]$，$2 - \delta + \gamma_i > 0$，式（6.17）中的分母总是大于零，因此 $\overline{q}_{ij}^* > 0$。将 $\overline{q}_{ij}^*$ 代入式（6.16）中可得

$$\overline{p}_{ij}^* = \alpha \frac{1 - \delta}{2 - \delta + \gamma_i} \tag{6.18}$$

由 $\delta \leqslant 1$ 可得 $\overline{p}_{ij}^* \geqslant 0$。考虑到三个博弈问题的相似性，这里只需要证明一个博弈问题中目标函数的凹凸性。通过相似的步骤，海塞矩阵可以表示为

$$H = \begin{bmatrix} \left(1-\gamma_1^2\right)^{-1}\left(2\gamma_1^2 - 2 + \delta\right) & -\delta\gamma_1\left(1-\gamma_1^2\right)^{-1} \\ -\delta\gamma_1\left(1-\gamma_1^2\right)^{-1} & \left(1-\gamma_1^2\right)^{-1}\left(2\gamma_1^2 - 2 + \delta\right) \end{bmatrix} \tag{6.19}$$

其中，$\mathrm{Det}_1 = \left(1-\gamma_i^2\right)^{-1}\left(2\gamma_i^2 - 2 + \delta\right)$，$\mathrm{Det}_2 = \left(1-\gamma_i^2\right)^{-2}\left[\left(2\gamma_i^2 - 2 + \delta\right)^2 - \left(\delta\gamma_i\right)^2\right]$。令 $\mathrm{Det}_1 < 0$，得到 $\delta < 2\left(1-\gamma_i^2\right)$。因为 $\mathrm{Det}_2 > 0$，所以 $\delta < 2(1-\gamma_i)$，且 $\delta < 2\left(1-\gamma_i^2\right)$ 可以被排除。反套利条件要求 $\overline{p}_{ij}^* + \overline{p}_{j,-j}^* > \overline{p}_{i,-j}^*$。由于 $\delta_i = \delta$，因此 $\overline{q}_{ij}^* = \overline{q}_{i,-j}^*$。所以，如果 $\overline{p}_{j,-j}^* > 0$，反套利条件自动满足，即 $\delta \neq 1$。证毕。

很容易发现，如果 $\gamma_i \leqslant 0.5$，$\delta < 2(1-\gamma_i)$ 是有约束效力的，否则 $\delta \in [0,1)$。引理 6.2 表明，当 γ_i 增大时，即竞争趋于加剧时，城市应相应地更加注重利润。非套利条件防止了所有城市只关注社会福利、居民可以在高铁票价为零的情况下

无限制出行的极端情况。引理 6.2 可以看作是对于引理 6.1 的补充。

命题 6.2　（1）对于 δ，$\dfrac{\partial \overline{q}_{ij}^{*}}{\partial \delta} > 0$，$\dfrac{\partial \overline{U}_{i}^{*}}{\partial \delta} > 0$，$\dfrac{\partial \overline{\mathrm{SW}}_{i}^{*}}{\partial \delta} > 0$，并且当 γ 足够小时，$\dfrac{\partial \overline{\mathrm{SW}}_{i}^{*}}{\partial \delta} < 0$。

（2）对于 α，$\dfrac{\partial \overline{q}_{ij}^{*}}{\partial \alpha} > 0$，$\dfrac{\partial \overline{U}_{i}^{*}}{\partial \alpha} > 0$，$\dfrac{\partial \overline{\mathrm{SW}}_{i}^{*}}{\partial \alpha} > 0$。

（3）对于 γ，$\dfrac{\partial \overline{q}_{ij}^{*}}{\partial \gamma_{i}} < 0$，$\dfrac{\partial \overline{U}_{i}^{*}}{\partial \gamma_{i}} < 0$，$\dfrac{\partial \overline{\mathrm{SW}}_{i}^{*}}{\partial \gamma_{i}} < 0$（$\dfrac{\partial \overline{\mathrm{SW}}_{i}^{*}}{\partial \gamma_{j}} < 0$，$\dfrac{\partial \overline{\mathrm{SW}}_{i}^{*}}{\partial \gamma_{-j}} < 0$）。

证明　（1）对于 δ，有

$$\frac{\partial \overline{q}_{ij}^{*}}{\partial \delta} = \frac{\alpha}{\left(2 - \delta + \gamma_{i}\right)^{2}} \tag{6.20}$$

$$\frac{\partial \overline{U}_{i}^{*}}{\partial \delta} = 2\left(\alpha - \left(1 + \gamma_{i}\right)\overline{q}_{ij}^{*}\right)\frac{\partial \overline{q}_{ij}^{*}}{\partial \delta}$$

$$\frac{\partial \overline{\mathrm{SW}}_{i}^{*}}{\partial \delta} = \frac{\alpha^{2}}{2 - \delta + \gamma_{i}}\left[\begin{array}{l} \dfrac{1 + \gamma_{i}}{\left(2 - \delta + \gamma_{i}\right)^{2}} + \dfrac{1}{2 - \delta + \gamma_{j}}\left(\dfrac{1 - \delta}{2 - \delta + \gamma_{i}} - 1 + \dfrac{1 - \delta}{2 - \delta + \gamma_{j}}\right) \\[3mm] + \dfrac{1 + \gamma_{i}}{\left(2 - \delta + \gamma_{i}\right)^{2}} + \dfrac{1}{2 - \delta + \gamma_{-j}}\left(\dfrac{1 - \delta}{2 - \delta + \gamma_{i}} - 1 + \dfrac{1 - \delta}{2 - \delta + \gamma_{-j}}\right) \end{array}\right]$$

其中，$\partial \overline{\mathrm{SW}}_{i}^{*}/\partial \delta$ 中，中括号内的总和化简后取决于

$$\left(2 - \delta\right)\left(1 - \delta\right)\left(2 - \delta + 2\gamma_{i}\right) + \left(1 + \gamma_{i}\right)\gamma_{j}\left(2 - \delta + \gamma_{j} - \gamma_{i}\right) - \gamma_{i}\left(2 - \delta + \gamma_{i}\right) \tag{6.21}$$

可以发现式（6.21）的取值随着 γ_{j} 的增加而增加。考虑 $\gamma_{j} = 0$ 的情况，在引理 6.2 的条件下，$\partial \overline{\mathrm{SW}}_{i}^{*}/\partial \delta < 0$ 可能会在 δ 较大时出现。γ_{-j} 同理。

（2）对于 α，有

$$\frac{\partial \overline{q}_{ij}^{*}}{\partial \alpha} = \frac{1}{2 - \delta + \gamma_{i}}$$

$$\frac{\partial U_{i}^{*}}{\partial \alpha} = 2\left(\alpha - \left(1 + \gamma_{i}\right)\overline{q}_{ij}^{*}\right)\frac{\partial \overline{q}_{ij}^{*}}{\partial \alpha} + 2\overline{q}_{ij}^{*} \tag{6.22}$$

$$\frac{\partial \overline{\mathrm{SW}}_{i}^{*}}{\partial \alpha} = \frac{2\alpha}{2 - \delta + \gamma_{i}}\left(\frac{1 + \gamma_{i}}{2 - \delta + \gamma_{i}} + \frac{1 - \delta}{2 - \delta + \gamma_{j}} + \frac{1 - \delta}{2 - \delta + \gamma_{-j}}\right)$$

可以看到，$\partial \overline{q}_{ij}^* / \partial \alpha > 0$，$\partial \overline{U}_i^* / \partial \alpha > 0$，$\partial \overline{\mathrm{SW}}_i^* / \partial \alpha > 0$。

（3）对于 γ，结合包络定理，有

$$\frac{\partial \overline{q}_{ij}^*}{\partial \gamma_i} = -\frac{\alpha}{\left(2 - \delta + \gamma_i\right)^2}$$

$$\frac{\partial U_i^*}{\partial \gamma_i} = 2\left(\alpha_i - \left(1 + \gamma_i\right)\overline{q}_{ij}^*\right)\frac{\partial \overline{q}_{ij}^*}{\partial \gamma_i} - \overline{q}_{ij}^{*2}$$

$$\frac{\partial \overline{\mathrm{SW}}_i^*}{\partial \gamma_i} = \frac{\alpha^2}{\left(2 - \delta + \gamma_i\right)^2}\left(\frac{-\delta - \gamma_i}{2 - \delta + \gamma_i} - \frac{1 - \delta}{2 - \delta + \gamma_j} - \frac{1 - \delta}{2 - \delta + \gamma_{-j}}\right) \quad (6.23)$$

$$\frac{\partial \overline{\mathrm{SW}}_i^*}{\partial \gamma_j} = -\frac{\alpha^2}{2 - \delta + \gamma_i}\frac{1 - \delta}{\left(2 - \delta + \gamma_j\right)^2}$$

可以看到，$\partial \overline{q}_{ij}^* / \partial \gamma_i < 0$，$\partial \overline{U}_i^* / \partial \gamma_i < 0$，$\partial \overline{\mathrm{SW}}_i^* / \partial \gamma_i < 0$，$\partial \overline{\mathrm{SW}}_i^* / \partial \gamma_j < 0$，$\partial \overline{\mathrm{SW}}_i^* / \partial \gamma_{-j} < 0$。证毕。

命题 6.2 说明提高权重总是能促进城际出行和社会福利增加，但当城市之间存在较小的替代性时，有可能会减少社会福利，如 $\gamma_j = 0$ 时。图 6.5（a）提供了 $\gamma_i = 0.15$ 时的例子，我们可以发现，当权重接近于 1 时，$\gamma_j = 0$ 的社会福利曲线呈现下降趋势。与不完全的高铁网络不同，替代性表现出了相反的效果，尤其是对于外围城市。居民没有动力在更大的 γ_i 下通过城际出行来满足他们的需求。需要提醒的是，一个城市的社会福利同时受到 γ_i、γ_j 和 γ_{-j} 的影响。图 6.5（b）表明社会福利随着 γ_i 的增加而下降，较大的 γ_j（γ_{-j}）对应较低的社会福利。

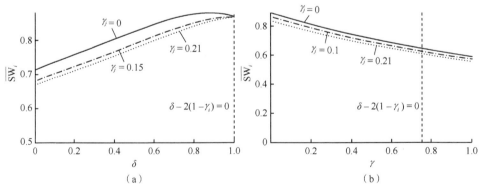

图 6.5　高铁投资后 δ（$\alpha = 1$，$\gamma_i = 0.15$）和 γ（$\alpha = 1$，$\delta = 0.5$）对社会福利的影响

6.3　高铁网络效应分析

本节通过对高铁和高铁网络的比较，探讨高铁对城市群城际出行、居民效用和社会福利的影响。

6.3.1　变量定义

假设 6.1　（1）i 和 j（$-j$）表示中心城市和外围城市。

（2）城市群中各城市的 δ 相同，居民的出行收益相同，$c_{ij} = \overline{c}_{ij} = 0$。

（3）$\delta - \gamma^2 - \gamma \geqslant \delta^2\left(1 - \gamma^2\right)$ 和 $\delta \in (0,1)$ 保证非负出行数量和非负价格、优化问题凸性和非套利条件成立。

假设 6.1 中的最后一个假设是通过整合引理 6.1 和引理 6.2 得到的。注意，$\delta < 2\left(1 - \gamma_1\right) \in \delta - \gamma^2 - \gamma > \delta^2\left(1 - \gamma^2\right)$。为便于表达，以下使用 f_{do} 表示 $\delta - \gamma^2 - \gamma - \delta^2\left(1 - \gamma^2\right)$，可以发现 $\partial f_{do}/\partial\gamma = -2\gamma - 1 + 2\gamma\delta^2 < 0$，而 $\partial f_{do}/\partial\delta = 1 - 2\delta\left(1 - \gamma^2\right)$ 首先是非负的，并且随着 δ 的增加趋于负值。如果以 γ 和 δ 为轴，那么等高线 $f_{do} = 0$ 将凹向 δ 轴，如图 6.6 所示。我们可以进一步推导出，最大的 $\overline{\gamma} = 0.22$，对应的 $\overline{\delta} = 0.52$，这意味着城市群中的城市没有表现出强烈的替代性，本章后续讨论均基于假设 6.1 和上述分析。

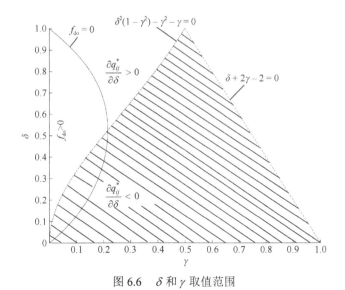

图 6.6　δ 和 γ 取值范围

引理 6.3 高铁投资整合了城市的"私有化"特征，重塑了替代性的影响。

命题 6.1 和命题 6.2 表明，城市群内的城市是不是完全竞争的，即城市间是否完全被高铁连接，对权重和替代性效应的解释不同。在相同的替代性下，高铁投资使权重增大对中心城市社会福利的影响趋于平缓，如图 6.5（a）所示。随着权重的增大，所有城市的社会福利都有增加的趋势。一方面，在高铁投资之前，外围城市的利润对于运营商的贡献更为显著，换句话说，$-\gamma_j q_{j,-j} q_{ij}$ 这一项会出现在高铁投资后的利润表达式里。在这种情况下，增加权重可能会在短期内影响外围城市。另一方面，在高铁投资之后，所有城市的运营商都具有相同的目标函数形式，中心城市的位置独特性逐渐消失。各城市同时诱导更多的城际出行，将进一步提升效用和社会福利。城市的私有化和社会化特征之间明显的分界点不复存在。引理 6.3 表明，在考虑城市间存在竞争的情况下，高铁投资有助于城市转型，以促进城市群内的城际出行并提高社会福利。

从替代性的角度看，替代性影响城市特征的机制也同样被改变了。在高铁投资之前，外围城市之间的单一竞争直观地鼓励了中心城市的居民随着外围城市间替代性的增加而增加城际出行。然而，当高铁投资后，中心城市和外围城市趋于同质化，居民的潜在城际出行需求减少，因为他们的需求可以在当地得到满足。这意味着城市需要把社会福利作为更加重要的目标。

6.3.2 　不同网络的城际出行需求对比

命题 6.3 高铁投资前后城际出行需求的差异表现如下：

（1）对于中心城市，$q_{ij}^* + q_{i,-j}^* - \left(\bar{q}_{ij}^* + \bar{q}_{i,-j}^*\right) \geqslant 0$。

（2）对于外围城市，$q_{ji}^* + q_{j,-j}^* - \left(\bar{q}_{ji}^* + \bar{q}_{j,-j}^*\right) < 0$。

（3）对于中心城市和外围城市之间的路段，$q_{ij}^* + q_{ji}^* - \left(\bar{q}_{ij}^* + \bar{q}_{ji}^*\right) \geqslant 0$。

（4）对于城市群系统，当 δ 较高时，系统总的出行需求增加。

证明 对于中心城市，有

$$q_{ij}^* + q_{i,-j}^* - \left(\bar{q}_{ij}^* + \bar{q}_{i,-j}^*\right) = 2\frac{(1-\delta)\gamma^2 + \gamma}{f_{de}(2-\delta+\gamma_i)} \tag{6.24}$$

其中，$f_{de} = \delta - \gamma^2 - \gamma + \delta\left(1-\gamma^2\right)(1-\delta+\gamma)$，由于 $q_{ij}^* = q_{i,-j}^*$ 和 $\bar{q}_{ij}^* = \bar{q}_{i,-j}^*$，$q_{ij}^* + q_{i,-j}^* - \left(\bar{q}_{ij}^* + \bar{q}_{i,-j}^*\right) = 2\left(q_{ij}^* - \bar{q}_{ij}^*\right)$。因此，在 $(1-\delta)\gamma^2 + \gamma \geqslant 0$ 的情况下，有 $q_{ij}^* + q_{i,-j}^* - \left(\bar{q}_{ij}^* + \bar{q}_{i,-j}^*\right) \geqslant 0$。

对于外围城市，有

$$q_{ji}^* + q_{j,-j}^* - \left(\bar{q}_{ji}^* + \bar{q}_{j,-j}^*\right) = \alpha f_{de}^{-1} f_{dtp} \tag{6.25}$$

其中，$f_{dtp} = (1+\gamma)\delta(1-\gamma^2) - 2(\delta - \gamma^2 - \gamma) - 2\delta(1-\gamma^2)(1-\delta+\gamma)$。由于 $\max \delta(1-\gamma^2) = 0.5$，可以发现 $\partial f_{dtp}/\partial\delta = -(1+\gamma)(1-\gamma^2) + 4\delta(1-\gamma^2) - 2 < 0$。图 6.7(b)中等高线 $q_{ji}^* + q_{j,-j}^* - \left(\bar{q}_{ji}^* + \bar{q}_{j,-j}^*\right) = 0$ 朝右上角移动。我们首先检验将 $f_{do} = 0$ 代入 f_{dtp} 时，观察等高线是否与 $f_{do} = 0$ 曲线相交。可以发现 $f_{dtp} < 0$，意味着不论 γ_j（γ_{-j}）如何取值，$q_{ji}^* + q_{j,-j}^* - \left(\bar{q}_{ji}^* + \bar{q}_{j,-j}^*\right) < 0$ 总是成立的。

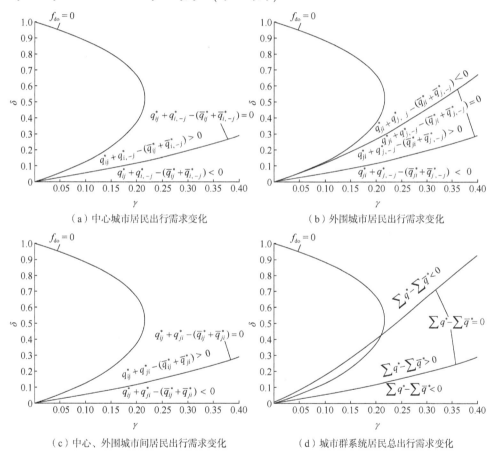

（a）中心城市居民出行需求变化　　　　　（b）外围城市居民出行需求变化

（c）中心、外围城市间居民出行需求变化　　（d）城市群系统居民总出行需求变化

图 6.7　修建高铁前后城际出行次数的变化（$\gamma_j = \gamma_{-j} = 0$）

对于中心城市和外围城市之间的路段，有

$$q_{ji}^* - \bar{q}_{ji}^* = \alpha \frac{\delta(1-\gamma^2)\left[(1+\gamma)(2-\delta+\gamma_j) - (1-\delta+\gamma)\right] - (\delta - \gamma^2 - \gamma)}{f_{de}(2-\delta+\gamma_j)} \tag{6.26}$$

在 $\gamma_j = 0$ 的情况下，将 $f_{do} = 0$ 代入式（6.26）的分子中，得到 $\delta(1-\gamma^2)[\gamma(1-\delta)+1-\delta] \geqslant 0$。因此，不论 γ_j（$\gamma_j \geqslant 0$）取任何值，都有 $q_{ji}^* - \bar{q}_{ji}^* \geqslant 0$。由于 $q_{ij}^* - \bar{q}_{ij}^* \geqslant 0$，$q_{ij}^* + q_{ji}^* - (\bar{q}_{ij}^* + \bar{q}_{ji}^*) \geqslant 0$。证毕。

综上，修建高铁促进了外围城市的城际出行需求，抑制了中心城市的城际出行需求。原因在于，在价格约束下，高铁票价会因外围城市之间产生的额外出行需求而降低。需要注意的是，在不完全网络中，假设 $q_{j,-j}^* = 0$。如 6.2.1 节所述，这并不意味外围城市之间完全没有城际出行。高铁投资是否会诱导更多的城际出行取决于 $q_{j,-j}^* - \bar{q}_{j,-j}^*$，而 $q_{j,-j}^*$ 是外生给定的。如果其他交通方式的出行需求变化可以忽略不计，则有理由认为高铁带来了更多的城际出行需求。在中心城市与外围城市之间，高铁同时减少了双向城际出行，即 $q_{ij}^* - \bar{q}_{ij}^* \geqslant 0$ 和 $q_{ji}^* - \bar{q}_{ji}^* \geqslant 0$。因此，当存在城市间竞争的情况下，高铁投资实际上分散了中心城市与外围城市之间的城际出行需求，并将这些需求转移到外围城市之间。为了便于理解，图 6.7 显示了修建高铁前后城际出行次数的变化。

从图 6.7（d）可以观察到，城市群内城际出行的次数并不总是增加的。高铁是否促进了城市群内居民的流动，受权重和城市间替代性的双重影响，其更有可能在权重相对较高的城市群内刺激总城际出行需求。命题 6.3 启发我们，对于旨在通过高铁投资提高区域流动性的政府来说，在引入高铁前，有必要考虑城市的社会化程度是否足够，以及区域内城市之间的竞争是否激烈。

6.3.3 不同网络的居民效用对比

命题 6.4 高铁投资前后居民效用的差异表现如下：

（1）对于中心城市，$U_i^* - \bar{U}_i^* \geqslant 0$。

（2）对于外围城市，$U_j^* - \bar{U}_j^* < 0$。

（3）对于城市群系统，系统总的居民效用增加。

证明 对于中心城市，有

$$U_i^* - \bar{U}_i^* = \left(q_{ij}^* - \bar{q}_{ij}^*\right)\left(2\alpha - (1+\gamma)\left(q_{ij}^* + \bar{q}_{ij}^*\right)\right) \qquad (6.27)$$

根据假设 6.1，可以得到

$$2\alpha - (1+\gamma)\left(q_{ij}^* + \bar{q}_{ij}^*\right) = \alpha - (1+\gamma)q_{ij}^* + \alpha - (1+\gamma)\bar{q}_{ij}^* \geqslant 0$$

结合 6.3.2 节结果 $q_{ij}^* - \bar{q}_{ij}^* \geqslant 0$，可以得到 $U_i^* - \bar{U}_i^* \geqslant 0$。

对于外围城市，有

$$U_j^* - \bar{U}_j^* = \alpha\left(q_{ji}^* - \bar{q}_{ji}^*\right) - \frac{1}{2}q_{ji}^{*2} - \bar{q}_{ji}^*\left(\alpha - (1+\gamma_j)\bar{q}_{ji}^*\right)$$

$$= \alpha^2\left((1+\gamma)\delta\left(1-\gamma^2\right)\left(f_{do} + \frac{1}{2}\delta\left(1-\gamma^2\right)(1+\gamma)\right)f_{de}^{-2} + \frac{-3+2\delta-\gamma_j}{\left(2-\delta+\gamma_j\right)^2}\right) \quad (6.28)$$

由于无法直接判断 $U_j^* - \bar{U}_j^*$ 的符号，将式（6.28）最外层括号内的分子作为目标函数，构建优化问题，得到

$$\max G = (1+\gamma)\delta\left(1-\gamma^2\right)\left(f_{do} + \frac{1}{2}\delta\left(1-\gamma^2\right)(1+\gamma)\right)\left(2-\delta+\gamma_j\right)^2 + f_{de}^2\left(-3+2\delta-\gamma_j\right)$$

$$\text{s.t.} \quad f_{do} \geqslant 0, \quad 0 < \delta < 1, \quad 0 \leqslant \gamma \leqslant 1$$

$$(6.29)$$

拉格朗日函数为

$$L = (1+\gamma)\delta\left(1-\gamma^2\right)\left(f_{do} + \frac{1}{2}\delta\left(1-\gamma^2\right)(1+\gamma)\right)\left(2-\delta+\gamma_j\right)^2$$

$$+ f_{de}^2\left(-3+2\delta-\gamma_j\right) + \mu_1 f_{do} \quad (6.30)$$

$$+ \mu_2(1-\delta) + \mu_3\delta + \mu_4(1-\gamma) + \mu_5\gamma$$

$$\frac{\partial L}{\partial \delta} = (1+\gamma)\left(1-\gamma^2\right)\left(2-\delta+\gamma_j\right)\left\{\begin{array}{l}\left[f_{do} + \delta - 2\delta^2\left(1-\gamma^2\right) + \delta\left(1-\gamma^2\right)(1+\gamma)\right]\left(2-\delta+\gamma_j\right) \\ -2\delta\left(f_{do} + \frac{1}{2}\delta\left(1-\gamma^2\right)(1+\gamma)\right)\end{array}\right\}$$

$$+ 2f_{de}\left[\left(-3+2\delta-\gamma_j\right)\left(1+\delta\left(1-\gamma^2\right)(1-2\delta+\gamma)\right) + f_{de}\right]$$

$$+ \mu_1\left(1-2\delta\left(1-\gamma^2\right)\right) - \mu_2 + \mu_3$$

$$\frac{\partial L}{\partial \gamma} = \delta\left(2-\delta+\gamma_j\right)^2\left\{\begin{array}{l}\left[f_{do} + (1+\gamma)\left(-2\gamma-1+2\gamma\delta^2-\gamma\delta(1+\gamma)+\delta\left(1-\gamma^2\right)\right)\right]\left(1-\gamma^2\right) \\ -2\gamma(1+\gamma)\left(f_{do} + \frac{1}{2}\delta\left(1-\gamma^2\right)(1+\gamma)\right)\end{array}\right\}$$

$$+ 2f_{de}\left(-3+2\delta-\gamma_j\right)\left(-2\gamma-1+\delta(-2\gamma)(1-\delta+\gamma)+\delta\left(1-\gamma^2\right)\right)$$

$$+ \mu_1\left(-2\gamma-1+2\gamma\delta^2\right) - \mu_4 + \mu_5$$

$$\mu_1 f_{do} = 0, \quad \mu_2(1-\delta) = 0, \quad \mu_3\delta = 0, \quad \mu_4(1-\gamma) = 0, \quad \mu_5\gamma = 0$$

$$(6.31)$$

如果 $f_{do} = 0$，可以证得 $G < 0$，即使 δ 和 γ 超出了假设 6.1 中的取值范围。如

果 $1-\delta=0$ ， $\gamma=0$ ，进而有 $\mu_1\neq0$ ， $\mu_2\neq0$ ， $\mu_3=\mu_4=0$ ， $\mu_5\neq0$ ，因此 $G=\left(1+\gamma_j\right)^2\big/2-\left(1+\gamma_j\right)<0$ 。如果 $f_{\mathrm{do}}\neq0$ ，从角点解可以看出 $G<0$ 。考虑内点解，即 $\mu_1=0$ ， $\mu_2=0$ ， $\mu_3=0$ ， $\mu_4=0$ ， $\mu_5=0$ ，根据一阶条件，我们可以发现最优 $\delta=\gamma=0.001$ ，导致在 $\max\gamma_j=0.21$ 时， $\max G=-0.1574<0$ 。总之，在所有情况下，式（6.28）中化简后的分子始终是负值，即 $U_j^*-\overline{U}_j^*<0$ 。证毕。

命题 6.4 说明高铁降低了受城际出行次数减少影响的中心城市居民的效用，即 $U_i^*-\overline{U}_i^*$ 由 $q_{ij}^*-\overline{q}_{ij}^*$ 决定。然而，对于外围城市的居民来说，效用变化并不明显。一方面，外围城市到中心城市的出行需求下降阻碍了效用的提升。另一方面，外围城市之间新产生的城际出行，则有助于效用提升。命题 6.4 明确了高铁投资将会以牺牲中心城市居民的效用为代价提高外围城市居民的效用，但系统内效用总的增加量大于总的减小量。图 6.8 显示了效用的差异。出于对当地居民效用和城市群居民总效用的考虑，外围城市和中央政府有理由投资高铁，但会遭到中心城市的抵制。然而，从社会福利的角度来看，高铁投资并不一定不利于中心城市。

6.3.4 不同网络的社会福利对比

命题 6.5 高铁投资前后社会福利的差异表现如下：

（1）对于中心城市，如果 $\gamma_i=\gamma_j=\gamma_{-j}$ ，则有 $\mathrm{SW}_i^*-\overline{\mathrm{SW}}_i^*\geqslant0$ ，否则在 δ 较大时 $\mathrm{SW}_i^*-\overline{\mathrm{SW}}_i^*<0$ 。

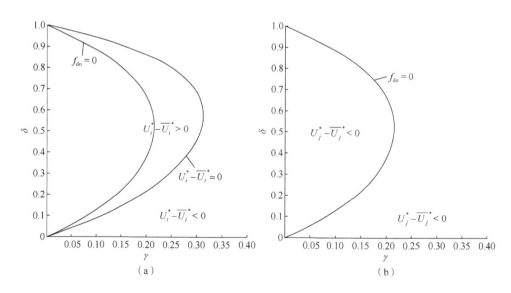

（a）　　　　　　　　　　　　　（b）

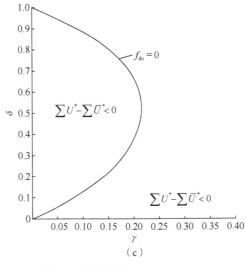

图 6.8　效用差异（$\gamma_j = \gamma_{-j} = 0$）

（2）对于外围城市，$SW_j^* - \overline{SW}_j^* < 0$。

（3）对于城市群系统，系统总社会福利增加。

证明　对于中心城市，先考虑 $\gamma_i = \gamma_j = \gamma_{-j} = \gamma$ 的情况：

$$SW_i^* - \overline{SW}_i^* = \alpha^2 \left[\delta(1+\gamma)(1-\gamma^2)\left(2f_{do} + \delta(1-\gamma^2)\right)f_{de}^{-2} - \frac{1+\gamma+2(1-\delta)}{(2-\delta+\gamma)^2} \right] \quad (6.32)$$

检验 $SW_i^* - \overline{SW}_i^* = 0$ 的曲线是否与定义域存在交叉。将 $f_{do} = 0$ 代入 $SW_i^* - \overline{SW}_i^*$，发现 $SW_i^* - \overline{SW}_i^*$ 取决于 $1-2\delta+\delta^2$。而 $1-2\delta+\delta^2$ 随 δ 的增加而减小，且 $\delta = 1$ 取到最小值时，$1-2\delta+\delta^2 = 0$。这种情况下，$SW_i^* - \overline{SW}_i^* \geqslant 0$ 总是成立。

当 $\gamma_i = \gamma_j = \gamma_{-j}$ 不成立时，可以直接得到 $\partial SW_i^* - \overline{SW}_i^* / \partial \gamma_j > 0$ 和 $\partial \overline{SW}_i^* / \partial \gamma_j < 0$。这意味着 $SW_i^* - \overline{SW}_i^* \geqslant 0$ 的面积随着 γ_j（γ_{-j}）的增加而扩大。当 $\gamma_j = \gamma_{-j} = 0$ 时，式（6.32）可以写为

$$SW_i^* - \overline{SW}_i^* = \alpha^2 \left[\begin{array}{c} \delta(1-\gamma^2)(1+\gamma)\left(2f_{do}+\delta(1-\gamma^2)\right)f_{de}^{-2} \\ -\dfrac{1+\gamma}{(2-\delta+\gamma)^2} - \dfrac{2(1-\delta)}{(2-\delta+\gamma)(2-\delta)} \end{array} \right] \quad (6.33)$$

首先，将 $f_{do} = 0$ 代入式（6.33），化简后式（6.33）取决于分子 $(1-\delta)(2-3\delta+\delta^2-2\gamma-2\gamma^2)$。显然 $2-3\delta+\delta^2-2\gamma-2\gamma^2 = 0$ 可能在 δ 较大时成

立。其次，考虑角点解，令 $\gamma = 0$，可以发现式（6.33）化简后的分子分母同为 0。根据洛必达法则，有

$$\lim_{\gamma \to 0} SW_i^* - \overline{SW}_i^* = 2\alpha^2 \frac{1 - 2\delta^2 + \delta^3}{\delta(2 - \delta)^3} \tag{6.34}$$

其中，$1 - 2\delta^2 + \delta^3$ 随 δ 的增大而减小，最小值为 0。因此，当 $\delta, \gamma \to 0$，且 $\delta \to 1, \gamma \to 0$ 时，$SW_i^* - \overline{SW}_i^* > 0$（图6.9）。

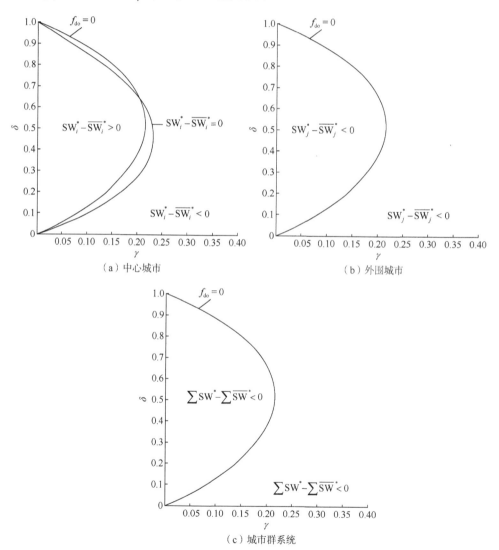

图6.9　中心城市、外围城市和城市群系统的社会福利差异（$\gamma_j = \gamma_{-j} = 0$）

对于外围城市，在 $f_{\mathrm{do}} = 0$ 时，

$$\mathrm{SW}_j^* - \overline{\mathrm{SW}}_j^* = \alpha^2 \left(\frac{1}{2} - \left(\frac{1+\gamma_j}{\left(2-\delta+\gamma_j\right)^2} + \frac{1-\delta}{2-\delta+\gamma_j} \left(\frac{1}{2-\delta+\gamma_i} + \frac{1}{2-\delta+\gamma_{-j}} \right) \right) \right) \quad (6.35)$$

令 $f_{\mathrm{dswj}} = \dfrac{1+\gamma_j}{\left(2-\delta+\gamma_j\right)^2} + \dfrac{1-\delta}{2-\delta+\gamma_j} \left(\dfrac{1}{2-\delta+\gamma_i} + \dfrac{1}{2-\delta+\gamma_{-j}} \right)$，则

$$\frac{\partial f_{\mathrm{dswj}}}{\partial \delta} = \frac{1}{2-\delta+\gamma_j} \left\{ \begin{array}{l} \dfrac{1+\gamma_j}{\left(2-\delta+\gamma_j\right)^2} + \dfrac{\left(1-\delta\right)^2 - \left(1+\gamma_i\right)\left(1+\gamma_j\right)}{\left(2-\delta+\gamma_i\right)^2\left(2-\delta+\gamma_j\right)} \\ + \dfrac{1+\gamma_j}{\left(2-\delta+\gamma_j\right)^2} + \dfrac{\left(1-\delta\right)^2 - \left(1+\gamma_{-j}\right)\left(1+\gamma_j\right)}{\left(2-\delta+\gamma_{-j}\right)^2\left(2-\delta+\gamma_j\right)} \end{array} \right\} \quad (6.36)$$

式（6.36）括号内前两项和（即分子）取决于 $\left(1+\gamma_j\right)\left[\left(2-\delta+\gamma_i\right)^2 - \left(1+\gamma_i\right)\left(2-\delta+\gamma_j\right)\right] + \left(1-\delta\right)^2\left(2-\delta+\gamma_j\right)$。其中 $\left(2-\delta+\gamma_i\right)^2 - \left(1+\gamma_i\right)\left(2-\delta+\gamma_j\right)$ 随 γ_i 的增加而增加，且其最小值为 $\left(1-\delta\right)\left(2-\delta\right) - \gamma_j$。注意 $\left(1-\delta\right)\left(2-\delta\right) - \gamma_j > \left(1-\delta\right)\left(2-\delta\right) - \delta$，且 $\left(1-\delta\right)\left(2-\delta\right) - \delta \geqslant 0$。括号中后面两项同理。因此 $\partial f_{\mathrm{dswj}}/\partial\delta \geqslant 0$，$\partial \mathrm{SW}_j^* - \overline{\mathrm{SW}}_j^*/\partial\delta \geqslant 0$。$\mathrm{SW}_j^* - \overline{\mathrm{SW}}_j^*$ 的最大值等于

$$0.5 - \left[\left(2+\gamma_j\right)^{-1}\left(1+\gamma_j\right) + \left(2+\gamma_i\right)^{-1} + \left(2+\gamma_{-j}\right)^{-1} \right] \left(2+\gamma_j\right)^{-1} < 0$$

且不管参数的取值如何。证毕。

命题 6.5 指出，虽然高铁投资后中心城市居民的城际出行需求和效用降低，但当城市在其目标中强调社会福利时，社会福利仍然可以得到改善。除上述证明外，可以从效用和利润的变化角度来解释。社会福利的表达式可以改写为效用和价格乘以双向城际出行次数的差值的总和，即 $\mathrm{SW}_i = U_i + p_{ij}\left(q_{ji} - q_{ij}\right) + p_{i,-j}\left(q_{-ji} - q_{i,-j}\right)$。随着中心城市居民的效用降低，如果社会福利增加，中心城市获得的利润就会更多。$\mathrm{SW}_i = U_i + p_{ij}\left(q_{ji} - q_{ij}\right) + p_{i,-j}\left(q_{-ji} - q_{i,-j}\right)$ 中后两项可以看作中心城市城际出行流入和流出导致的利润差。在较大的权重下，高铁投资的结果是更高的高铁票价，但流入和流出的差异可以忽略不计。考虑 $\gamma_i = \gamma_j = \gamma_{-j}$ 的情况，高铁投资后不存在这种流入和流出导致的利润差（例如 $\overline{q}_{ij}^* = \overline{q}_{ji}^*$），社会福利的变化只取决于效用的变化，此时高铁投资总是不利于中心城市。对于外围城市

来说，借助外围城市之间额外出行需求带来的效用增加和额外利润，社会福利自然会增加。

6.4　潜在影响因素讨论

在基本模型中，假设城市群内各城市居民的出行收益相同。实际上，考虑到不同类型的出行者具有不同的出行目的，出行的总收益也是不同的[43]。在前面讨论的模型中，城市被视为一个点，即忽略了市内出行（成本）。市内出行（成本）无疑会影响居民的出行选择以及城市空间结构，并在很大程度上取决于高铁站点的位置[10]。从高铁运营的角度来看，考虑到高铁能够容纳的乘客有限，高铁频率可能会限制城际出行的数量[42]。在本节中，我们将分别根据这些因素对模型进行扩展。

6.4.1　城际出行收益

已有研究认为，不同的乘客群体在出行带来的收益或支付意愿上表现出差异[43, 48-49]。这同样也适用于居民的城际出行选择。假设中心城市和外围城市居民的出行收益分别是 α_i 和 $\alpha_j(\alpha_{-j})$。为简单起见，这里只关注中心城市和外围城市的差异，即 $\alpha_j = \alpha_{-j}$，同时令其他参数保持不变，即 $\gamma_i = \gamma_j = \gamma_{-j} = \gamma$、$\delta_i = \delta$ 和 $c_{ij} = \bar{c}_{ij} = 0$。图 6.10 显示了不同出行收益比值下，高铁投资前后城际出行需求、居民效用和社会福利的差异。其中，阴影部分为满足 6.3.1 节中提到的非负出行数量和非负价格、优化问题凸性和非套利条件下的取值范围，这里不详细说明推导过程。

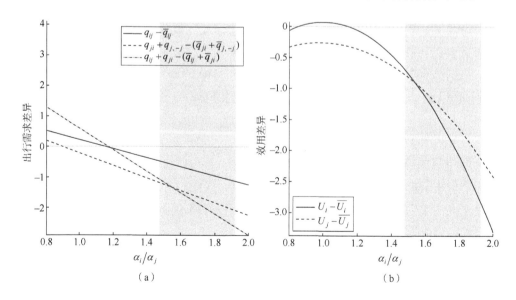

（a）　　　　　　　　　　　　　（b）

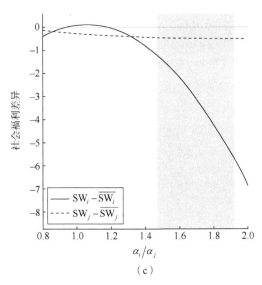

（c）

图 6.10　不同大小城市间居民出行收益比下的城际出行需求、居民效用和社会福利的差异
（$\alpha_j = 1$, $\delta = 0.5$, $\gamma = 0.2$）

作为对命题 6.3（$\alpha_i / \alpha_j = 1$）的补充，可以看到高铁投资总是会诱导所有城市居民的城际出行需求。命题 6.1 和命题 6.2 结果表明，虽然提高居民出行收益对城际出行具有正向影响，但中心城市与外围城市居民的出行收益之比最终决定了高铁投资能否提高城市群内的流动性。当 α_i / α_j 接近 1 时，高铁投资对中心城市居民效用和社会福利产生不利影响。此时，对于外围城市而言，社会福利差异呈现下降趋势，这意味着相对较低的出行收益，引入高铁虽然增加了城际出行人次，但抑制了社会福利的增加。

综上，当地居民城际出行收益越高，对自己所在的城市越有利，从而可以进一步推导出两个观点。第一，对于城市（地方政府）来说，它们需要更关心的是城市间的收益比，而不是绝对值。第二，对于社会规划者（中央政府）来说，从城市群演化的阶段看，中心城市与外围城市的发展差距越大，投资高铁就越有可能进一步放大这一差距，反之亦然。

6.4.2　高铁可达性

考虑到市内出行对城际出行的内生交互作用，Tabuchi[50]首次将市内交通成本引入多城市模型。基于此，学者研究了城际交通问题，如通勤补贴[28, 33-34]、私家车和公共交通出行模式选择[29]和交通投资[9-10]。城际出行所产生的城际出行成本取决于城际交通方式。以高铁为例，居民需要先到达高铁站，然后乘坐高铁到达另一个城市。因此，高铁站点在城市不同的位置（如 CBD 或城市边缘）会影响城市出行成本，进而影响居民的城际出行选择。高铁站点作为一种典型的城市基础设施，其区位也可以一定程度上反映城市内的交通可达性。在不使模型变得更加复杂的情况下，本节使用外生的可达性变量评估市内出行成本及其对城市的影响。

具体来说，消费者剩余改写为

$$CS_i = U_i - \theta_{ij}q_{ij} - \theta_{i,-j}q_{i,-j} \tag{6.37}$$

其中，θ_{ij} 表示感知价格。

$$\theta_{ij} = p_{ij} + t_{ij} \tag{6.38}$$

其中，t_{ij} 表示车内时间以外的时间总和（例如，出入车站时间）。需要注意的是，t_{ij} 反映了城市 i 的可达性，即 $t_{ij} = t_{i,-j} = t_i$。本节仍然只关注中心城市和外围城市的区别，即 $t_j = t_{-j}$，同时保持其他参数不变。

通过图 6.11（其中，阴影部分为满足 6.3.1 节中提到的非负出行数量和非负价格、优化问题凸性和非套利条件下的取值范围）可以发现，高铁投资抑制了中心城市居民的出行需求、效用和社会福利，却促进了外围城市居民的出行需求、效用和社会福利。中心城市内相对增加的市内出行成本，不仅强化了高铁建设对中心城市的负面作用，也对外围城市产生了不利影响。这表明，中心城市较低的可达性同时影响着中心城市和外围城市。对于社会福利而言，从图 6.11 中可以观察到可达性差异的减小对城市群中所有城市都有利。从社会规划者（中央政府）的角度来看，中心城市和外围城市在规划和建设高铁车站时，应该尝试将由此产生的市内出行成本限制在一定的范围内。

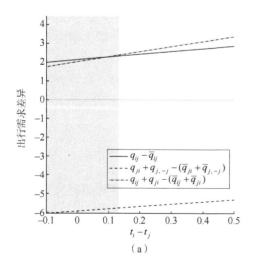
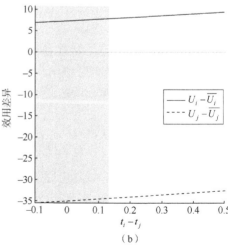

（a）　　　　　　　　　　　　　　　　（b）

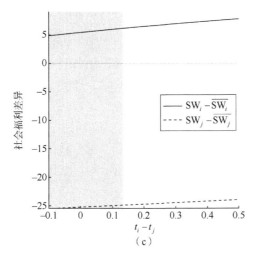

图 6.11　不同大小城市间高铁可达性差值下的城际出行需求、居民效用和社会福利的差异
（ $\alpha = 10$, $\delta = 0.5$, $\gamma = 0.2$ ）

6.4.3　高铁发车频率

从运营角度出发，高铁发车频率在空铁竞争下的影响已被广泛研究[39-40, 45-46, 51]。与这些在双寡头市场中进行单一博弈的研究不同，本章为避免模型太复杂而无法获得均衡解，没有将频率作为变量引入。为使模型更加简洁，依然将高铁频率作为一个外生给定参数。一方面，增加高铁发车频率会使城际出行更方便，从而带来更高的运营利润。另一方面，增加发车频率也意味着运营成本的增加。考虑到这些因素，居民感知到的价格被改写为

$$\theta_{ij} = p_{ij} - \xi f_{ij} \tag{6.39}$$

其中， ξ 表示与高铁发车频率有关的居民收益（非负）； f_{ij} 表示城市之间的高铁发车频率。为了避免参数冗余又不失一般性，假设 $f_{ij} = f$。高铁票价表示为

$$p_{ij} = \alpha - q_{ij} - \gamma q_{i,-j} + \xi f \tag{6.40}$$

其他参数保持不变。利润可以表示为

$$\pi_i = \left(p_{ij} - \kappa f^2 \right) q_{ji} \tag{6.41}$$

其中， κ 表示每次高铁发车的边际运营成本。注意， κf^2 实际上替代了 c_{ij} 的作用，本节通过高铁发车频率来侧面解释 c_{ij} 在模型中的影响。

从图 6.12（其中，阴影部分为满足 6.3.1 节中提到的非负出行数量和非负价格、优化问题凸性和非套利条件下的取值范围）中可以看出，相较于系统内固定高铁

发车频率，考虑可变的高铁发车频率时，高铁投资对城际出行需求、居民效用和社会福利的影响相同（基本模型中 $f=0$）。但随着高铁发车频率的增加，高铁建设对居民出行需求的影响受到抑制，表现为图中各条曲线向出行需求差值等于零的方向收敛，而外围城市的居民效用和社会福利曲线呈下降趋势。中心城市的居民效用和社会福利的波动表明，高铁发车频率可以在一定程度上抵消高铁投资带来的负面影响。例如，在现有频率非常大或非常小的情况下，中心城市有动机通过增加高铁发车频率来提高自身的社会福利。对于外围城市而言，存在一个最优的高铁发车频率，以实现最大化与中心城市的居民效用和社会福利的差异 [在图 6.12（b）、图 6.12（c）中两条曲线的最宽处]。

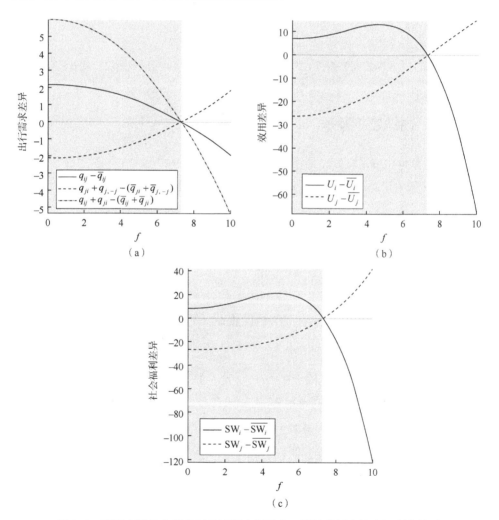

图 6.12　不同高铁发车频率下的城际出行需求、居民效用和社会福利的差异
（ $\alpha=10$，$\delta=0.5$，$\gamma=0.2$，$\xi=0.1$，$\kappa=0.2$ ）

本 章 小 结

　　本章提出了一个博弈论框架，从城际出行数量、居民效用和社会福利三个方面考察了城市群背景下高铁投资对城市特征的影响。本章考虑了一个包含一个中心城市和两个外围城市的简化但具有代表性的城市群，采用古诺模型来描述城市间对居民城际出行次数的竞争，目标是使社会福利与高铁利润的加权总和最大化。

　　通过单独考虑高铁投资前后的情景，本章发现城市私有化程度对于探索居民城际出行收益和城市间替代性的影响具有重要意义。这些因素对中心城市和外围城市的影响不同，对中心城市的影响尤为复杂。高铁投资使城市群内城市完全竞争，竞争效应表现为过高的城市间替代性降低了居民城际出行意愿。高铁投资降低了中心城市居民的城际出行次数和效用，但提高了外围城市居民的效用。引入高铁提高了外围城市和城市群系统的社会福利，而中心城市的社会福利不确定。

　　虽然本章关注的是城市间的竞争，但依然刻画出了外围城市间、中心城市与外围城市间潜在的合作关系。结合居民出行收益、高铁可达性和发车频率的结果，本章提供了一些政策启示，有助于从根本上理解高铁投资与城市群城市演化的关系。第一，外围城市的地方政府和中央政府会就在城市群内引入高铁达成一致，而中心城市则不会。换句话说，外围城市之间的合作有利于城市群，即使它并不总是诱导更多的总城际出行需求。第二，中心城市可与外围城市同步合作提高高铁站的市内可达性，并缩小可达性差异，以提高城市群的总体效用。第三，中央政府在决定投资高铁时，需要考虑中心城市和外围城市居民的出行收益比，以避免加剧中心城市和外围城市之间发展的不平等。

　　虽然本章所提出的模型表现出了可扩展性的优势，填补了现有研究的空白，但仍存在一些局限性。例如，只考虑了城市的目标由社会福利和利润构成，未将出行产生的排放等因素纳入考虑。此外，我们采用了古诺模型，忽略了居民的空间位置，即居民的行为除城际出行外，还存在人口迁移，并受到城市间竞争的影响。因此，在城市群背景下将空间博弈模型引入交通问题研究是未来的方向之一。

参 考 文 献

[1] Huang H J，Xia T，Tian Q，et al. Transportation issues in developing China's urban agglomerations[J]. Transport Policy，2020，85：A1-A22.

[2] Avogadro N，Pels E，Redondi R. Policy impacts on the propensity to travel by HSR in the Amsterdam-London market[J]. Socio-Economic Planning Sciences，2023，87：101585.

[3] Chen F L，Chen Z F. High-speed rail and happiness[J]. Transportation Research Part A：Policy and Practice，2023，170：103635.

[4] Li Z C, Lam W H K, Wong S C. Modeling intermodal equilibrium for bimodal transportation system design problems in a linear monocentric city[J]. Transportation Research Part B: Methodological, 2012, 46（1）: 30-49.

[5] Li Z C, Lam W H K, Wong S C, et al. Design of a rail transit line for profit maximization in a linear transportation corridor[J]. Transportation Research Part E: Logistics and Transportation Review, 2012, 48（1）: 50-70.

[6] Wang D Z W, Lo H K. Financial sustainability of rail transit service: the effect of urban development pattern[J]. Transport Policy, 2016, 48: 23-33.

[7] Debrezion G, Pels E, Rietveld P. The effects of railway investments in a polycentric city: a comparison of competitive and segmented land markets[J]. Environment and Planning A: Economy and Space, 2007, 39（9）: 2048-2067.

[8] Xu S X, Liu R H, Liu T L, et al. Pareto-improving policies for an idealized two-zone city served by two congestible modes[J]. Transportation Research Part B: Methodological, 2018, 117: 876-891.

[9] Li Z C, Ma J C. Investing in inter-city and/or intra-city rail lines? A general equilibrium analysis for a two-city system[J]. Transport Policy, 2021, 108: 59-82.

[10] Yang X Q, Huang H J. Effects of HSR station location on urban spatial structure: a spatial equilibrium analysis for a two-city system[J]. Transportation Research Part E: Logistics and Transportation Review, 2022, 166: 102888.

[11] Mun S I. Transport network and system of cities[J]. Journal of Urban Economics, 1997, 42（2）: 205-221.

[12] Arnott R. Congestion tolling with agglomeration externalities[J]. Journal of Urban Economics, 2007, 62（2）: 187-203.

[13] Adler N, Brudner A, Proost S. A review of transport market modeling using game-theoretic principles[J]. European Journal of Operational Research, 2021, 291（3）: 808-829.

[14] Alonso W. Location and Land Use: Toward a General Theory of Land Rent[M]. Cambridge: Harvard University Press, 1964.

[15] Mills E S. An aggregative model of resource allocation in a metropolitan area[J]. American Economic Review, 1967, 57（2）: 197-210.

[16] Muth R F. Cities and Housing[M]. Chicago: University of Chicago Press, 1969.

[17] Chen Y J, Li Z C, Lam W H K. Cordon toll pricing in a multi-modal linear monocentric city with stochastic auto travel time[J]. Transportmetrica A: Transport Science, 2018, 14（1/2）: 22-49.

[18] Yang H, Huang H J. Mathematical and Economic Theory of Road Pricing[M]. Amsterdam: Elsevier, 2005.

[19] Borck R, Wrede M. Political economy of commuting subsidies[J]. Journal of Urban Economics, 2005, 57（3）: 478-499.

[20] Brueckner J K. Transport subsidies, system choice, and urban sprawl[J]. Regional Science and Urban Economics, 2005, 35（6）: 715-733.

[21] Li Z C, Lam W H K, Wong S C, et al. Modeling the effects of integrated rail and property development on the design of rail line services in a linear monocentric city[J]. Transportation

Research Part B: Methodological, 2012, 46（6）: 710-728.

[22] Sang J Y, Li Z C, Lam W H K, et al. Design of build-operate-transfer contract for integrated rail and property development with uncertainty in future urban population[J]. Transportation Research Part B: Methodological, 2019, 130: 36-66.

[23] Li Z C, Chen Y J, Wang Y D, et al. Optimal density of radial major roads in a two-dimensional monocentric city with endogenous residential distribution and housing prices[J]. Regional Science and Urban Economics, 2013, 43（6）: 927-937.

[24] Xu S X, Liu T L, Huang H J, et al. Optimizing the number of employment subcenters to decentralize a congested city[J]. Regional Science and Urban Economics, 2021, 90: 103699.

[25] Liu P, Xu S X, Ong G P, et al. Effect of autonomous vehicles on travel and urban characteristics[J]. Transportation Research Part B: Methodological, 2021, 153: 128-148.

[26] Suh S H. The possibility and impossibility of intercity commuting[J]. Journal of Urban Economics, 1988, 23（1）: 86-100.

[27] Sasaki K. Trade and migration in a two-city model of transportation investments[J]. The Annals of Regional Science, 1992, 26（4）: 305-317.

[28] Borck R, Wrede M. Subsidies for intracity and intercity commuting[J]. Journal of Urban Economics, 2009, 66（1）: 25-32.

[29] Dong T, Jia N, Ma S F, et al. Impacts of intercity commuting on travel characteristics and urban performances in a two-city system[J]. Transportation Research Part E: Logistics and Transportation Review, 2022, 164: 102792.

[30] Oates W E. An essay on fiscal federalism[J]. Journal of Economic Literature, 1999, 37（3）: 1120-1149.

[31] Borck R, Koh H J, Pflüger M. Inefficient look-in and subsidy competition[J]. International Economic Review, 2012, 53（4）: 1179-1204.

[32] Vandyck T, Proost S. Inefficiencies in regional commuting policy[J]. Papers in Regional Science, 2012, 91（3）: 659-689.

[33] Ren T, Huang H J, Luo S D, et al. High-speed rail in China: implications for intercity commuting and urban spatial structure[J]. Sustainable Cities and Society, 2023, 97: 104719.

[34] Wang H, Tian Q, Huang H J. The effects of commuting subsidies in a competitive two-city system[J]. Transport Policy, 2024, 154: 129-141.

[35] Li D S, Qu Y Y, Ma Y H. Study on the impact of subsidies for overlapping hinterland shippers on port competition[J]. Transportation Research Part A: Policy and Practice, 2020, 135: 24-37.

[36] Xia W Y, Zhang A M. High-speed rail and air transport competition and cooperation: a vertical differentiation approach[J]. Transportation Research Part B: Methodological, 2016, 94: 456-481.

[37] Zhu Z, Xu A L, He Q C, et al. Competition between the transportation network company and the government with subsidies to public transit riders[J]. Transportation Research Part E: Logistics and Transportation Review, 2021, 152: 102426.

[38] Bracaglia V, D'alfonso T, Nastasi A, et al. High-speed rail networks, capacity investments and social welfare[J]. Transportation Research Part A: Policy and Practice, 2020, 132: 308-323.

[39] Wang W, Sun H J, Wu J J. How does the decision of high-speed rail operator affect social

welfare? Considering competition between high-speed rail and air transport[J]. Transport Policy，2020，88：1-15.

[40] D'alfonso T，Jiang C M，Bracaglia V. Would competition between air transport and high-speed rail benefit environment and social welfare?[J]. Transportation Research Part B：Methodological，2015，74：118-137.

[41] D'alfonso T，Jiang C M，Bracaglia V. Air transport and high-speed rail competition：environmental implications and mitigation strategies[J]. Transportation Research Part A：Policy and Practice，2016，92：261-276.

[42] Wang C N，Jiang C M，Zhang A M. Effects of airline entry on high-speed rail[J]. Transportation Research Part B：Methodological，2021，154：242-265.

[43] Jiang C M，Zhang A M. Effects of high-speed rail and airline cooperation under hub airport capacity constraint[J]. Transportation Research Part B：Methodological，2014，60：33-49.

[44] Jiang M，Jiang C M，Xiao Y B，et al. Air-HSR cooperation：impacts on service frequency and environment[J]. Transportation Research Part E：Logistics and Transportation Review，2021，150：102336.

[45] Jiang C M，Wang C N. High-speed rail pricing：implications for social welfare[J]. Transportation Research Part E：Logistics and Transportation Review，2021，155：102484.

[46] Yang H J，Zhang A M. Effects of high-speed rail and air transport competition on prices，profits and welfare[J]. Transportation Research Part B：Methodological，2012，46（10）：1322-1333.

[47] Emami M，Haghshenas H，Talebian A，et al. A game theoretic approach to study the impact of transportation policies on the competition between transit and private car in the urban context[J]. Transportation Research Part A：Policy and Practice，2022，163：320-337.

[48] Singh N，Vives X. Price and quantity competition in a differentiated duopoly[J]. The RAND Journal of Economics，1984，15（4）：546-554.

[49] Román C，Martín J C. Integration of HSR and air transport：understanding passengers' preferences[J]. Transportation Research Part E：Logistics and Transportation Review，2014，71：129-141.

[50] Tabuchi T. Urban agglomeration and dispersion：a synthesis of Alonso and Krugman[J]. Journal of Urban Economics，1998，44（3）：333-351.

[51] Flores-Fillol R. Airline competition and network structure[J]. Transportation Research Part B：Methodological，2009，43（10）：966-983.

第7章 城市群内城市增长控制策略影响评估

7.1 引　　言

随着城镇化进程的推进，我国城市在人口规模和居民出行方式等方面发生了显著变化。现实中，城市不是一个孤立的存在，城市的发展必然会对周边城市产生影响，而交通则是连接不同城市、促进城市间要素流通的重要纽带。

近年来，随着交通基础设施的发展，更加便捷的出行使城市之间的交流更加频繁，我国逐渐从关注单个城市的发展转向将城市群作为推进国家新型城镇化的空间主体。自2010年以来，国家先后出台了《国家新型城镇化规划（2014—2020年)》《长江中游城市群发展规划》《京津冀协同发展规划纲要》《粤港澳大湾区发展规划纲要》等城市群相关政策文件。一方面，便捷的交通降低了居民的迁移成本，从而导致城市群内部不同城市的人口规模发生改变；另一方面，通勤作为主要的居民出行活动之一，交通促进了城市群内部的城际通勤。相比于国外城市群，我国城市群存在如下两点特殊现象：①户籍制度下，人口的非完全自由流动现象；②以高铁为代表的城际通勤现象。

人口是一个国家和地区可持续发展的基础，也是经济社会发展中活跃的生产要素之一。我国设立户籍制度，也称"户口"，最初是为了有效地管理国内人口。户籍制度是我国控制城市规模和城市有序扩张的重要手段之一，其目的包括以下几点：防止大规模的人口迁徙对社会、经济、教育等方面的冲击；精确地确定人口的数量、分布和结构，以更好地进行公共资源的分配和规划，包括教育、医疗、住房、就业等方面；更好地了解劳动力的分布和结构，便于制定相关的经济政策和规划，促进就业和经济发展。

政府通过户籍制度控制城市人口规模。城市化进程加速时期，户籍制度可以缓解城市迅速扩张造成的环境污染、交通拥堵等"大城市病"，但在居住和就业等方面也产生了很多弊端。例如，北京市一些单位不招收非京籍毕业生，抑制了劳动力的自由流动。

从交通与城市管理者的角度看，城市增长控制与城际通勤有什么关系？城市群内不同城市的增长控制策略以及动机是什么？城市群内一个城市的增长控制策略会如何改变城市群内的居民职住选择？相比于人口可以自由迁移的情况，增长控制策略下的城市空间均衡存在什么不同？增长控制策略对于城市群内各层级城市（其他城市）会产生什么影响？本章将对以上这些问题进行研究。

7.2　模　型　构　建

本节将基于一个包含三个城市的典型城市群构建空间博弈模型，与第 6 章中采用的古诺模型不同，空间博弈模型中还包括城市中居民的位置信息，例如在7.2.2 节提到的居民占据单位土地面积这一假设（假设 7.3）。本节将首先回顾空间博弈模型，对其中的霍特林模型假设和求解过程等进行介绍，指出霍特林模型与其他博弈模型的区别。其次，介绍本章对于空间博弈模型的应用与创新，特别是与经典城市经济学中的单中心城市模型的结合。最后，基于此，将政府的城市增长控制政策纳入模型，并分别讨论有无城市增长控制政策这两种情景下的空间均衡。

7.2.1　空间博弈模型介绍

第 6 章在讨论修建高铁对城市群的影响时，引入了经典的古诺博弈。然而，不论是刻画在数量上竞争的古诺博弈或在价格上竞争的伯川德博弈，均无法刻画城市群的居民位置信息[1]。这一缺陷导致只能将研究的重点放在不包含位置的抽象的交通问题上，如城际出行的数量、居民效用、社会福利等[2-4]，不仅限制了对城市群交通问题的深入探讨，也难以直观展现交通对城市群发展和演变过程的影响。城市的人口数量、居民的居住位置、城市不同位置的土地租金等是研究城市群交通问题不可忽视的要素。因此，将考虑居民位置信息的空间博弈模型引入城市群交通问题研究中具有重要意义。

在已有文献中，Yang 和 Zhang[5]通过霍特林模型研究了航空运输与高铁竞争（空铁竞争）对价格、运营商利润、社会福利的影响。结果表明，在机场到达时间内，机票和高铁票价均随高铁运营商目标函数中社会福利权重的增加而下降。Emami 等[6]刻画了城郊社区与 CBD 连接走廊上行人的出行模式选择，该模型创新性地将停车场运营商纳入博弈，同时考虑了出行者收入异质性时的情况。除了霍特林模型，还有其他空间博弈模型被用来研究交通市场上的竞争问题，如 Cooper[7]提出的区位-分配（location-allocation）模型，以及 Salop[8]将霍特林模型进行变体，提出的环形（circular）模型。Evans[9]运用环形空间模型研究了不同市场结构下的最优公交时刻表，根据运营商所在位置的出发时间和通勤者的交通成本对应的时刻表延迟，其认为竞争将导致更高的发车频率和更高的票价，这将导致整体社会福利净损失约 10%。Labbé 和 Hakimi[10]开发了一个两阶段博弈模型，其中，竞争者在第一阶段确定他们的位置，在第二阶段进行古诺博弈。第一阶段的纳什均衡位置与第二阶段的最优数量构成子博弈完美纳什均衡。

接下来，本节基于已有文献中采用的霍特林模型，根据其共同点，总结模型的构建思路以及求解过程。

考虑一条长度为 l 的水平线（左右两端分别用点 0 和点 l 表示），其可以代表一个线性的城市，也可以代表港口间海岸线的长度。假设存在两个港口 i 和 j，港口 i 与点 0 的距离为 a，港口 j 与点 l 的距离为 b。需要利用港口服务的货运代理商沿直线均匀分布。港口是服务提供者，货运代理商是用户，具体如图 7.1 所示。

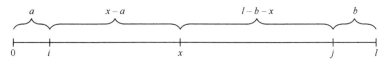

图 7.1 霍特林模型介绍

由于这里对模型进行了简化，货运代理商选择港口 i 或 j 只需要考虑物流成本（距离）。因此，在 l 上一定存在一个点对于货运代理商选择港口 i 或 j 是无差异的，记无差异点为 x，则有

$$p_i + \tau(x-a) = p_j + \tau(l-b-x) \tag{7.1}$$

其中，p 表示价格；τ 表示单位距离运输成本，进而可得

$$x = \frac{1}{2}\left(l - b + a + \frac{p_j - p_i}{\tau}\right) \tag{7.2}$$

将 x 的表达式代入收益函数中，港口 i（港口 j 同理）的利润表达式为

$$\pi_i = p_i q_i = p_i x = \frac{1}{2}(l - b + a)p_i - \frac{p_i^2}{2\tau} + \frac{p_j p_i}{2\tau} \tag{7.3}$$

根据一阶条件可得均衡价格，即

$$p_i = \tau\left(l + \frac{a-b}{3}\right), \quad p_j = \tau\left(l - \frac{a-b}{3}\right) \tag{7.4}$$

同时，可以写出均衡数量的表达式：

$$q_i = x = \frac{1}{2}\left(l + \frac{a-b}{3}\right), \quad q_j = 1 - x = \frac{1}{2}\left(l - \frac{a-b}{3}\right) \tag{7.5}$$

以及对应的收益表达式：

$$\pi_i = \frac{\tau}{6}\left(l + \frac{a-b}{3}\right)^2, \quad \pi_j = \frac{\tau}{6}\left(l - \frac{a-b}{3}\right)^2 \tag{7.6}$$

通过上述建模过程，可以求得相关解析解，并进行灵敏度分析等。这一模型

已经被广泛运用于交通模式选择研究，如空铁竞争、公交车与私家车竞争、港口竞争等。以空铁竞争为例，主要可分为以下几步。

第一步，定义单位距离成本函数：

$$t_i = \alpha_i + \frac{l_i}{s_i} + \frac{T_i}{4f_i} \tag{7.7}$$

其中，t_i 表示交通模式的时间/速度，t_i 乘以速度 v 即可得到模式 i, $i = a, h$ 下的出行时间成本。进而考虑票价等金钱成本，即可根据式（7.1）确定出无差异位置。

第二步，确定边界条件，即居民的出行收益等于在城市边界处的总出行成本，目的是为后续找到解析解奠定基础，即

$$b - p_a - vt_a - \tau x_a = 0 \tag{7.8}$$

其中，b 表示出行带来的收益；x_a 表示选择模式 a 最远处的出行者，即最远处的位置（注意，这里只列出了一端的边界，另一端边界一般取决于模式 h）。

第三步，确定需求，例如，在出行者占据单位面积且是均匀分布的这一假设下，采用某一种出行方式的出行总需求可直接以距离表示，即

$$q_a = x + x_a \tag{7.9}$$

第四步，构造目标函数，考虑到高铁或航空公司等运营商往往具有社会属性或是国有控股，已有文献在构造运营商目标函数时，会同时考虑利润和社会福利或诸如污染排放等其他目标，并对目标中的各项分配权重。

最后，分别对不同优化问题同时求解，得到均衡时的解析解。

借鉴上述空间博弈的建模和求解思路，同时结合单中心城市模型，7.2.2 节将介绍基本模型的假设与变量设置。

7.2.2　模型假设与变量设置

为便于解释和构建模型，本章假设如下。

假设 7.1（城市群系统）　考虑一个封闭的城市群系统，包含三个不完全相同的城市且城市均处于不同的行政区。城市群系统的总人口是外生给定的，用 N 表示，各城市的人口为 N_i，下标代表城市 i。所有城市的土地机会成本等于外生给定的农业地租 R_a[11-12]。城市间不存在农业腹地。

假设 7.2（城市）　城市是线性单中心的。每个城市的目标是最大化其社会福利。城市产出与所在城市的劳动力和固定投入有关，且满足稻田条件。城市具有不同的资源禀赋，表现为发达城市具有较高的固定投入。城市所提供的工资是内生的，居民的工资即为边际产出。在没有城市增长控制政策时，居民在城市间可以自由迁移，且没有迁移成本。所有的工作机会集中在各城市 CBD[13-15]。

假设 7.3（居民）　居民是同质的。所有居民的目标均是通过选择居住地和工作地（城市）以最大化自身效用，一个城市居民的效用取决于工资与租金、通勤成本以及其居住城市的拥挤成本的差值。所有居民均匀分布在 CBD 周围，并占据固定的土地面积（标准化为 1）[16]。

假设 7.4（通勤）　只考虑一种通勤方式，例如自驾。居民选择在居住城市工作，则为市内通勤者，否则为城际通勤者。城际通勤者需到达另一个城市的 CBD 并付出额外的出行成本。

根据以上假设，首先定义居民的效用：

$$u_{ij} = w_j - R_{ij} - 2\eta t_j x_{ij} - c(N_i), \quad i,j = 1,2,3, \quad x_{ij} \in [0, r_i] \qquad (7.10)$$

当 $i = j$ 时，表示一个居民为市内通勤者，式（7.10）可以改写为 $u_{ii} = w_i - R_{ii} - 2\eta t_i x_{ii} - c(N_i)$，否则为城际通勤者。其中，$w_j$ 表示工资，取决于工作城市；R_{ij} 表示租金；η 表示年平均通勤次数（系数 2 表示往返）；t_j 表示单位距离通勤成本，取决于工作城市；x_{ij} 表示居民在城市 i 的位置，且 $x_{ij} \in [0, r_i]$，r_i 表示城市边界；$c(N_i)$ 表示居民居住城市的拥挤成本，且与本地居民的数量有关，城市人口数量越多，本地居民所面临的拥挤成本也就越高。具体地，有

$$c(N_i) = N_i^{\gamma} \qquad (7.11)$$

其中，γ（$0 < \gamma < 1$）表示外生给定的拥挤系数。根据假设 7.2，工资等于边际产出意味着城市群是一个完全竞争的市场，即 $w_i = \partial P_i / \partial H_i$。城市的产出可以表示为

$$P_i = H_i^{\alpha} L_i^{1-\alpha}, \quad 0 < \alpha < 1 \qquad (7.12)$$

其中，H_i 表示城市 i 劳动者的数量；α 表示集聚系数；L_i 表示城市的固定投入。α、L_i 均为外生参数。为便于阅读，表 7.1 总结了本章使用的主要变量。

表 7.1　本章使用的主要变量

符号	含义
N，N_i，N_{ij}	城市群总人口，城市人口，城际通勤人数
u_{ij}	居民效用
w_j	工资
R_{ij}	租金
R_a	农业地租
η	年平均通勤次数

符号	含义
t	单位距离通勤成本
x_{ij}	居民居住位置
r_i	城市边界
γ	拥挤系数
P_i	产出
H_i	城市 i 劳动者的数量
L_i	城市的固定投入
α	集聚系数
D_{ij}	城市 CBD 之间的距离
d_{ij}	市内和城际通勤者分界线

式（7.10）可以改写为

$$R_{ij} = w_j - u_{ij} - 2\eta t_j x_{ij} - c\left(N_i\right) \tag{7.13}$$

其中，$i,j = 1,2,3$，$x_{ij} \in [0, r_i]$。可以发现，

$$\frac{\partial R_{ij}}{\partial x_{ij}} = -2\eta t_j \tag{7.14}$$

即租金随着与工作城市 CBD 的距离增加而降低。

根据竞租原则：

$$R_i = \max\left\{R_{ij}\right\} \tag{7.15}$$

城际通勤者出于降低通勤成本的目的会居住在靠近居住城市边缘的位置（靠近工作城市一侧），而市内通勤者则会居住在 CBD 附近。因此，当一个城市同时拥有市内通勤者和城际通勤者时，两种通勤者的位置将会存在一条分界线。

这与前述的霍特林模型思想一样，但在本章模型中，居民被看作用户，城市被看作运营商。然而，相比于出行模式选择，观察居民流动对城市的影响需要同时考虑居民的通勤行为和迁移行为。值得注意的是，第 6 章在考虑城际通勤时，假设居民采用高铁（在这种情况下，城市间往往相距较远且存在农业腹地）并将高铁站设在城市 CBD，这依然会产生城际通勤者和市内通勤者位置的分界线。在这种情况下，城际通勤者会选择居住在靠近 CBD 的位置，而市内通勤者分布在城市外围。此时，城市的空间结构是对称的（图 7.2），当城市边界居住的是市内通勤者时，$R_i = R_a$。

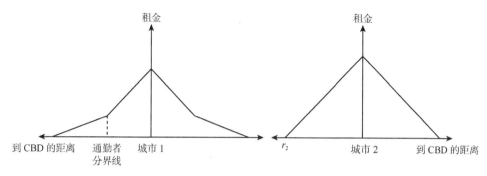

图 7.2　城际通勤者居住在 CBD 附近情况下的双城系统空间结构

在本章的模型中，城市边缘的租金应当高于市内和城际通勤者分界线处的租金。在不影响结论的情况下，为简化模型，以下假设 $t_i = t$。

7.2.3　无城市增长控制政策下的空间均衡

本节首先考虑没有城市增长控制政策下的空间均衡，这种情况下居民可以自由选择其居住位置。例如，一个城市的城际通勤者可以选择搬迁到另一个城市（工作城市）并成为市内通勤者。这与第 6 章模型中的自由迁移的假设是相同的。为便于读者更好地理解三城市的城市群模型，本节先讨论双城市系统下的空间均衡，再扩展至三城市系统下的空间均衡。

假设系统内存在两个城市，城市 i 和城市 j，且两城市的规模大小未知，两城市的居民均有可能成为去另一城市通勤的城际通勤者。图 7.3 表示了可能的系统

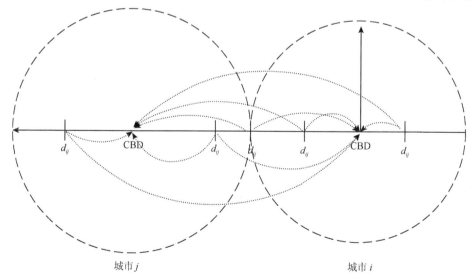

图 7.3　双城市系统空间结构示例

空间结构，这可以用两类通勤者的分界线 d_{ij} 的位置来表示。如果以城市 i 的 CBD 为坐标原点，从右往左一共存在五种 d_{ij} 的位置，对应的数学表达式分别为：① $-r_i < d_{ij} \leqslant 0$；② $0 < d_{ij} < r_i$；③ $d_{ij} = r_i$；④ $r_i < d_{ij} < D_{ij}$；⑤ $D_{ij} \leqslant d_{ij} < D_{ij} + r_j$。一方面，根据空间均衡的定义，当达到空间均衡时系统内所有居民的效用需要相同且没有人有动机改变其位置以获得更高的效用，即 $u_{ij} = u$，其中 u 为均衡效用。此外，城际通勤者和市内通勤者在其分界线 d_{ij} 上具有相同的租金，即 $R_{ii} = R_{ij}$。基于这两个条件，可以写出 d_{ij} 的表达式。

对于情况①，城市 i 存在去城市 j 的城际通勤者，且城市 i 远离城市 j 的一侧也存在城际通勤者，说明城市 j 能够提供较高的工资。城市 i 的城际通勤者的租金为 $R_{ij} = w_j - u - 2\eta t \left(D_{ij} + |d_{ij}| \right) - c(N_i)$，城市 i 的市内通勤者的租金表达式为 $R_{ii} = w_i - u - 2\eta t |d_{ij}| - c(N_i)$。$d_{ij} < 0$，故采用绝对值的形式表示通勤距离。这种情况存在，需满足 $R_{ii} \leqslant R_{ij}$，由此可得 $w_j - w_i \geqslant 2\eta t D_{ij}$。注意，由于两类通勤者均为居住在城市 i 的居民，因此面临的居住城市的拥挤成本相同。

对于情况①，d_{ij} 的取值范围为左开右闭，即不存在 $-r_i = d_{ij}$ 的情况。当 $-r_i = d_{ij}$ 的情况发生时，一般称为就业的完全聚集[16]，即城市 i 的所有居民为城际通勤者，这一情况显然违反了城市生产函数符合稻田条件的假设。稻田条件意味着当生产要素趋于零时，生产函数对于生产要素的一阶导趋于无穷大。换句话说，当城市 i 没有劳动力时，增加一个劳动力，其工资应远高于去城市 j 工作的居民，即城市 i 总会有市内通勤者。现实中，劳动力的完全聚集往往并不存在，稻田条件有助于避免不符合现实的极端情况发生，同时也减少了潜在的系统空间结构数量，排除了模型的角点解。

对于情况②，只有靠近城市 j 的一侧存在城际通勤者，相比于情况①，城市 j 对于城市 i 居民的吸引力相对较小。同理，根据空间均衡条件可得

$$d_{ij} = \frac{w_i - w_j}{4\eta t} + \frac{1}{2} D_{ij} \tag{7.16}$$

将式（7.16）代入 $0 < d_{ij} < r_i$ 中，可以得到 $-2\eta t D_{ij} < w_i - w_j < 2\eta t \left(2r_i - D_{ij} \right)$。根据假设 $D_{ij} = r_i + r_j$，如果城市 i 的人口较少，即 $2r_i - D_{ij} < 0$，则 $w_i - w_j < 0$。如果城市 i 的人口较多，即 $2r_i - D_{ij} > 0$，对于城市 i 的城际通勤者和城市 j 的市内通勤者，其效用为

$$\begin{cases} u_{ij} = w_j - R_{ij} - 2\eta tr_j - c(N_i) \\ u_{jj} = w_j - R_a - 2\eta tr_j - c(N_j) \end{cases} \tag{7.17}$$

将式（7.17）代入 $R_{ij} > R_a$，发现 $c(N_i) < c(N_j)$。由于拥挤成本与人数呈正相关，因此推出矛盾。可以解释为：城市 i 边界处的居民不愿承受一个较高的城市拥挤成本和市内通勤成本以及一个较低的工资，而会选择迁移至城市 j。在情况②下，只存在城市 i 的人口较少且其只能提供较低工资的情况。

对于情况③，双城市系统中没有城际出行者，将式（7.16）代入 $d_{ij} = r_i$ 中，可以得到 $w_i - w_j = 2\eta t(r_i - r_j)$。对于城市边界处的居民（此时均为市内通勤者），有

$$\begin{cases} u_{ii} = w_i - R_a - 2\eta tr_i - c(N_i) \\ u_{jj} = w_j - R_a - 2\eta tr_j - c(N_j) \end{cases} \tag{7.18}$$

求解式（7.18），可以发现 $c(N_i) = c(N_j)$，即当两个城市完全一样时才不会出现城际通勤，这显然违背了假设 7.1。现实中不存在两个完全一样的城市，因此通过假设 7.1，可以排除没有城际通勤的情况。换句话说，情况③证明了任意两个相邻的城市间一定存在居民城际通勤现象。

对于情况④，通过相同的步骤可以发现情况④是情况②的对称（证明略）。同理，情况⑤为情况①的对称。虽然满足情况④和情况⑤条件的函数形式略有不同，但分别与情况②和情况①表示的空间结构是完全一样的，因此根据前三种情况及其条件，可以得到命题 7.1。

命题 7.1　在允许自由迁移的情况下，城市群内任意城市对一定存在城际通勤现象，而且：当满足 $-2\eta tD_{ij} < w_i - w_j < 2\eta t(2r_i - D_{ij})$ 时，小城市中靠近大城市一侧的居民选择城际通勤；当满足 $w_i - w_j \leqslant -2\eta tD_{ij}$ 时，小城市远离大城市一侧的居民也会选择城际通勤。

在双城系统的潜在空间结构的基础上，引入第三个城市将进一步影响居民的职住选择，并在双城系统的基础上产生更多可能的组合。为便于理解，将三个城市（$i, -j, j$）分为不同的级别，即 $w_i \leqslant w_{-j} \leqslant w_j$，$N_i \leqslant N_{-j} \leqslant N_j$。根据命题 7.1，城市 i 可能存在去城市 $-j$ 和 j 的城际通勤者，城市 $-j$ 存在去城市 j 的城际通勤者。为了便于讨论，首先考虑以城市 i 为中心，以城市 i 的 CBD 为原点，三城市位于一条直线的情况。城市群可能出现的空间结构（d_{ij} 的位置）用图 7.4 表示。需要注意的是，城市在达到空间均衡时，城市 $-j$ 还存在去城市 j 的城际通勤者。

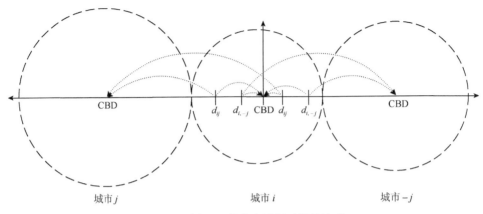

图 7.4　城市 i 可能存在城际通勤的情况

从图 7.4 可以看出，当 d_{ij}（$d_{ij}<0$）和 $d_{i,-j}$（$d_{i,-j}<0$）同时存在时，两点之间有空间上的重合。如果这一情况发生，城市 i 的 CBD 左侧的居民一定会因更低的出行成本和更高的工资选择去城市 j 工作而不是城市 $-j$。因此，d_{ij}（$d_{ij}<0$）和 $d_{i,-j}$（$d_{i,-j}<0$）只有一个存在。系统可能的空间结构有以下三种：

第一种：d_{ij}（$d_{ij}<0$）和 $d_{i,-j}$ 存在。

第二种：$d_{i,-j}$（$d_{i,-j}<0$）和 d_{ij} 存在。

第三种：d_{ij} 和 $d_{i,-j}$ 存在。

需要指出的是，对于第一种情况和第二种情况，由于存在稻田条件，即至少存在一个居民选择市内通勤，d_{ij}（$d_{ij}<0$）和 $d_{i,-j}$ 不存在合并的情况（第二种情况同理）。同时，$d_{i,-j}$ 也存在一个可以靠近 d_{ij}（$d_{ij}<0$）的最小距离，这里用 $\bar{d}_{i,-j}$ 表示。

对于第一种情况，数学表达式为 $\bar{d}_{i,-j}<d_{i,-j}<r_i$，由于无法写出 $\bar{d}_{i,-j}$ 的解析式，$w_j-w_i \geqslant 2\eta t D_{ij}$ 和 $w_i-w_{-j}<2\eta t\left(2r_i-D_{i,-j}\right)$ 共同构成了第一种情况的必要条件。同理，对于第二种情况，数学表达式为 $\bar{d}_{ij}<d_{ij}<r_i$，必要条件为 $w_{-j}-w_i \geqslant 2\eta t D_{i,-j}$ 和 $w_i-w_j<2\eta t\left(r_i-r_j\right)$。第三种情况必要条件为 $-2\eta t D_{ij}<w_i-w_j<2\eta t\left(2r_i-D_{ij}\right)$ 和 $-2\eta t D_{i,-j}<w_i-w_{-j}<2\eta t\left(2r_i-D_{i,-j}\right)$。

对于城市 $-j$（以城市 $-j$ 的 CBD 为原点）和城市 j，将 $d_{-j,j}=\left(w_{-j}-w_j\right)/4\eta t+D_{-j,j}/2$ 分别代入 $0 \leqslant d_{-j,j}<r_{-j}$ 和 $-r_j<d_{-j,j}<0$，得到这

两种情况对应的必要条件分别为

$$-2\eta t D_{-j,j} \leqslant w_{-j} - w_j < 2\eta t \left(2r_{-j} - D_{-j,j}\right)$$

和

$$-2\eta t \left(2r_{-j} + D_{-j,j}\right) < w_{-j} - w_j < -2\eta t D_{-j,j}$$

将城市 $-j$ 和城市 j 的情况纳入考虑后，由于当 $d_{-j,j} < 0$ 时，一定有 $d_{ij} < 0$（因为城市 j 对城市 i 居民的吸引力更大），可以排除 $d_{-j,j} < 0$ 且 $d_{ij} > 0$ 的情况。因此，完整的城市群共有六种可能的空间结构。通过寻找空间均衡，可以进一步分析空间结构。

首先考虑一般的情况，即城市 i 存在去城市 $-j$ 和城市 j 的城际通勤者，城市 $-j$ 存在去城市 j 的城际通勤者（$d_{ij} > 0$，$d_{i,-j} > 0$，$d_{-j,j} > 0$）。空间均衡时所有位置的居民效用相同。具体地，在城市 i 的 CBD 和城市 j 的 CBD 之间的这一区间内 [图 7.5（a）]，从右向左各关键位置处居民的效用依次为

$$u_{ii}^{\mathrm{CBD}} = w_i - R_{ii}^{\mathrm{CBD}} - c\left(N_i\right) \tag{7.19a}$$

$$u_{ii}^{d_{ij}} = w_i - R_{ii}^{d_{ij}} - 2\eta t d_{ij} - c\left(N_i\right) \tag{7.19b}$$

$$u_{ij} = w_j - R_{ij} - 2\eta t \left(D_{ij} - d_{ij}\right) - c\left(N_i\right) \tag{7.19c}$$

$$u_{ij}^{j} = w_j - R_{ij}^{j} - 2\eta t r_j - c\left(N_i\right) \tag{7.19d}$$

$$u_{jj}^{r_i} = w_j - R_a - 2\eta t r_j - c\left(N_j\right) \tag{7.19e}$$

$$u_{jj}^{\mathrm{CBD}} = w_j - R_{jj}^{\mathrm{CBD}} - c\left(N_j\right) \tag{7.19f}$$

进而可以得到 $R_{ii}^{\mathrm{CBD}} = R_{ij} + 2\eta t d_{ij} = R_a + c\left(N_j\right) - c\left(N_i\right) - 2\eta t \left(r_i - d_{ij}\right) + 2\eta t d_{ij}$。

在城市 i 的 CBD 和城市 $-j$ 的 CBD 之间的这一区间内 [图 7.5（b）]，从右向左各关键位置处居民的效用依次为

$$u_{ii}^{d_{i,-j}} = w_i - R_{ii}^{d_{i,-j}} - 2\eta t d_{i,-j} - c\left(N_i\right) \tag{7.20a}$$

$$u_{i,-j} = w_{-j} - R_{i,-j} - 2\eta t \left(D_{i,-j} - d_{i,-j}\right) - c\left(N_i\right) \tag{7.20b}$$

$$u_{i,-j}^{-j} = w_{-j} - R_{i,-j}^{-j} - 2\eta t r_{-j} - c\left(N_i\right) \tag{7.20c}$$

$$u_{-j,-j} = w_{-j} - R_a - 2\eta t r_{-j} - c\left(N_{-j}\right) \tag{7.20d}$$

$$u_{-j,-j}^{\mathrm{CBD}} = w_{-j} - R_{-j,-j}^{\mathrm{CBD}} - c\left(N_{-j}\right) \tag{7.20e}$$

进而得到 $R_{ii}^{\mathrm{CBD}} = R_{i,-j} + 2\eta t d_{i,-j} = R_a + c\left(N_{-j}\right) - c\left(N_i\right) - 2\eta t\left(r_i - d_{i,-j}\right) + 2\eta t d_{i,-j}$。

同理，在城市 $-j$ 的 CBD 和城市 j 的 CBD 之间这一区间内，从右向左各关键位置处（较少，图示略）居民的效用依次为

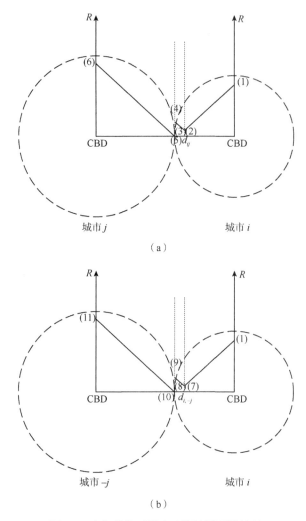

（a）

（b）

图 7.5　空间均衡时城市 i 的城际通勤情况

左边的垂直虚线指的是两城市边界，右边的垂直虚线指的是市内和城际通勤者位置分界线；图中标的(1)(2)(3)……(11)代表城市系统内的关键位置，具体如下：(1)表示城市 i 的 CBD 处；(2)表示城市 i 市内通勤者和前往城市 j 的城际通勤者分界线靠近市内通勤者一侧；(3)表示城市 i 市内通勤者和前往城市 j 的城际通勤者分界线靠近城际通勤者一侧；(4)表示城市 i 和城市 j 边界处靠近城市 i 一侧；(5)表示城市 i 和城市 j 边界处靠近城市 j 一侧；(6)表示城市 j 的 CBD 处；(7)表示城市 i 市内通勤者和前往城市 $-j$ 的城际通勤者分界线靠近市内通勤者一侧；(8)表示城市 i 市内通勤者和前往城市 $-j$ 的城际通勤者分界线靠近城际通勤者一侧；(9)表示城市 i 和城市 $-j$ 边界处靠近城市 i 一侧；(10)表示城市 i 和城市 $-j$ 边界处靠近城市 $-j$ 一侧；(11)表示城市 $-j$ 的 CBD 处

$$u_{-j,-j}^{d_{-j,j}} = w_{-j} - R_{-j,-j}^{d_{-j,j}} - 2\eta t d_{-j,j} - c\left(N_{-j}\right) \tag{7.21a}$$

$$u_{-j,j} = w_j - R_{-j,j} - 2\eta t\left(D_{-j,j} - d_{-j,j}\right) - c\left(N_{-j}\right) \tag{7.21b}$$

$$u_{-j,j}^{j} = w_j - R_{-j,j}^{j} - 2\eta t r_j - c\left(N_{-j}\right) \tag{7.21c}$$

$$u_{jj}^{r_{-j}} = w_j - R_a - 2\eta t r_j - c\left(N_j\right) \tag{7.21d}$$

由式（7.21c）和式（7.21d）可得 $R_{-j,j}^{j} = R_a + c\left(N_j\right) - c\left(N_{-j}\right)$。由式（7.21b）和式（7.21c）可得 $R_{-j,j} = R_a + c\left(N_j\right) - c\left(N_{-j}\right) - 2\eta t\left(r_j - d_{-j,j}\right)$。另外 $R_{-j,j}^{\mathrm{CBD}} = R_{-j,j} + 2\eta t d_{-j,j} = R_a + c\left(N_j\right) - c\left(N_{-j}\right) - 2\eta t\left(r_j - d_{-j,j}\right) + 2\eta t d_{-j,j}$ 可从式（7.19a）至式（7.19f）和式（7.20a）至式（7.20e）得到。

引理 7.1　人口更多的城市可以吸引更多的城际通勤者。

证明　结合 R_{ii}^{CBD}，可推出 $c\left(N_j\right) - c\left(N_{-j}\right) = 4\eta t\left(d_{i,-j} - d_{ij}\right)$。由于 $c\left(N_j\right) > c\left(N_{-j}\right)$，$d_{i,-j} > d_{ij}$。根据假设 7.3，$d_{i,-j} > d_{ij}$ 意味着靠近城市 j 一侧有更多的城际通勤者。证毕。

引理 7.2　小城市去大城市的城际通勤者等于小城市去中型城市的城际通勤者和中型城市去大城市的城际通勤者的数量之和。

证明　结合 $R_{-j,j}^{\mathrm{CBD}}$，可以得到 $c\left(N_j\right) - c\left(N_{-j}\right) = 4\eta t\left(r_{-j} - d_{-j,j}\right)$。结合引理 7.1，可以得到 $d_{i,-j} - d_{ij} = r_{-j} - d_{-j,j}$。替换 $d_{i,-j} = r_i - N_{i,-j}$、$d_{ij} = r_i - N_{ij}$ 以及 $d_{-j,j} = r_{-j} - N_{-j,j}$，则可以推出 $N_{ij} - N_{i,-j} = N_{-j,j}$。证毕。

对于其他四种情况，采用相同的方法（过程略）可以推出矛盾，因此城市群中的居民不存在效用相同的时候。基于此，给出命题 7.2。

命题 7.2　在自由迁移下，城市群可能存在的空间结构只有一种，即小城市存在去大、中型城市通勤，中型城市存在去大城市通勤的情况。

根据上述分析我们可以得出自由迁移下的城市群空间结构，见图 7.6。

7.2.4　有城市增长控制政策下的空间均衡

本节分析城市增长控制政策下的空间均衡，即家庭不能在城市间自由迁移的情况。首先，考虑这样一个问题：站在城市的角度，为什么要控制人口规模？从效用公式看，由于拥挤的存在，式（7.10）中 $c\left(N_i\right)$ 会随着人口数量的增大而增大。从社会福利公式看，本章采用经济学中常用的 $\mathrm{SW}_i = N_i u$ 形式，那么随着人口的增加以及效用的减小，对于政府来说存在一个最优的人口规模以实现社会福利最大化。政府可以选择实施城市增长控制战略，以实现社会福利的最大化。

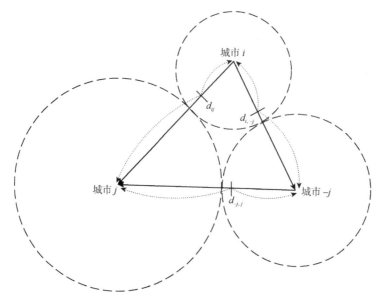

图 7.6　自由迁移下的城市群空间结构
黑色直线代表道路，灰色曲线代表通勤方向

当不能自由迁移时，居民只能通过选择工作地点来最大化其效用。此时，N_i、N_{-j}、N_j 可以看作是外生给定的。模型中的变量则变为内生的各城市城际通勤人数以及各城市居民的效用（如果均衡时城市间居民效用不同，这里不能排除这种可能）。需要注意的是，在不能自由迁移的情况下，$N_i < N_{-j} < N_j$，$w_i < w_{-j} < w_j$ 这一结论将不再适用。例如，当一个城市人口特别少时，其市内通勤者的工资可能会高于人口较多城市的市内通勤者。这种情况下，大城市的居民可能会选择去小城市通勤，即反向城际通勤。相应地，这也增加了潜在的城市群空间结构（对比自由迁移的情况）。

那么反向城际通勤是否存在？由于人口无法自由迁移，在稻田条件下，当小城市的人口较少时，其工资可能高于大城市。同时，小城市还具有低拥挤成本、低通勤成本的优势。因此，存在反向城际通勤的可能，并且居住在靠近小城市的大城市居民会首先选择城际通勤。当确定了居民新的潜在的通勤行为，接下来需要回答"空间均衡时，城市内的市内通勤者和城际通勤者是否具有相同的效用"这一问题。

定理 7.1　非自由迁移下，空间均衡时城市内的市内通勤者和城际通勤者具有相同的效用，而城市间的居民效用不同。

证明　假设存在从小城市到大城市的正向城际通勤（自由迁移情况），如果城际通勤者的效用高于市内通勤者，那么就会有更多的居民选择城际通勤，直到小城市的劳动力少到工资足够高，居民不再选择城际通勤；当存在反向城际通勤时（非自由迁移情况），随着小城市的劳动力增加，工资和效用降低，直到大城市内部没有居民更改自己的工作地点。进一步地，从城际的视角看，对于正向城际通勤来说，小城市内部的居民没有意图改变自己的工作城市，但此时的效用可能仍低于大城市；对于反向城际通勤，同理。证毕。

通过定理 7.1，本节发现了一个与传统的自由迁移假设下的基于单中心城市或多城市系统的经济学模型的关键不同，即当城市群中的居民不能自由迁移时，空间均衡状态下，并不是所有城市的居民效用都相等。这拓展了传统空间均衡的定义与适用情景。本章剩余内容中的空间均衡指的是城市内居民效用相同的情况。

引理 7.3　空间均衡先于两城市居民效用相同的时刻出现。

证明　假设存在城市 i 到城市 j 的正向城际通勤，且城市 j 居民的效用高于城市 i。当城市 i 达到空间均衡时，有

$$
\begin{cases}
u_{ii}^{r_i} = \alpha \left(N_i - N_{ij} \right)^{\alpha-1} L_i^{1-\alpha} - R_a - \eta t N_i - N_i^{\gamma} \\
u_{ii}^{d_{ij}} = \alpha \left(N_i - N_{ij} \right)^{\alpha-1} L_i^{1-\alpha} - R_{ii}^{d_{ij}} - 2\eta t \left(\frac{1}{2} N_i - N_{ij} \right) - N_i^{\gamma}
\end{cases}
\tag{7.22}
$$

且城市 i 在边界处和分界处的市内通勤者的效用相同，即 $u_{ii}^{r_i} = u_{ii}^{d_{ij}}$，由此可以得到 $R_{ij}^{d_{ij}} = R_{ii}^{d_{ij}} = R_a + 2\eta t N_{ij}$。进而有 $\partial R_{ij}^{d_{ij}} / \partial N_{ij} = 2\eta t$，$\partial^2 R_{ij}^{d_{ij}} / \partial N_{ij}^2 = 0$。

对于城市 i 的市内通勤者，有

$$
\begin{cases}
\dfrac{\partial u_{ii}}{\partial N_{ij}} = -\alpha(\alpha-1)\left(N_i - N_{ij}\right)^{\alpha-2} L_i^{1-\alpha} > 0 \\
\dfrac{\partial^2 u_{ii}}{\partial N_{ij}^2} = -\alpha(\alpha-1)(\alpha-2)\left(N_i - N_{ij}\right)^{\alpha-3} L_i^{1-\alpha} < 0
\end{cases}
\tag{7.23}
$$

对于城市 i 的城际通勤者，有

$$
u_{ij} = \alpha \left(N_j + N_{ij} \right)^{\alpha-1} L_j^{1-\alpha} - R_{ij} - 2\eta t \left(r_j + N_{ij} \right) - N_i^{\gamma}
\tag{7.24}
$$

这里用 R_{ij} 代替 $R_{ij}^{d_{ij}}$，可得

$$
\begin{cases}
\dfrac{\partial u_{ij}}{\partial N_{ij}} = \alpha(\alpha-1)\left(N_j + N_{ij}\right)^{\alpha-2} L_j^{1-\alpha} - 4\eta t < 0 \\
\dfrac{\partial^2 u_{ij}}{\partial N_{ij}^2} = \alpha(\alpha-1)(\alpha-2)\left(N_j + N_{ij}\right)^{\alpha-3} L_j^{1-\alpha} > 0
\end{cases}
\tag{7.25}
$$

同理，对于城市 j 的市内通勤者，有

$$u_{jj} = \alpha \left(N_j + N_{ij}\right)^{\alpha-1} L_j^{1-\alpha} - R_a - \eta t N_j - N_j^{\gamma} \qquad (7.26)$$

对 N_{ij} 求导，可得

$$\begin{cases} \dfrac{\partial u_{jj}}{\partial N_{ij}} = \alpha\left(\alpha-1\right)\left(N_j + N_{ij}\right)^{\alpha-2} L_j^{1-\alpha} < 0 \\[3mm] \dfrac{\partial^2 u_{jj}}{\partial N_{ij}^2} = \alpha\left(\alpha-1\right)\left(\alpha-2\right)\left(N_j + N_{ij}\right)^{\alpha-3} L_j^{1-\alpha} > 0 \end{cases} \qquad (7.27)$$

同时空间均衡需要满足两个条件：①当城际通勤者出现时，意味着城市 j 居民的效用较高；②城际通勤者的效用不能高于城市 j 市内通勤者的效用，否则将不会有更多的人选择城际通勤。

基于上述分析，我们可以画出图 7.7，并发现城市内的两类出行者首先达到效用相同的状态，其次才出现城市间效用相同的状态。当反向城际通勤出现时同理，只需将图 7.7 中符号的下标 i 换成 $-j$ 即可。证毕。

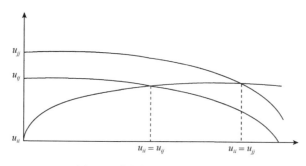

图 7.7　增长控制下的空间均衡

基于上述结论，仍然从双城市系统开始讨论有城市增长控制政策下可能存在的空间结构。同理，可能存在的空间结构有以下五种：

（1）$-r_i < d_{ij} \leqslant 0$。

（2）$0 < d_{ij} < r_i$。

（3）$d_{ij} = r_i$。

（4）$r_i < d_{ij} < D_{ij}$。

（5）$D_{ij} \leqslant d_{ij} < D_{ij} + r_j$。

如果 $N_i - N_j > 0$，$w_i - w_j < 0$，则出现反向城际通勤，同时需要城市 j 的效用高于城市 i，即

$$u_{jj} - u_{ii} = w_j - w_i + 2\eta t(r_i - r_j) + c(N_i) - c(N_j) > 0$$

由此，可以得出

$$w_i - w_j < 2\eta t(r_i - r_j) + c(N_i) - c(N_j)$$

而

$$2\eta t(r_i - r_j) + c(N_i) - c(N_j) > 0$$

因此，对于反向城际通勤，有 $-2\eta t D_{ij} < w_i - w_j < 0$。正向城际通勤的条件与自由迁移的情况相同，此处省略具体条件与证明过程（参考 7.2.3 节），由此可以得到命题 7.3。

命题 7.3　在增长控制下，城市对具有额外潜在的空间结构，当小城市的工资水平较高且满足 $0 < w_i - w_j < 2\eta t(r_i + r_j)$ 时，可能发生大城市居民到小城市反向城际通勤的情况。

当引入第三个城市时，与自由迁移情况相比，多了反向城际通勤的情况，即大城市的居民去中小城市通勤，中型城市的居民去小城市通勤（证明过程与 7.2.3 节相同，此处略）。

7.3　算　例　分　析

7.3.1　参数设置

本节将分别讨论无增长控制政策（自由迁移）和有增长控制政策（非自由迁移）下的城市群空间均衡状态，并比较两者之间的区别。表 7.2 基于表 7.1 汇总了算例中用到的主要参数，并给出了具体数值。注意，算例中涉及具体城市群及各个城市的部分模型参数无法从现实数据中直接获取。因此，算例中的参数设置参考已有的城市经济学相关文献。然而，这并不影响对于性质的分析和结果的讨论。

表 7.2　主要参数设置

符号	含义	值
N, N_{-j}	城市群总人口、中型城市人口	10, 3.5
R_a	农业地租	0
η	年平均通勤次数	1
t	单位距离通勤成本	0.01
γ	拥挤系数	0.01
L_i, L_{-j}, L_j	城市的固定投入	50, 500, 800
α	集聚系数	0.05

7.3.2　无城市增长控制

目前，基于前述分析仍无法给出空间均衡时的解析解。模型中的变量，如效用 u、工资 w_i、城市边界 r_i 以及城市拥挤成本 N_i^r 均与 N_i、N_{-j}、N_j、N_{ij}、$N_{i,-j}$ 以及 $N_{-j,j}$ 有关且均为内生变量。因此，可通过如下算法求解。

第一步：给定 N_i^0、N_{-j}^0、$N_j^0 = N - N_i^0 - N_{-j}^0$ 的初始值，且满足 $N_i^0 < N_{-j}^0 < N_j^0$、$N_{ij}^0 = N_{i,-j}^0 = N_{-j,j}^0 = 0$、$u_i^0 < u_{-j}^0 < u_j^0$ 以及 $w_i^0 < w_{-j}^0 < w_j^0$。

第二步：对于人口，令 $N_i^1 = N_i^0 + 1$、$N_j^1 = N_j^0 - 1$；对于城际通勤，令 $N_{-j,j}^1 = N_{-j,j}^0 + 1$、$N_{i,-j}^1 = N_{i,-j}^0 + 1$、$N_{ij}^1 = N_{i,-j}^1 + N_{-j,j}^1$，设置迭代次数 $m = 1$。

第三步：如果 $u_j^m < u_{-j}^m$、$u_{-j}^m < u_i^m$、$u_j^m < u_i^m$，则令 $N_{-j,j}^{m+1} = N_{-j,j}^m - 1$、$N_{i,-j}^{m+1} = N_{i,-j}^m - 1$、$N_{ij}^{m+1} = N_{i,-j}^{m+1} + N_{-j,j}^{m+1}$。

第四步：满足 $u_i^m < u_{-j}^m < u_j^m$ 且 $u_{-j}^m - u_i^m$、$u_j^m - u_{-j}^m$、$u_j^m - u_i^m$ 小于一个可接受的范围，则停止迭代。否则，从第二步开始继续循环。

由于根据算法得出的均衡解为具体的数字，为便于展示，图 7.8 显示了自由迁移下各城市居民的效用变化，以近似算法的迭代过程。其中坐标横轴表示代码中人口和通勤者数量变化的次数。

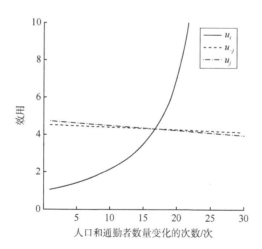

图 7.8　自由迁移下各城市居民的效用变化

从图 7.8 中可以发现，大城市（j）和中型城市（$-j$）居民效用减小，而小城市（i）居民效用增加，且大城市居民效用减小的速度大于中型城市居民效用减小的速度，因此大城市和中型城市居民效用曲线一定存在交点。若此时小城市的居民效用曲线未达到交点，根据算法可以保持前两者均衡的稳定，同时继续迭代。当达到均衡时，小城市、中型城市、大城市的人口（N_i、N_{-j}、N_j）分别为 1.17、3.5、5.33（注意，算例部分未采用现实统计数据，仅采用了文献中常用的数值，为简明起见，不标注单位，下同）。对应地，小城市去中型城市、小城市去大城市、中型城市去大城市的城际通勤人口（$N_{i,-j}$、N_{ij}、$N_{-j,j}$）分别为 0.61、0.34、0.17，即大部分小城市的居民选择城际通勤，而中型城市的居民选择城际通勤的人口占总人口的比值较小。

7.3.3　有城市增长控制

在城市增长控制下，城市的目标为选择最优的人口规模。由于我们假定系统的总人口是外生给定的，且求解某一城市的最优人口均基于这一假设。这意味着，三个城市不能同时固定一个最优人口规模，即不能将各城市人口都视为外生给定的，这与系统的总人口不变假设会产生矛盾。基于此，本节的前提如下：①为方便与无城市增长控制情况相比较，只讨论存在正向城际通勤时的空间均衡情况；②现实中，往往城市群中的大城市是实施增长控制的对象，如北京、上海等核心城市通过户籍政策来控制人口规模，因此本节只考虑大城市采用城市增长控制政策，即大城市的人口规模是外生给定的，且最优的人口规模仍大于中小城市的人口规模。

基于自由迁移的情况，观察大城市的社会福利函数曲线的变化，并找到大城市的策略（最优的人口规模）。确定人口规模后（即外生给定），再由以下算法中与自由迁移情况下相同的步骤求出均衡时的结果。与自由迁移不同，由于假定模型中大城市的人口规模外生给定，而均衡时效用不同，变量有 N_i（$N_i + N_{-j}$ 为定值可以确定 N_{-j}，即当小城市多一个居民，中型城市即减少一个居民）、N_{ij}、$N_{i,-j}$、$N_{-j,j}$ 以及对应的工资 w、城市边界 r 以及城市拥挤成本 N^γ。注意，均衡时存在 u_i、u_{-j}、u_j，且这三者不相等（其中 $u_i = u_{ii} = u_{i,-j} = u_{ij}$，$u_{-j} = u_{-j,-j} = u_{-j,j}$，$u_j = u_{jj}$）。因此，求解算法调整为以下步骤。

第一步：确定 N 与 N_j，给定初始值 N_i^0、$N_{-j}^0 = N - N_i^0 - N_j^0$ 且满足 $N_i^0 < N_{-j}^0 < N_j$、$N_{ij}^0 = N_{i,-j}^0 = N_{-j,j}^0 = 0$、$u_i^0 < u_{-j}^0 < u_j^0$ 以及 $w_i^0 < w_{-j}^0 < w_j^0$。

第二步：对于人口，令 $N_i^1 = N_i^0 + 1$，$N_{-j}^1 = N_{-j}^0 - 1$；对于城际通勤，令

$N_{-j,j}^1 = N_{-j,j}^0 + 1$ ， $N_{i,-j}^1 = N_{i,-j}^0 + 1$ ， $N_{ij}^1 = N_{i,-j}^1 + N_{-j,j}^1$ ，设置迭代次数 $m = 1$ 。

第三步：如果 $u_i^m < u_{-j}^m$ 、 $u_{-j}^m < u_i^m$ 、 $u_j^m < u_i^m$ ，则令 $N_{-j,j}^{m+1} = N_{-j,j}^m - 1$ ，

$N_{i,-j}^{m+1} = N_{i,-j}^m - 1$ ， $N_{ij}^{m+1} = N_{i,-j}^{m+1} + N_{-j,j}^{m+1}$ 。

第四步：满足 $u_i^m < u_{-j}^m < u_j^m$ ，且 $u_{ij}^m - u_{i,-j}^m$ 、 $u_{-j,j}^m - u_{-j,-j}^m$ 均小于一个可接受的范围，则停止迭代。否则，从第二步开始继续循环。

图 7.9（a）展示了大城市的社会福利变化。同自由迁移情况，为便于展示，图 7.9（b）显示了增长控制下各城市居民的效用变化，以近似算法的迭代过程。通过图 7.9（a）可以发现，大城市的社会福利随着其人口的外流逐渐降低。因此，大城市的策略应该是控制人口，减少人口外流（现实中，城市往往无法保证人口外流，但可以通过吸收其他城市的移民来保持人口规模的稳定）。此时，假定大城市人口规模为外生给定，在只考虑小城市和中型城市之间居民的自由迁移的情况下，寻找均衡的过程如图 7.9（b）所示。对比图 7.8 可以发现，图 7.9（b）中大城市和中型城市的居民效用曲线更早地产生交点，这意味着继续迭代，系统达到空间均衡也将更早。反映在图 7.9（b）中，空间均衡在中型城市、大城市居民效用曲线的交点与小城市和中型城市、大城市居民效用曲线的交点之间。当有城市增长控制且系统达到空间均衡时，小城市、中型城市、大城市的人口与城际通勤者数量小于无城市增长控制的情况。

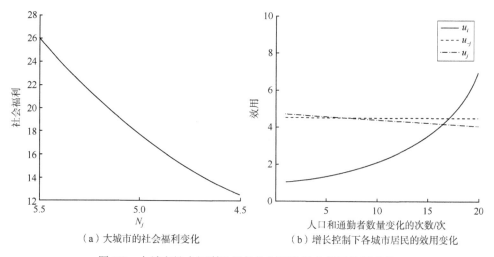

（a）大城市的社会福利变化　　　　　（b）增长控制下各城市居民的效用变化

图 7.9　大城市社会福利及增长控制下各城市居民效用变化

我国目前人口增长速度以及城市化进程放缓，大城市的常住人口甚至出现了不增反降的情况。根据《北京人口发展研究报告（2023）》，在 2022 年北京市常住

人口为 2184.3 万人，自 2017 年以来，出现了常住人口规模"六连降"现象。为维持一个较高的社会福利，在此背景下，北京市应适当放宽户籍政策，以吸引城市群中其他城市的居民。

本 章 小 结

本章采用城市经济学模型和空间博弈理论研究了城市增长控制政策对于城市群内居民的职住选择，以及城市和城市群社会福利的影响。从方法上看，本章拓展了空间博弈模型的情景，并将经典的单中心城市模型拓展至城市群模型，填补了包含三个及三个以上城市的城市群交通问题研究的空白。同时，本章拓展了城市经济学中空间均衡的含义，特别是发现了在控制人口自由迁移的情况下，达到空间均衡时城市群系统内并不是所有居民的效用相同。在后疫情时代，随着高铁等现代化公共交通基础设施的进一步发展，城市群内人口迁移与居民城际通勤无疑将更加频繁，本章的研究为未来城市群内各级地方政府及中央政府制定相关城市增长控制政策提供了理论依据。

参 考 文 献

[1] Adler N，Brudner A，Proost S. A review of transport market modeling using game-theoretic principles[J]. European Journal of Operational Research，2021，291（3）：808-829.

[2] Bracaglia V，D'alfonso T，Nastasi A，et al. High-speed rail networks，capacity investments and social welfare[J]. Transportation Research Part A：Policy and Practice，2020，132：308-323.

[3] Jiang C M，Wang C N. High-speed rail pricing：implications for social welfare[J]. Transportation Research Part E：Logistics and Transportation Review，2021，155：102484.

[4] Wang C N，Jiang C M，Zhang A M. Effects of airline entry on high-speed rail[J]. Transportation Research Part B：Methodological，2021，154：242-265.

[5] Yang H J，Zhang A M. Effects of high-speed rail and air transport competition on prices，profits and welfare[J]. Transportation Research Part B：Methodological，2012，46（10）：1322-1333.

[6] Emami M，Haghshenas H，Talebian A，et al. A game theoretic approach to study the impact of transportation policies on the competition between transit and private car in the urban context[J]. Transportation Research Part A：Policy and Practice，2022，163：320-337.

[7] Cooper L. Location-allocation problems[J]. Operations Research，1963，11（3）：331-343.

[8] Salop S C. Monopolistic competition with outside goods[J]. The Bell Journal of Economics，1979，10（1）：141-156.

[9] Evans A. A theoretical comparison of competition with other economic regimes for bus services[J]. Journal of Transport Economics & Policy，1987，21（1）：7-36.

[10] Labbé M，Hakimi S L. Market and locational equilibrium for two competitors[J]. Operations

Research，1991，39（5）：749-756.

[11] Dong T，Jia N，Ma S F，et al. Impacts of intercity commuting on travel characteristics and urban performances in a two-city system[J]. Transportation Research Part E：Logistics and Transportation Review，2022，164：102792.

[12] Li Z C，Ma J C. Investing in inter-city and/or intra-city rail lines? A general equilibrium analysis for a two-city system[J]. Transport Policy，2021，108：59-82.

[13] Alonso W. Location and Land Use：Toward a General Theory of Land Rent[M]. Cambridge：Harvard University Press，1964.

[14] Mills E S. An aggregative model of resource allocation in a metropolitan area[J]. American Economic Review，1967，57（2）：197-210.

[15] Muth R F. Cities and Housing[M]. Chicago：University of Chicago Press，1969.

[16] Borck R，Wrede M. Subsidies for intracity and intercity commuting[J]. Journal of Urban Economics，2009，66（1）：25-32.

第8章 治理"大城市病"的城市群税收政策研究

8.1 问题背景

改革开放以来,我国城镇化发展进程加快推进,极大地提高了城乡居民生活水平,但同时存在城市规模结构不合理、特大城市人口压力偏大等突出问题[1]。大城市人口膨胀引发的交通拥堵、房价高涨、资源紧张、环境恶化等"大城市病"日益严重[2-3],合理调控大城市的人口规模成为一个热点话题[4-5]。尽管学术界在大城市人口调控问题上没有完全达成共识,但在采取什么方式进行调控方面,大多数学者主张采取经济或法治手段调控大城市人口规模,而不是直接的行政手段干预[6]。面向现阶段我国城市群建设发展,研究如何利用人口调控措施促进城市群均衡发展,又发挥好市场在资源配置中的决定性作用,具有重要的理论和现实意义。

国内外学者对城市人口调控问题进行了一些研究,主要集中在单一城市[7-9]或两城市系统[10-12]。童玉芬[7]在论证特大城市人口调控必要性的基础上,对国内特大城市人口调控研究进行了梳理,并提出了一系列调控措施,其中特别指出在治理"大城市病"时切忌仅将人口调控作为唯一或主要的调控目标。王若丞等[8]以北京市为例,建立了系统动力学模型来研究产业疏解政策的实际人口疏解效果,结果表明产业疏解政策在抑制大城市人口增长的同时可能会降低经济增速。冯永恒等[9]采用手机信令数据研究了北京某批发市场疏解前后的人口流动去向,结果表明原就业者全部撤离,疏解成效显著。Anas 和 Rhee[10]在线性多中心城市中,研究通过征收拥堵费和划定城市边界来遏制城市过度扩张的政策效果,结果表明划定城市边界是有效的,但仍需征收拥堵费来缓解交通拥堵。Ogura[11]在两城市系统中将城际通勤的可能性纳入增长控制模型,结果发现当城市间工资水平的差异超过城市间通勤成本时,就会发生城市间通勤。Borck 和 Wrede[12]在两城市系统中研究了城市内和城市间的通勤补贴问题,其中补贴来自中央政府对全体居民征收的人头税,结果表明同城通勤补贴促进了居民向高收入城市迁移,而城市间通勤补贴鼓励居民从低收入城市通过城际通勤到高收入城市工作。

为了研究税收调控政策对"大城市病"治理的作用,本章从城市群经济分析的角度出发,提出一个人口内生分布的三城市空间均衡模型,通过考虑城际通勤,研究税收调控政策对城市群人口分布、空间结构和土地租金的影响。最后,通过算例分析探讨通勤税和工资税在三个经典城市群结构下对社会福利和大城市人口疏解效果的影响。

8.2　三城市空间均衡模型

本章考虑一个封闭的二维城市群系统，其结构如图 8.1 所示。该系统由三个单中心城市组成，城市边界的土地租金为 0，城市之间的位置关系由城市 i 和城市 j 之间的距离 D_{ij} 外生决定。图 8.1 中的 CBD_i 表示城市 i 的 CBD，B_i 表示城市 i 内生的城市边界。该系统中城市之间通过城际铁路（图 8.1 中的双实线）两两相连，其中铁路车站均位于所在城市的 CBD。在不失一般性的前提下，假定城市 1 代表高收入城市，城市 2 代表中等收入城市，城市 3 代表低收入城市（城市 i 每单位劳动力的工资收入 w_i 满足 $w_1 > w_2 > w_3$）。

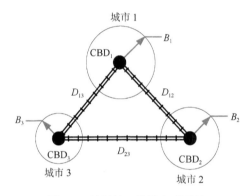

图 8.1　封闭的二维城市群系统

采用城市经济学研究中常用的标准化假设：每个工人占据 1 单位的土地，提供 1 单位的劳动供给（时间），并到 CBD 工作。得益于城际铁路的快捷性和准时性，居住在较低收入城市的居民可能通过城际铁路到较高收入城市工作。对于一个居住在城市 i 距离 CBD_i 为 x（千米）处的工人，选择在 CBD_j 工作的有效劳动供给 $s_{ij}(x)$ 可表示为

$$s_{ij}(x) = 1 - t_i x - k_{ij} \qquad (8.1)$$

其中，$t_i > 0$ 表示城市 i 单位距离的往返通勤时间在劳动供给中的占比；$k_{ij} > 0$（$j \neq i$）表示往返城际距离 D_{ij} 的通勤时间在劳动供给中的占比，需要特别说明的是当 $j = i$ 时，$k_{ij} = 0$。假定所有工人的有效劳动供给均大于 0，即通勤不会占据

一整天的时间[12-13]。式（8.1）表明对于一个居住在城市 i 但在城市 j 工作（$j \neq i$）的城际通勤者，要先前往 CBD_i（即铁路车站），然后乘火车前往 CBD_j；同时，也表明居住在 CBD_i 的通勤者将获得最高的税前工资收入 $s_{ij}(0)w_j = w_j(1 - k_{ij})$（通常会承担最高的土地租金）；通勤者的居住位置越远离 CBD，通勤越会降低有效劳动供给，使得其税前工资收入 $s_{ij}(x)w_j = w_j(1 - t_i x - k_{ij})$ 降低（在通勤时间不影响劳动供给时，例如每天固定 8 小时工作制，这种表示方式意味着通勤占据的休闲时间是有机会成本的）。

本章假定中央政府能够采用两种税收调控政策对城市群经济进行调控，包括与通勤成本相关的通勤税率 $\tau_t \geqslant 0$ 和与工资收入相关的工资税率 $\tau_w \geqslant 0$。对于一个居住在城市 i、距离 CBD_i 为 x（千米）处且在城市 j（$j = i$ 或 $j \neq i$）工作的通勤者，需要支付的通勤税与其市内通勤成本 $w_j t_i x$ 成正比，即 $\tau_t w_j t_i x$；需要支付的工资税与工作地单位劳动供给的工资收入 w_j 成正比，即 $\tau_w w_j$。假定该通勤者的效用 $u_{ij}(x)$ 可以表示为

$$u_{ij}(x) = w_j \left(1 - (1 + \tau_t) t_i x - k_{ij} - \tau_w\right) - p_{ij}(x) \tag{8.2}$$

即工资减去通勤成本、土地租金、通勤税和工资税。其中，$p_{ij}(x)$ 表示该通勤者在城市 i 距离 CBD_i 为 x（千米）处的土地租金竞价，其决定该位置的土地租金价格 $p_i(x)$，即

$$p_i(x) = \max_j \left\{ p_{ij}(x), 0 \right\} \tag{8.3}$$

因此，对于一个居住在城市 i 距离 CBD_i 为 x（千米）处的通勤者，其效用 $u_i(x)$ 可表示为

$$u_i(x) = \max_j \left\{ s'_{ij}(x) w_j \right\} - p_i(x) \tag{8.4}$$

其中，税后有效劳动供给可表示为 $s'_{ij}(x) = 1 - (1 + \tau_t) t_i x - k_{ij} - \tau_w$。

定义该城市群居民的均衡效用水平为 u，结合式（8.3），则可对式（8.4）进行改写，即

$$p_i(x) = \max \left\{ \max_j \left\{ s'_{ij}(x) w_j \right\} - u, 0 \right\} \tag{8.5}$$

由于居民可支配收入函数 $s'_{ij}(x) w_j$ 的斜率 w_j 满足 $w_1 > w_2 > w_3$，因此对于城市 2 和城市 3 而言，当存在城际通勤时，城际通勤者一定居住在城市中心附近。需要特别说明的是，当城市 3 同时存在去城市 1 和城市 2 工作的通勤者时，去城市 1 工作的通勤者将居住在更中心的位置。

下面给出关于三城市空间均衡状态的命题。

命题 8.1 当城市 i 有城际通勤者，并且其只到城市 j 工作时，存在一个城际通勤和市内通勤的分界线 r_{ij}，且满足

$$0 < r_{ij} < \frac{1 - k_{ij} - \tau_w}{(1 + \tau_t)t_i} \tag{8.6}$$

其中，r_{ij} 可表示为

$$r_{ij} = \frac{w_j\left(1 - k_{ij} - \tau_w\right) - w_i\left(1 - \tau_w\right)}{\left(w_j - w_i\right)\left(1 + \tau_t\right)t_i} \tag{8.7}$$

当内生的城市边界 $B_i > r_{ij}$ 时，城市 i 以 r_{ij} 为界分为城际通勤者居住区和市内通勤者居住区；当 $B_i \leqslant r_{ij}$ 时，城市 i 所有居民到城市 j 工作。

证明 城市 i 有居民到城市 j 工作，必然要求 $s'_{ij}(0)w_j > s'_{ii}(0)w_i$，根据式（8.1），则函数 $s'_{ii}(x)w_i$（图 8.2 中的灰色虚线）和 $s'_{ij}(x)w_j$（图 8.2 中的灰色实线）必然存在一个交点（图 8.2 中的点 A），易得该交点的横坐标即为式（8.7）。

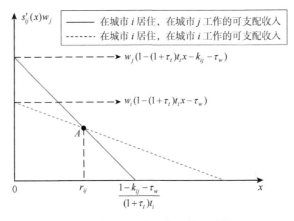

图 8.2　城市 i 可支配收入的一种情形

为了保证图 8.2 中该交点的横坐标大于 0，即要求 $r_{ij} > 0$；为了保证该交点的纵坐标大于 0，要求该交点的横坐标 r_{ij} 小于函数 $s'_{ij}(x)w_j$（$j \neq i$）在横坐标轴上的截距，即 $r_{ij} < \left(1 - k_{ij} - \tau_w\right) / \left((1 + \tau_t)t_i\right)$。根据式（8.4），居民将选择实现可支配收入最大的工作地通勤，因此城际通勤者和市内通勤者的居住区域将以分界线 r_{ij} 相隔。

对于城市 2，至多只有一类城际通勤者，即到城市 1 工作的通勤者。而对于城市 3，可能存在两类城际通勤者，即同时有居民到城市 1 和城市 2 工作，如图 8.3 所示。

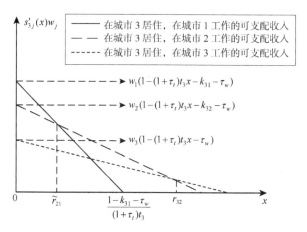

图 8.3 城市 3 可支配收入的一种情形

命题 8.2 城市 3 同时存在两类城际通勤者的必要条件可以表示为：城市 3 中到城市 1 和城市 2 工作的居民居住区域的分界线 $\tilde{r}_{21}$ 满足

$$0 < \tilde{r}_{21} < \min\left\{\frac{w_2\left(1-k_{32}-\tau_w\right)-w_3\left(1-\tau_w\right)}{\left(w_2-w_3\right)\left(1+\tau_t\right)t_3}, \frac{1-k_{31}-\tau_w}{\left(1+\tau_t\right)t_3}\right\} \tag{8.8}$$

其中，$\tilde{r}_{21}$ 可以表示为

$$\tilde{r}_{21} = \frac{w_1\left(1-k_{31}-\tau_w\right)-w_2\left(1-k_{32}-\tau_w\right)}{\left(w_1-w_2\right)\left(1+\tau_t\right)t_3} \tag{8.9}$$

证明 与命题 8.1 的证明过程同理。易得函数 $s'_{31}(x)w_1$ 和 $s'_{32}(x)w_2$ 交点的横坐标即为式（8.9）。为保证该交点的横坐标大于 0，则要求 $\tilde{r}_{21} > 0$；为保证该交点的纵坐标大于 0，则要求该交点的横坐标 $\tilde{r}_{21}$ 小于函数 $s'_{31}(x)w_1$ 在横坐标轴上的截距，即 $\tilde{r}_{21} < \left(1-k_{31}-\tau_w\right)/\left(\left(1+\tau_t\right)t_3\right)$。由于城市 3 还可能存在市内通勤者，为保证到城市 2 工作存在占优区间，则还需要满足 $\tilde{r}_{21} < r_{32}$，其中 r_{32} 的表达式见式（8.7）。

推论 8.1 城市 3 同时存在两类城际通勤者和市内通勤者的必要条件可以表示为：同时满足式（8.8）和式（8.10），即

$$r_{32} < \frac{1-k_{32}-\tau_w}{\left(1+\tau_t\right)t_3} \tag{8.10}$$

当内生的城市边界 $B_3 > r_{32}$ 时，城市 3 以 r_{32} 为界分为城际通勤者居住区和市

内通勤者居住区；当 $B_3 \leqslant r_{32}$ 时，城市 3 所有居民到其他城市工作。

证明　在命题 8.2 的基础上，只需使得城际通勤和市内通勤的分界线 r_{32} 小于函数 $s'_{32}(x)w_2$ 在横坐标轴上的截距，即 $r_{32} < (1 - k_{32} - \tau_w) / ((1 + \tau_t)t_3)$，则存在使得市内通勤可支配收入大于 0 的区间。

城际通勤是多城市系统的特征之一，但城市之间发生城际通勤，其中很重要的一个前提条件是到高收入城市工作带来的额外收益能抵消城际通勤带来的额外成本[12]。

命题 8.3　城市 i（$i = 2, 3$）不发生城际通勤的充分条件可以表示为

$$w_i \geqslant \max_{j<i} \left\{ \frac{w_j \left(1 - k_{ij} - \tau_w\right)}{1 - \tau_w} \right\} \tag{8.11}$$

证明　当 $j < i$ 时，$w_j > w_i$。根据式（8.1），只要 CBD_i 处的居民选择市内通勤，即对于所有的 $j < i$，满足 $s'_{ii}(0)w_i \geqslant s'_{ij}(0)w_j$，则城市 i 所有居民选择市内通勤。由于在均衡状态下，理论上存在城市 i 无人居住的可能，因此式（8.11）为充分不必要条件。

推论 8.2　城市 2 和城市 3 都发生城际通勤的必要条件可以表示为

$$w_2 < \frac{w_1 \left(1 - k_{21} - \tau_w\right)}{1 - \tau_w} \tag{8.12}$$

$$w_3 < \max \left\{ \frac{w_1 \left(1 - k_{31} - \tau_w\right)}{1 - \tau_w}, \frac{w_2 \left(1 - k_{32} - \tau_w\right)}{1 - \tau_w} \right\} \tag{8.13}$$

证明　与命题 8.3 的证明过程同理。只要 CBD_2 和 CBD_3 处的居民到其他城市工作能获得更高的可支配收入，即满足

$$s'_{22}(0)w_2 < s'_{21}(0)w_1$$

和

$$s'_{33}(0)w_3 < \max \left\{ s'_{31}(0)w_1, s'_{32}(0)w_2 \right\}$$

则城市 2 和城市 3 都会发生城际通勤。由于均衡时理论上存在城市 2 或城市 3 无人居住的可能，因此式（8.12）和式（8.13）为必要不充分条件。

8.3　中央政府税收调控政策

8.3.1　城市群空间均衡分析

考虑一个一般情形的城市群系统空间结构，即系统中每个城市均有市内通勤

者（城市边界处的居民一定在本城市工作），这可以解释为每个城市总有自己的本地产品/服务。封闭系统的均衡条件表示为所有通勤者居住在城市边界内[14-15]，即系统总居民数 N 需要满足

$$\sum_{i=1}^{3} N_i = N \tag{8.14}$$

其中，城市 i 的居民数 N_i 决定该城市的边界 B_i（本章在 8.2 节假设每个工人占据 1 单位的土地），即

$$B_i = \sqrt{\frac{N_i}{\pi}} \tag{8.15}$$

其中，π 表示圆周率。结合式（8.4）和式（8.15），城市 i 边界处的居民效用（本章在 8.2 节假设城市边界的土地租金为 0）可以表示为

$$u_i(B_i) = u = w_i\left(1 - (1 + \tau_t)t_i\sqrt{\frac{N_i}{\pi}} - \tau_w\right) \tag{8.16}$$

式（8.14）～式（8.16）构成了该城市群系统的均衡条件。其中，u 和 N_i 为待求解变量。

命题 8.4　当城市群系统中每个城市均有市内通勤者时，均衡效用 u 可以表示为

$$u = \frac{2(1-\tau_w)\sum_{i=1}^{3} w_i\Omega_i - \sqrt{4(1-\tau_w)^2\left(\sum_{i=1}^{3} w_i\Omega_i\right)^2 - 4\sum_{i=1}^{3}\Omega_i\left((1-\tau_w)^2\sum_{i=1}^{3} w_i^2\Omega_i - \frac{N}{\pi}\right)}}{2\sum_{i=1}^{3}\Omega_i}$$

$$\tag{8.17}$$

其中，Ω_i 被用来简化 u 的表达式，Ω_i 可以通过式（8.18）得到：

$$\Omega_i = \frac{1}{\left(w_i(1 + \tau_t)t_i\right)^2} \tag{8.18}$$

证明　根据式（8.16），可以求出均衡效用为 u 时城市 i 的居民数量 N_i：

$$N_i = \pi\left(\frac{w_i(1-\tau_w) - u}{w_i(1+\tau_t)t_i}\right)^2 \tag{8.19}$$

将式（8.19）代入式（8.14），并根据一元二次方程的求根公式，易得均衡效用 u 的两个根。由于城市半径随着系统总居民数 N 的增加而增加，结合式（8.16）可知，均衡效用 u 随着系统总居民数 N 的增加而减少，因此舍弃其中一个不符合该条件的根。

将式（8.17）代入式（8.19），可得到均衡时城市 i 的居民数；结合式（8.19）

和式（8.15），可以得到均衡时城市 i 的边界；结合命题 8.1 和命题 8.2 可以计算均衡时城市 i 各类通勤者的数量。

8.3.2 中央政府税收决策

本节假定该城市群系统的所有土地归中央政府所有，其总目标是实现社会福利最大化和疏解高收入城市人口。中央政府能够采用与通勤成本相关的通勤税率 $\tau_t \geqslant 0$ 和与工资收入相关的工资税率 $\tau_w \geqslant 0$ 对城市群经济进行调控，以实现自身总目标的最大化。其中，社会福利被定义为：总产出/收入−通勤成本（等价于总效用、总税收与集计土地租金之和）。总通勤成本包括总城际通勤时间成本 T_1 和总市内通勤时间成本 T_2，这两个成本分别可以表示为

$$T_1 = \sum_{j=1}^{3} \sum_{i=j+1}^{3} k_{ij} w_j N_{ij} \tag{8.20}$$

$$T_2 = \sum_{i=1}^{3} \int_{\max\{0, r_{ij}\}}^{\sqrt{\frac{N_i}{\pi}}} 2\pi w_i t_i x^2 \mathrm{d}x + \sum_{i=2}^{3} \int_{0}^{\sqrt{\frac{N_{i1}}{\pi}}} 2\pi w_1 t_i x^2 \mathrm{d}x + \max\left\{ \int_{\max\{0, \tilde{r}_{21}\}}^{\sqrt{\frac{N_{31}+N_{32}}{\pi}}} 2\pi w_2 t_3 x^2 \mathrm{d}x, 0 \right\} \tag{8.21}$$

其中，式（8.21）右侧的三项分别表示市内通勤者的市内通勤成本、从其他城市到城市 1 工作的通勤者的市内（仅其他城市市内）通勤成本，以及从其他城市到城市 2 工作的通勤者的市内（仅其他城市市内）通勤成本。

因此，中央政府的总目标 G 可以表示为

$$\max_{\tau_t, \tau_w} G = \sum_{j=1}^{3} \sum_{i=j}^{3} w_j N_{ij} - (T_1 + T_2) + \gamma (N_{1,\mathrm{BM}} - N_1) \tag{8.22}$$

其中，N_{ij} 表示居住在城市 i 到城市 j 工作的通勤者数量；$N_{1,\mathrm{BM}}$ 表示基准均衡（未采取任何税收调控政策）时城市 1 的居民数；γ 表示疏解高收入城市人口在总目标中的重要程度。

当税收调控政策等发生变化时，居民可以根据城市间的效用差通过自由迁移或城际通勤实现自身的效用最大化［式（8.4）］，最终达到所有人效用相等的均衡状态。在没有税收调控的基准均衡（BM）时，式（8.17）可以改写为

$$u_{\mathrm{BM}} = \frac{2\sum_{i=1}^{3} w_i^{-1} t_i^{-2} - \sqrt{4\left(\sum_{i=1}^{3} w_i^{-1} t_i^{-2}\right)^2 - 4\sum_{i=1}^{3} (w_i t_i)^{-2} \left(\sum_{i=1}^{3} t_i^{-2} - \dfrac{N}{\pi}\right)}}{2\sum_{i=1}^{3} (w_i t_i)^{-2}} \tag{8.23}$$

命题 8.5　当城市群系统中每个城市均有市内通勤者时,相比于没有税收调控的基准均衡,征税在长期均衡下会导致居民迁移,即

$$\Delta N_i(\tau_t, \tau_w) = \pi\left(\left(\frac{w_i(1-\tau_w)-u}{w_i(1+\tau_t)t_i}\right)^2 - \left(\frac{w_i - u_{BM}}{w_i t_i}\right)^2\right) \tag{8.24}$$

其中,$\Delta N_i(\cdot) > 0$ 表示城市 i 人口流入;$\Delta N_i(\cdot) < 0$ 表示城市 i 人口流出;u 和 u_{BM} 的表达式分别见式(8.17)和式(8.23)。

证明　根据式(8.16),可以求出均衡效用为 u_{BM} 时的城市 i 居民数量 N_i^{BM}:

$$N_i^{BM} = \pi\left(\frac{w_i - u_{BM}}{w_i t_i}\right)^2 \tag{8.25}$$

结合式(8.19),可以计算任意城市居民数量在征税前后的变化。

8.4　算　例　分　析

本章以该城市群系统的三个经典情形(图 8.4)为例,探讨中央政府两种税收调控政策对其优化总目标的影响。其中,图 8.4(a)表示不发生城际通勤(情形1);图 8.4(b)表示城市 2 有居民到城市 1 工作,且城市 3 有居民到城市 2 工作(情形2);图 8.4(c)表示城市 3 同时有居民到城市 1 和城市 2 工作(情形3)。

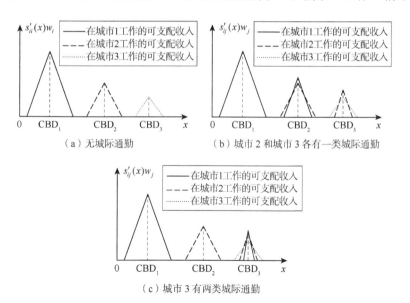

图 8.4　该城市群系统的三个经典情形

表 8.1 给出了该算例中三种情形下的参数定义及取值。本节算例分析中的参数无单位的，仅为说明模型的性质。

表 8.1　三种情形下的参数定义及取值

参数	定义	情形 1	情形 2	情形 3
k_{21}	往返城市 1、2 的通勤时间在劳动供给中的占比	1.00	0.15	1.00
k_{31}	往返城市 1、3 的通勤时间在劳动供给中的占比	1.00	1.00	0.30
k_{32}	往返城市 2、3 的通勤时间在劳动供给中的占比	1.00	0.20	0.18
N	城市群总居民数	500		
t_i	城市 i 单位距离的往返通勤时间在劳动供给中的占比	$(t_1, t_2, t_3) = (0.08, 0.08, 0.08)$		
w_j	城市 j 工资收入	$(w_1, w_2, w_3) = (1, 0.8, 0.6)$		
τ_t，τ_w	通勤税率，工资税率	$\tau_t, \tau_w \in ([0, 0.2], [0, 0.15])$		
γ	疏解高收入城市人口在总目标中的重要程度	0.05		

图 8.5 以情形 1 为例，给出了两种税收调控政策对各城市边界（人口规模）的影响。从图 8.5 中可以看出，随着两种税率的提高，城市 1 和城市 2 的人口规模均在下降（对城市 2 人口规模的影响极小），而城市 3 的人口规模在上升，说明

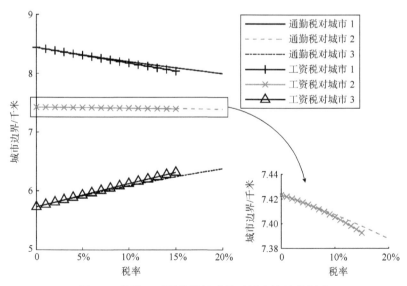

图 8.5　情形 1 下税收调控政策对城市边界的影响

税收调控政策对疏解大城市人口是有效的。由于高收入城市居民更多、面积更大，高收入城市居民的平均通勤距离更长，与通勤成本相关的通勤税将直接抑制高收入城市"摊大饼式"发展，促使居民向其他城市转移。与工作地相关的工资税同样能起到类似的作用，这是因为高收入城市居民在缴纳工资税前后的收入差更大（尽管税率相同），表明高收入城市的税收存在一个向其他城市的转移支付。

图 8.6 给出了三种情形下的中央政府优化总目标与两种税率大小的关系。采用单一税收调控政策时，从图 8.6（a）中可以看出，通勤税率 τ_t 为 14%或工资税率 τ_w 为 12%时达到各自最优解，且此时最优解相同；从图 8.6（b）中可以看出，通勤税率 τ_t 为 13%或工资税率 τ_w 为 6%时达到各自最优解，但实施通勤税可以实现中央政府总目标最大化；从图 8.6（c）中可以看出，通勤税率 τ_t 为 12%和工资税率 τ_w 为 5%时达到各自最优解，但同样实施通勤税可以实现中央政府总目标最大化。这是因为当存在城际通勤时，基于工作地的工资税将直接抑制较低收入城市居民到较高收入城市工作的意愿，使得政府干预造成的社会福利受损更大。

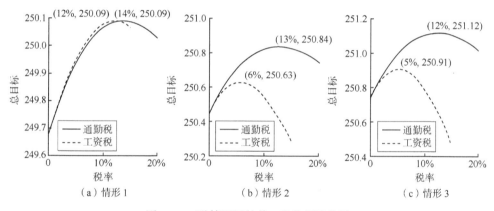

图 8.6 三种情形下的单一税收调控作用
图中括号中的数值表示各自的最优解

图 8.7 给出了三种情形下不同税收组合对中央政府总目标的影响。从图 8.7 可以看出，在本算例中组合税收调控并没有比单一税收调控更优，但提示中央政府的总目标最大化可以通过多种税收组合实现。以情形 1 为例，在给定通勤税率 τ_t 为 1%时，调整工资税率 τ_w 为 11%能实现中央政府总目标最大化；在给定工资税率 τ_w 为 5%时，调整通勤税率 τ_t 为 8%也能实现中央政府总目标最大化。在情形 2 和情形 3 中，由于城际通勤成本降低而发生的城际通勤，使得较低收入城市的工人能通过城际通勤到较高收入城市工作，并获得一个更高的可支配收入，有利于提高社会福利。但此时工资税会扭曲城际通勤者的选择，反映出政府干预会造成

较严重的社会福利受损。

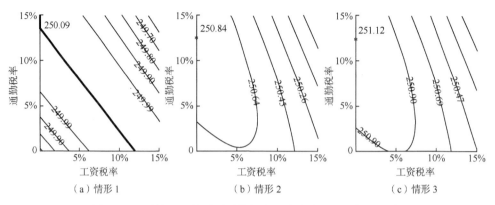

（a）情形 1　　　　　　（b）情形 2　　　　　　（c）情形 3

图 8.7　三种情形下的不同税收组合对中央政府总目标的影响

图中等高线上标示的数值为对应的中央政府总目标，如式（8.22）所示，中央政府总目标是一项综合指标，包括社会福利及人口疏解效果。星号*表示等高线的峰值点。图（a）中最粗的黑色线条由无数个星号*组成，表示这条线上任意一个点都是最优税率组合，对应的中央政府总目标是 250.09

本 章 小 结

本章分析了中央政府对城市群经济采取通勤税和工资税两种税收调控政策所带来的影响，以权衡疏解大城市人口规模和实现社会福利最大化两个目标之间的关系。所提出的人口内生分布的三城市空间均衡模型能够明确考虑税收调控政策对城市群人口分布、空间结构和土地租金的影响，并将城际通勤的可能性纳入其中。此外，三个经典情形的数值算例被用于验证税收调控政策的作用。结果表明：税收政策会改变城市群居民的竞争均衡，政府干预可能造成社会福利受损；没有城际通勤时，单一的通勤税、工资税或组合税政策均能实现中央政府的总目标最大化；存在城际通勤时，工资税会扭曲城际通勤者的选择，只有恰当的通勤税政策才能实现中央政府的总目标，而采取组合税政策也能达到类似效果。

参 考 文 献

[1] 国家新型城镇化规划（2014－2020 年）[EB/OL]. http://www.gov.cn/zhengce/2014-03/16/content_2640075.htm[2024-10-01].

[2] 黄海军，高自友，田琼，等. 新型城镇化导向下的城市群综合交通系统管理[J]. 中国科学基金，2018，32（2）：214-223.

[3] Huang H J，Xia T，Tian Q，et al. Transportation issues in developing China's urban agglomerations[J]. Transport Policy，2020，85：A1-A22.

[4] 肖周燕，王庆娟. 我国特大城市的功能布局与人口疏解研究：以北京为例[J]. 人口学刊，

2015，37（1）：5-14.

[5] 张智慧，申立银，施德伟. 推进城市化的可持续发展模式[J]. 清华大学学报（自然科学版），2000，40（S1）：1-6.

[6] 张强，周晓津. 我国大城市人口规模估算与调控路径选择[J]. 西部论坛，2014，24（2）：1-16.

[7] 童玉芬. 中国特大城市的人口调控：理论分析与思考[J]. 人口研究，2018，42（4）：3-13.

[8] 王若丞，蔡林，陈卫. 北京市人口调控的模拟分析[J]. 人口学刊，2018，40（5）：28-37.

[9] 冯永恒，赵鹏军，伍毅敏，等. 基于手机信令数据的大城市功能疏解的人口流动影响：以北京动物园批发市场为例[J]. 城市发展研究，2020，27（12）：38-44.

[10] Anas A，Rhee H J. Curbing excess sprawl with congestion tolls and urban boundaries[J]. Regional Science and Urban Economics，2006，36（4）：510-541.

[11] Ogura L M. Urban growth controls and intercity commuting[J]. Journal of Urban Economics，2005，57（3）：371-390.

[12] Borck R，Wrede M. Subsidies for intracity and intercity commuting[J]. Journal of Urban Economics，2009，66（1）：25-32.

[13] Murata Y，Thisse J F. A simple model of economic geography à la Helpman-Tabuchi[J]. Journal of Urban Economics，2005，58（1）：137-155.

[14] Li Z C，Ma J C. Investing in inter-city and/or intra-city rail lines? A general equilibrium analysis for a two-city system[J]. Transport Policy，2021，108：59-82.

[15] Xu S X，Liu T L，Huang H J，et al. Mode choice and railway subsidy in a congested monocentric city with endogenous population distribution[J]. Transportation Research Part A：Policy and Practice，2018，116：413-433.

第9章 高铁网络下城市群大规模航班备降选择策略

9.1 问 题 背 景

近年来，随着全球气候变暖，飞机的飞行环境正在悄然变化。联合国发布的报告《灾害造成的人类损失（2000—2019）》提出，2000 年至 2019 年，风暴增加了 97%。强对流天气、暴雨、台风等极端天气频繁发生，给空中航道带来了一系列未知的危险因素，由强对流和极端天气引发的航班延误比例也不断增加。2023 年 7 月底，受台风"杜苏芮"带来的雷雨天气影响，大量计划飞往北京大兴国际机场和首都国际机场的航班取消，部分航班被迫降落在外地机场。国际航空运输协会理事长威利·沃尔什（Willie Walsh）在采访中提到：极端天气确实给航空公司的运营带来了压力，我们看到越来越多的机场因极端天气而临时关闭的例子，这愈发要求航空公司采取额外措施以应对这些情况。①为应对此类事件，航班中断管理成为航空领域中学者研究的热门方向。

飞机在飞行途中面临极端天气或空中交通管制等不可预测因素，导致无法按计划继续飞行时，为确保机组人员和乘客安全，往往选择备降。备降是一项紧急措施，即飞机不能在目的地机场着陆，而选择临时降落并停留在其他备选机场，目的是保障飞行安全。一般来说，飞机每次起飞前需要在飞行计划及放行单中预先列出选定的备降机场。但是在实际飞行过程中，造成备降的原因有所不同，需要航空公司签派员结合飞机当前状态、航路具体情况和原定备降机场的天气条件等综合考虑，决定备降到哪一个机场更合适。因此，签派员的责任重大，签派员应对航班应急事件的经验在航班中断管理中发挥着非常重要的作用，特别是签派员做出决策的及时性和决策质量。随着民航航线的扩张和民航客流量不断攀升，签派员的工作愈发繁忙。然而，新老签派员经验水平参差不齐，为了保障每一次飞行的安全，民航业不仅要加强对签派员业务能力的培养和考核，还需向着更加数字化和智能化的方向转型。本章研究的主要目的就是在航班应急管理中辅助签派员迅速做出空中航班高质量备降选址方案。

---

① 国际航协：极端天气对全球航空业平稳运行造成压力，https://news.cyol.com/gb/articles/2023-08/09/content_mO0ggKtVL5.html[2024-03-11]。

虽然航班备降是出于安全考虑采取的正常措施，但是备降带来的一系列负面影响是不可忽视的。每次备降都会造成航班延误和中断，给乘客的出行带来不便。此外，航空公司还要承担巨额的经济损失。除了飞机备降而额外产生的燃油成本、机组成本、维修成本、起降费、航路费等，航空公司还要为航班延误和中断给乘客带来的不便承担相应的费用。

随着备降造成的乘客延误和中断的加剧，政府提出并实施了多项法规，以保护航空乘客的权利。2016 年 5 月 20 日，交通运输部发布的《航班正常管理规定》第二十九条中规定：国内航班发生备降，无论何种原因，承运人均应当向备降旅客提供餐食或者住宿服务。然而，该规定中没有明确由非承运人原因造成的航班备降给乘客带来的时间和经济损失该如何补救，一般由航空公司酌情处理或根据乘客自行购买的保险情况来理赔。航空公司提供的航班备降后的乘客处置方案将直接影响备降乘客是否放弃后一段旅程以及乘客满意度。满意度是乘客对航班服务最直观的评估，影响乘客的忠诚度和投诉。如果乘客感到满意，他们重复选择和推荐航空公司的意愿将增加，这在减少备降措施带来的负面影响、提升航空公司的市场竞争力、吸引新客户和留住老客户方面非常重要。因此，结合乘客满意度研究航空公司在备降事件中承担的经济损失是更加客观和全面的考虑。

中国的高铁发展迅速，是人们在短途出行时的热门选择。截至 2022 年底，中国高速铁路运营里程突破 4.2 万公里，稳居世界第一。"四纵四横"的高速铁路干线网络已全面建设完成，以"八纵八横"为主通道的高速铁路网络和普通铁路网络正在加速建设。中国高铁以速度闻名，最高时速 350 公里的复兴号列车已覆盖 31 个省（自治区、直辖市）。"CR450 科技创新工程"是国家"十四五"规划确定的重大科研项目，2023 年 6 月 28 日，CR450 试验列车在湄洲湾跨海大桥上，以单列时速 453 公里运行。准点率高、发车频次高、票价亲民等优势也使得高铁成为短途航班的完美替代工具。以一次备降事件为例，2022 年 2 月 19 日晚，HO1231 航班计划从上海虹桥飞往成都，因驾驶舱左侧风挡出现大面积蛛网裂纹，备降武汉天河机场，部分乘客选择改乘高铁前往成都，且吉祥航空会补偿乘客从武汉到目的地乘坐高铁的票价。考虑高铁备选的模式逐渐成为我国航班中断管理研究中的热点问题，航班备降后剩余里程短的乘客改乘高铁前往计划目的地或许可以避免长时间的地面等待，有效提升乘客的满意度。综上，本章计划将高铁备选模式应用于航班备降后的乘客重新安置手段中，重点分析和研究高铁备选模式对备降选址方案的影响，并验证这一策略提升乘客满意度的有效性。

9.2　模型构建

9.2.1　备降后乘客重新安置模型

在航班备降事件中，减少对乘客的负面影响是航空公司关注的重点。Marzuoli 等[1]提出的飞机-巴士联运模型能够有效改善航班备降后的危机管理，避免乘客滞留备降机场。本节在飞机-巴士联运模型的基础上，将短途航班的有力竞争者"高铁"纳入乘客安置方案，从后验的角度提出以乘客为中心的理论模型，并使用整数规划法对备降后的乘客安置问题进行建模。具体内容包括四部分：第一部分介绍备降后乘客重新安置模型解决的具体问题；第二部分介绍数学模型的假设；第三部分阐述变量和符号的含义；第四部分详细描述数学模型的目标函数和约束条件。

1. 问题描述

航路交通管制、恶劣的气象条件、着陆机场跑道受损和通信设备突发故障等都可能引发大规模航班备降事件。大规模航班备降事件不仅严重干扰了空中交通网络和备降机场的正常运行，还会产生一系列问题，例如延误、机组人员恢复和乘客安置等。在发生备降事件后，航班在备降机场长时间滞留将影响乘客的出行计划，引起乘客的强烈不满，改乘其他交通方式可能会减少延误。因此，本节通过构建考虑高铁备选模式的数学模型来解决备降后的乘客重新安置问题。

在备降后乘客重新安置模型中，航空公司安置滞留乘客的方式主要包括安排乘客乘坐原航班前往计划目的地，以及安排乘客改乘高铁前往计划目的地。在大规模航班备降事件中，对于已经备降的航班，本节构建的乘客重新安置模型的思路是通过比较两种安置方式的成本得到最优的解决方案，旨在利用高铁和飞机的协同模式平衡航空公司的成本和乘客的延误成本。由于乘客的安置方式可以被表述为整数决策变量，本节将采用整数规划法对问题进行建模。

2. 模型假设

（1）假设备降航班仍会在中断恢复后，飞往计划目的地。

（2）航班备降后，乘客重新安置方案分为两种：在备降机场等待飞机再次起飞或改乘高铁前往计划目的地。

（3）假设滞留乘客无住宿成本，备降航班均在备降当日再次起飞并前往计划目的地机场。

（4）不考虑机组人员工作规则以及超时补贴，也不考虑飞机维修限制。

（5）不考虑航空公司承包整列高铁来运输乘客，假设可供乘客改乘的高铁容量有限，即高铁剩余座位有限。

3. 变量说明

本章所使用的主要变量的相关说明见表 9.1。

表 9.1　主要变量的相关说明

变量类型	变量名称	变量符号	变量定义
输入集合	机场集	$A = a_1, a_2, \cdots, a_i$	备降机场集合
	航班集	$F = f_1, f_2, \cdots, f_j$	备降航班集合
	高铁集	$G = g_1, g_2, \cdots, g_k$	从备降机场所在城市开往计划目的地的高铁集合
	时间集	$\Gamma = t_1, t_2, \cdots, t_T$	离散时间周期的集合
	乘客集	$P = p_1, p_2, \cdots, p_l$	备降乘客的集合
人数变量	乘客数	NP_f	航班 f 上的乘客总数/人
	弃乘乘客数	$\text{AbanP}_{f,a}$	航班 f 备降在机场 a 时弃乘乘客的总数/人
时间变量	飞机离开时间	ADT_p^a	乘客 p 乘坐原航班离开备降机场 a 的实际时间
	高铁离开时间	ADT_g^a	乘客 p 乘坐高铁 g 离开备降机场 a 附近高铁站的实际时间
	备降时间	ADivAT_p^a	乘客 p 到达备降机场的实际时间
	中断告警点	T_0	机场向空中航班发出备降告警的时间点
		T_1	机场告知空中航班准确的中断恢复时间的时间点
	中断恢复时间	d_0	机场中断恢复时间/小时
	乘客时间价值	CostP	备降后乘客的平均时间价值/（元/分钟）
		$\alpha_{f,a}$	航班 f 备降在机场 a 时乘客的时间价值/（元/分钟）
		$\text{A}\alpha_{f,a}$	航班 f 备降在机场 a 时弃乘乘客的平均时间价值/（元/分钟）
		$\text{W}\alpha_{f,a}$	航班 f 备降在机场 a 时等待乘客的平均时间价值/（元/分钟）
	地面停留时间	$\text{TGround}_{f,a}$	航班 f 在备降机场 a 的停留时间/分钟
	停场参数	$\text{Stay}_{f,a}$	=1，如果 $\text{TGround}_{f,a} \geqslant m$；=0，如果 $0 < \text{TGround}_{f,a} < m$，其中 m 为停场参数临界值
	下客参数	$\text{Deplane}_{f,a}$	=1，如果 $\text{TGround}_{f,a} \geqslant n$；=0，如果 $0 < \text{TGround}_{f,a} < n$，其中 n 为下客参数临界值
	飞行耗时	TFlight_a	乘坐飞机从备降机场 a 至计划目的地的空中飞行时长/分钟
	高铁耗时	THsr_a	乘坐备降机场 a 同城高铁前往计划目的地的地面运输时长/分钟

续表

变量类型	变量名称	变量符号	变量定义
时间变量	等待高铁时间	$WHsr_a$	在备降机场 a 同城高铁站乘坐最早一班高铁的平均等待时间/分钟
	换乘耗时	Trs_a	从备降机场 a 到同城高铁站的换乘时间/分钟
	备降参数	$Diversion_f$	=1，如果航班 f 的剩余飞行时间大于目的地机场的剩余中断时间；=0，如果航班 f 的剩余飞行时间小于目的地机场的剩余中断时间
容量变量	机场剩余容量	Cap_a	大规模备降期间，机场 a 的剩余允许降落航班数/架
	剩余座位数	$Seats_g^a$	从备降机场 a 乘坐同城高铁 g 的剩余座位数/个
成本变量	飞行成本	CAirway	飞机航路费/（元/千米）
		CFuel	飞机燃油费/（元/千克）
		CHour	飞机小时成本/（元/小时）
	机场成本	$CApproach_a$	备降机场 a 的进近指挥费/（元/次）
		$CCycle_a$	备降机场 a 的起降循环费/（元/次）
		CAircraft	飞机勤务费和服务费/（元/次）
		$CParking_a$	备降机场 a 的飞机停场费/（元/次）
		CBridge	租用客桥费/（元/小时）
		CMaintain	维修成本/元
		CDep	折旧成本/元
	乘客成本	$CService_a$	备降机场 a 的乘客服务费/（元/人）
		CMeal	延误期间乘客的餐食费/（元/人）
		$CHsr_a$	航班备降机场 a 后乘客改乘高铁的票价/元
其他变量	剩余飞行距离	$d(f,a)$	航班 f 与备降机场 a 之间的距离/千米
		$d(a,target)$	备降机场 a 与计划目的地机场之间的距离/千米
	飞行速度	v	飞机平均飞行速度/（千米/小时）
	油耗率	R_{fuel}	飞机平均燃油消耗率/（千克/小时）
	等待权重	β_{wait}	乘客地面等待时间的权重
	安置权重	β_{transp}	乘客重新安置时间的权重
	时间因子	TimeFactor	用于将时间周期转换为分钟的参数
决策变量	等待变量	$Wait_{(p,a)}^t$	=1，如果乘客 p 在时间段 t 乘坐原航班从备降机场 a 离开；=0，其他

续表

变量类型	变量名称	变量符号	变量定义
决策变量	改乘变量	$\mathrm{Hsr}_{(p,g,a)}^{t}$	=1，如果乘客 p 在时间段 t 乘坐高铁 g 从备降机场 a 附近的高铁站离开； =0，其他
	飞行变量	y_f	=1，如果航班 f 选择继续飞行； =0，其他
	选址变量	$x_{f,a}$	=1，如果航班 f 在机场 a 备降； =0，其他

4. 数学模型

在航班备降后重新安置乘客的整数规划模型中，航空公司计划安排乘客乘坐飞机或者改乘高铁前往目的地机场，目的是最小化重新安置乘客的成本。该模型的决策变量是 $\mathrm{Wait}_{(p,a)}^{t}$ 和 $\mathrm{Hsr}_{(p,g,a)}^{t}$，表示乘客被安排乘坐飞机或者改乘高铁。该模型的目标函数 obj_1 由备降恢复期间各个时间段的乘客安置成本相加而成，见式（9.1）。CostW^t 表示在时间段 t 中被安排乘坐原航班的所有乘客的安置成本，CostH^t 表示在时间段 t 中被安排改乘高铁的所有乘客的安置成本。CostW^t 的展开式见式（9.2），CostH^t 的展开式见式（9.3）。

$$\min \mathrm{obj}_1 = \sum_{t \in \Gamma} \Big[\mathrm{CostW}^t + \mathrm{CostH}^t \Big] \tag{9.1}$$

$$\mathrm{CostW}^t = \sum_{a \in A} \sum_{p \in P} \mathrm{Wait}_{(p,a)}^{t} \times \begin{bmatrix} \left(\mathrm{ADT}_p^a - \mathrm{ADivAT}_p^a \right) \times \mathrm{CostP} \times \beta_{\mathrm{wait}} \\ + \mathrm{TFlight}_a \times \mathrm{CostP} \times \beta_{\mathrm{transp}} \end{bmatrix} \tag{9.2}$$

$$\mathrm{CostH}^t = \sum_{a \in A} \sum_{p \in P} \sum_{g \in G} \mathrm{Hsr}_{(p,g,a)}^{t} \times \begin{bmatrix} \left(\mathrm{ADT}_g^a - \mathrm{ADivAT}_p^a \right) \times \mathrm{CostP} \times \beta_{\mathrm{wait}} \\ + \mathrm{THsr}_a \times \mathrm{CostP} \times \beta_{\mathrm{transp}} + \mathrm{CHsr}_a \end{bmatrix} \tag{9.3}$$

式（9.2）中的 $\left(\mathrm{ADT}_p^a - \mathrm{ADivAT}_p^a \right) \times \mathrm{CostP}$ 表示原航班再次起飞前乘客在机场等待的时间成本，即原航班再次起飞的时间减去航班到达备降机场的时间。式（9.2）中的 $\mathrm{TFlight}_a \times \mathrm{CostP}$ 表示乘客乘坐原航班前往目的地机场的空中飞行时间成本。通过与时间价值 CostP 相乘，这两项被转换成了经济术语，并用不同的变量加权。式（9.3）中的 $\left(\mathrm{ADT}_g^a - \mathrm{ADivAT}_p^a \right) \times \mathrm{CostP}$ 表示高铁出发前乘客在地面等待的时间成本，即高铁发车的时间减去航班到达备降机场的时间。式（9.3）中的

$\mathrm{THsr}_a \times \mathrm{CostP}$ 表示乘客乘坐高铁的时间成本。这两项同样被转换成了经济术语并赋予了不同的权重。式（9.3）中的 CHsr_a 表示改乘高铁的费用，即高铁的票价。

备降后乘客重新安置模型的约束条件如式（9.4）至式（9.10）所示：

$$\left(t \times \mathrm{TimeFactor} - \mathrm{ADT}_p^a\right) \times \mathrm{Wait}_{(p,a)}^t \leqslant 0, \quad \forall t \in \Gamma, \ \forall a \in A, \ \forall p \in P \quad (9.4)$$

$$\sum_{t \in \Gamma}\sum_{p \in P} \mathrm{Hsr}_{(p,g,a)}^t \leqslant \mathrm{Seats}_g^a, \quad \forall g \in G, \ \forall a \in A \quad (9.5)$$

$$\left(t \times \mathrm{TimeFactor} - \mathrm{ADT}_g^a\right) \times \mathrm{Hsr}_{(p,g,a)}^t \leqslant 0, \quad \forall t \in \Gamma, \ \forall g \in G, \ \forall a \in A, \ \forall p \in P \quad (9.6)$$

$$\sum_{t \in \Gamma} \mathrm{Wait}_{(p,a)}^t + \sum_{t \in \Gamma}\sum_{g \in G} \mathrm{Hsr}_{(p,g,a)}^t = 1, \quad \forall p \in P, \ \forall a \in A \quad (9.7)$$

$$\left[t \times \mathrm{TimeFactor} - \left(\mathrm{Trs}_a + \mathrm{ADivAT}_p^a\right)\right] \times \mathrm{Hsr}_{(p,g,a)}^t \geqslant 0,$$
$$\forall t \in \Gamma, \ \forall g \in G, \ \forall a \in A, \ \forall p \in P \quad (9.8)$$

$$\mathrm{Wait}_{(p,a)}^t \in \{0,1\}, \quad \forall t \in \Gamma, \ \forall a \in A, \ \forall p \in P \quad (9.9)$$

$$\mathrm{Hsr}_{(p,g,a)}^t \in \{0,1\}, \quad \forall t \in \Gamma, \ \forall g \in G, \ \forall a \in A, \ \forall p \in P \quad (9.10)$$

其中，式（9.4）表示如果原航班已经起飞，乘客将不能在 t 时间段内乘坐该航班。式（9.5）表示改乘高铁 g 的乘客数必须少于或等于高铁剩余座位数。式（9.6）表示如果改乘的高铁已经开动，乘客不能在 t 时间段内乘坐该高铁。式（9.7）表示每个乘客必须被安排至一种重新安置方案中。式（9.8）表示乘客只有降落在备降机场一段时间后才能乘坐高铁，目的是保证乘客从机场到高铁站的周转时间。式（9.9）和式（9.10）限制了决策变量为 0-1 变量。

9.2.2　确定性中断时间备降选址模型

航班备降后考虑高铁作为乘客安置手段为航空公司管理中断事件提供了新思路。9.2.1 节从后验的角度构建了备降后乘客重新安置模型，没有考虑航班备降到不同机场所产生的额外成本。为验证高铁网络在备降管理中的作用，接下来，从先验的角度出发，基于航班备降各环节所涉及的成本和乘客在备降事件中的出行选择提出备降选址的理论模型，目的是解决空中航班面临目的地机场中断时如何选择备降机场的难题。在假设中断事件的恢复时间已知的前提下，构建最小化航空公司备降成本和乘客损失的双目标整数规划模型，并通过问题描述、模型假设、数学模型等部分进行说明。

1. 问题描述

当由极端天气或空中交通管制等原因引起目的地机场中断时，目的地机场会在一段时间内暂停航班出入港并发布中断信息。根据获取的预计中断时长信息，地面航班需要等待目的地机场恢复后再陆续起飞。空中航班的情况较为复杂，为了保障飞行安全以防发生低油量等不安全事件，航空公司需要立即做出备降决策，为航班选择合适的机场降落。面对中断事件时，航空公司一般采用就近原则备降，即选择距离中断告警点最近的备选机场备降，这种方案忽略了备降机场保障能力、备降成本和乘客延误的差异。在这种方案下，乘客只能承受长时间的延误，等待中断结束后乘坐原航班飞往计划目的地。然而，赵文智和王化佳[2]在研究中指出合适的备降方案可以节约很多费用。此外，忽略乘客延误也会让航空公司承受更多抱怨和不满，时间价值高的乘客可能更倾向于备降后换乘高铁，以避免长时间的地面等待。因此，对于一些非紧急情况，航空公司做出备降决策时可以在考虑距离、剩余燃油量和备降机场容量等必要因素的基础上选择同时满足备降成本和乘客满意度最优的方案。

空中航班选择备降机场的具体操作流程如图 9.1 所示。当航空公司在时间点 T 收到目的地机场关闭的告警和准确的中断恢复时长 d_0 时，首先需要确定空中的备降航班集合 F 和备选机场集合 A。其次，需要根据航班运行数据和高铁运行数据，估计每个中断航班中选择改乘高铁的乘客数，即弃乘乘客数。再次，基于弃乘乘客数、备降机场收费标准和其他信息计算航班备降到不同备选机场后，航空公司承担的备降成本和乘客承担的损失。最后，综合各个备降机场的容量、备降成本和乘客损失为空中航班分配最优备降机场。

本节研究大规模航班备降选址的双目标规划问题，旨在利用高铁网络探究平衡航空公司成本和乘客延误成本的航班备降选址方案。由于航班的选址决策可以被表述为整数决策变量，本节继续采用双目标整数规划法对问题进行建模。

2. 模型假设

（1）假设目的地机场发生中断时，立即向空中航班发出备降告警并知晓中断恢复时间。

（2）假设备选机场的天气条件、机场设备和地面保障条件均符合备降标准；不考虑机组人员连接和超时工作成本，航班备降成本只研究与备降地点、中断时长和乘客连接等相关的成本。

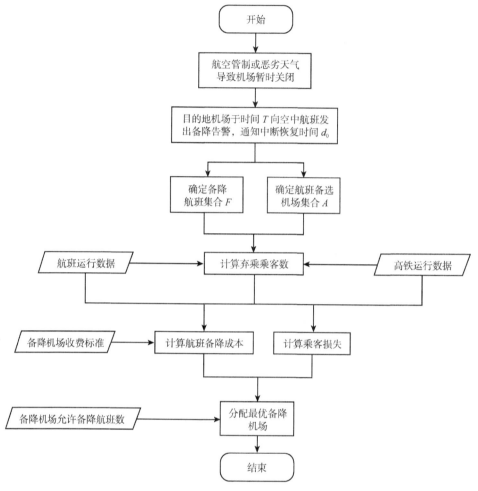

图 9.1　空中航班选择备降机场的具体操作流程

（3）飞机剩余燃油足够抵达备选机场。

（4）备降后，航空公司将根据停留时长安排乘客在飞机上或候机楼等候，不考虑重新安检的费用。

（5）假设乘客是异质的，根据备降后延误时间与改乘高铁成本差异，自主选择是否弃乘，弃乘乘客到达高铁站后，将自费并改乘最早的一班高铁前往计划目的地。

3. 数学模型

在实际备降决策中，航空公司期望尽可能地减少备降成本，降低备降事件造成的经济损失。通过阅读和整理相关文献对灾害性天气下航空公司运营成本的测算模型和对航班备降成本的分析[2-3]，以及中国民用航空局发布的收费标准，本节对航班备降的运营成本进行了分类，分类结果如图 9.2 所示，包括空中飞行阶段和进近及地面延误阶段。

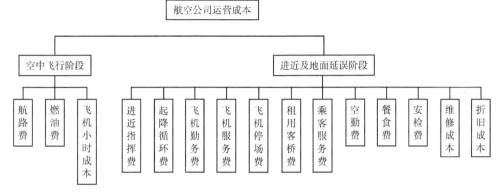

图 9.2　航班备降的运营成本分类

本节以中断航班备降至备选机场所产生的额外成本总和最小为目标构建目标函数 obj_2，结合对备降选址模型的假设，目标函数 obj_2 的表达式见式（9.11）。第一项 CAirport 表示航班在备降机场备降所需的机场成本和飞行成本，包括航路费、燃油费、飞机停场费、租用客桥费、维修成本、折旧成本等。第二项 CPassenger 表示航班备降后的乘客服务费和餐食费。CAirport 和 CPassenger 的展开形式见式（9.12）和式（9.13）。

$$\min obj_2 = CAirport + CPassenger \tag{9.11}$$

$$CAirport = \sum_{f \in F}\sum_{a \in A} x_{f,a}$$

$$\times \begin{bmatrix} \left(d\left(f,a\right) + d\left(a, \text{target}\right)\right) \times \left(CAirway + \dfrac{R_{\text{fuel}} \times CFuel}{v} + \dfrac{CHour}{v}\right) \\ + CApproach_a + CCycle_a + CAircraft + Stay_{f,a} \times CParking_a \\ + Deplane_{f,a} \times TGround_{f,a} \times CBridge + CMaintain + CDep \end{bmatrix} \tag{9.12}$$

$$CPassenger = \sum_{f \in F}\sum_{a \in A} x_{f,a} \times Deplane_{f,a} \times \left(NP_f - AbanP_{f,a}\right) \times \left(CMeal + CService_a\right)$$

$$\tag{9.13}$$

此外，在实际备降决策中，航空公司还有一个期望，即最小化备降事件带给乘客的不便成本，目标函数见式（9.14）。其中，obj_3 表示中断乘客从备降地前往计划目的地的成本，包括时间成本和金钱成本。第一项 CAban 表示所有弃乘乘客改乘高铁前往计划目的地的总成本，其中包括机场到高铁站的换乘时间、在高铁站的等待时间和高铁行驶时间。第二项 CWait 表示所有服从航空公司安排的乘客的等待成本，包括在机场的等待时间和重新起飞后飞机的飞行时间。这两项的展开形式见式（9.15）和式（9.16）。

$$\min \mathrm{obj}_3 = \mathrm{CAban} + \mathrm{CWait} \tag{9.14}$$

$$\mathrm{CAban} = \sum_{f \in F}\sum_{a \in A} x_{f,a} \times \mathrm{Deplane}_{f,a} \times \mathrm{AbanP}_{f,a}$$
$$\times \left(\mathrm{CHsr}_a + \mathrm{A}\alpha_{f,a} \times \left(\mathrm{Trs}_a + \mathrm{WHsr}_a + \mathrm{THsr}_a\right)\right) \tag{9.15}$$

$$\mathrm{CWait} = \sum_{f \in F}\sum_{a \in A} x_{f,a} \times \left(\mathrm{NP}_f - \mathrm{Deplane}_{f,a} \times \mathrm{AbanP}_{f,a}\right)$$
$$\times \mathrm{W}\alpha_{f,a} \times \left(\mathrm{TGround}_{f,a} + \mathrm{TFlight}_a\right) \tag{9.16}$$

该模型的约束条件如式（9.17）～式（9.19）所示：

$$\sum_{a \in A} x_{f,a} = 1, \quad \forall f \in F \tag{9.17}$$

$$\sum_{f \in F} x_{f,a} \leqslant \mathrm{Cap}_a, \quad \forall a \in A \tag{9.18}$$

$$x_{f,a} \in \{0,1\}, \quad \forall f \in F, \ \forall a \in A \tag{9.19}$$

式（9.17）表示航班 f 的备降机场有且只有一个，式（9.18）对备降机场的最大允许备降航班数进行了限制，式（9.19）表示决策变量 $x_{f,a}$ 是 0-1 变量。

4. 基于乘客时间价值的高铁选择决策

由于高铁站发车频次存在差异，弃乘乘客在高铁站等待最近一班列车发车的时间也存在差异，这里用等待时间的平均值近似估算乘客在不同高铁站的等车时间。假设 t_a 表示高铁发车间隔时间，那么乘客等车时间服从 $[0, t_a]$ 上的均匀分布。因此，乘客乘坐同城高铁站最早一班高铁换乘的平均等待时间 WHsr_a 可以表示为

$$\mathrm{WHsr}_a = \int_0^{t_a} \frac{w}{t_a} \mathrm{d}w \tag{9.20}$$

弃乘乘客数 $\mathrm{AbanP}_{f,a}$ 的计算方法与时间价值 $\alpha_{f,a}$ 相关，求解步骤如下。

首先，由于乘客具有异质性，假设乘客的时间价值 $\alpha_{f,a}$ 服从 $\left[\underline{\alpha_{f,a}}, \overline{\alpha_{f,a}}\right]$ 上的均匀分布，概率密度函数见式（9.21）。

$$f(\alpha) = \begin{cases} 0, & \alpha < \underline{\alpha_{f,a}} \text{ 或 } \alpha > \overline{\alpha_{f,a}} \\ \dfrac{1}{\overline{\alpha_{f,a}} - \underline{\alpha_{f,a}}}, & \underline{\alpha_{f,a}} < \alpha < \overline{\alpha_{f,a}} \end{cases} \tag{9.21}$$

其次，当乘客的时间价值满足式（9.22）时，意味着该乘客的弃乘成本 CAban 与等待成本 CWait 相等，即该乘客选择改乘高铁和选择乘坐原航班前往计划目的地的成本没有区别。此时的时间价值被定义为临界时间价值 $\alpha^*_{f,a}$。

$$\text{CHsr}_a + \alpha^*_{f,a} \times \left(\text{Trs}_a + \text{WHsr}_a + \text{THsr}_a\right) = \alpha^*_{f,a} \times \left(\text{TGround}_{f,a} + \text{TFlight}_a\right) \tag{9.22}$$

再次，在已知乘客时间价值 $\alpha_{f,a}$ 的分布函数和临界时间价值 $\alpha^*_{f,a}$ 的基础上，通过积分可以推导出乘客弃乘的概率 $P\left(\alpha_{f,a} \geq \alpha^*_{f,a}\right)$，见式（9.23）：

$$P\left(\alpha_{f,a} \geq \alpha^*_{f,a}\right) = \int_{\alpha^*_{f,a}}^{\infty} f(\alpha) \mathrm{d}\alpha \tag{9.23}$$

最后，用乘客弃乘的概率乘以乘客总数，即可计算出航班 f 备降至机场 a 时预计弃乘的乘客数 $\text{AbanP}_{f,a}$，见式（9.24）。通过式（9.25）和式（9.26）还可以求出弃乘乘客和等待乘客对应的平均时间价值。

$$\text{AbanP}_{f,a} = \text{NP}_f \times P\left(\alpha_{f,a} \geq \alpha^*_{f,a}\right) \tag{9.24}$$

$$\text{A}\alpha_{f,a} = \int_{\alpha^*_{f,a}}^{\overline{\alpha_{f,a}}} f\left(\alpha_{f,a}\right) \times \alpha_{f,a} \mathrm{d}\alpha_{f,a} \tag{9.25}$$

$$\text{W}\alpha_{f,a} = \int_{\underline{\alpha_{f,a}}}^{\alpha^*_{f,a}} f\left(\alpha_{f,a}\right) \times \alpha_{f,a} \mathrm{d}\alpha_{f,a} \tag{9.26}$$

9.2.3　不确定性中断时间备降选址模型

基于确定性中断时间情景提出的备降选址模型已经全面地考虑了航班备降成本和乘客出行选择。然而，由极端天气等因素造成的目的地机场中断事件通常存在不确定性，航空公司无法得知准确的中断恢复信息。因此，本节在现有备降选址方法的基础上构建了备降选址成本函数，提出了不确定性中断时间下两阶段备降决策模型。模型通过比较航班收到备降告警后直接备降和保持飞行状态的成本差异来优化不确定性中断时间情景下的航班备降方案。

1. 问题描述

当由极端天气或空中交通管制等原因引起目的地机场中断时，目的地机场会在一段时间内暂停航班出入港并通知相关航空公司。在实际情况中，机场允许飞机正常起降的恢复时间具有不确定性。地面航班通常采取延迟起飞的措施，等待目的地机场恢复后再陆续起飞。空中航班的情况较为复杂，由于不确定机场恢复开放的时间，航班可以选择备降其他机场或继续飞行。

图 9.3 描述了目的地机场中断信息更新的时间线，航空公司安排航班备降的过程将被分为两个阶段。在阶段一中，假设目的地机场于时间点 T_0 发生中断并向空中航班发出备降告警，预计的中断恢复时长为 d_0，航空公司需要根据不确定的中断恢复时长做出备降决策。在阶段二中，假设航班于时间点 T_1 收到准确的中断恢复信息，航空公司需要根据准确的中断恢复时长做出备降决策。如果实际的中断恢复时长是 d_1，机场的中断恢复时间将被高估，在决策点 T_0 选择备降的航班可能并不需要备降，导致航空公司承担额外的备降损失。相反地，如果实际的中断恢复时长是 d_2，恢复时间则被低估，在决策点 T_0 选择继续飞往目的地的航班可能会面临无法降落的紧急情况，只能改变航向，飞往计划备降地，导致产生更高的备降成本。因此，在中断时间具有不确定性的场景下，航空公司需要的是更加灵活的解决方案，即结合乘客满意度安排航班备降到成本最低的备降机场，或者继续飞往目的地机场。

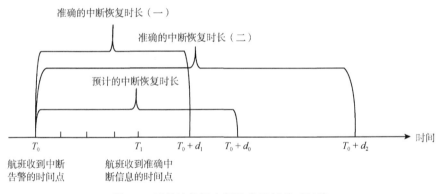

图 9.3　目的地机场中断信息更新的时间线

综上，本节将基于中断的不确定性，研究大规模航班备降的决策问题。由于决策变量为整数，本节仍采用整数规划法对该问题进行建模。

2. 模型假设

（1）假设目的地机场于时间点 T_0 发生中断，目的地机场立即向空中航班发出备降告警，但不确定中断恢复时间。

（2）假设航空公司于时间点 T_1 接收到准确的中断恢复信息。

（3）假设中断发生时，航空公司将安排航班备降至成本最低的机场，或者继续飞往目的地机场。

（4）假设备选机场的天气条件、机场设备和地面保障条件均符合备降标准；不考虑机组人员连接和超时工作成本，航班备降成本只研究与备降地点、中断时长和乘客连接等相关的成本。

（5）飞机剩余燃油足够抵达备选机场或目的地机场。

（6）备降后，航空公司将根据停留时长，安排乘客在飞机上或候机楼等候，不考虑重新安检的费用。

（7）假设乘客是异质的，其会根据备降后延误时间与改乘高铁成本的差异，自主选择是否弃乘，弃乘乘客到达高铁站后，将自费并改乘最早的一班高铁前往计划目的地。

3. 数学模型

航空公司于时间 T_0 收到目的地机场发出的备降告警，需要结合备降成本最小化和乘客满意度最大化这两个目标为航班安排备降机场。以备降选址模型的目标函数为基础，首先构建航班 f 备降到机场 a 的成本函数 $\mathrm{CDiversion}_{f,a}$。具体步骤如下。

目标一：最小化航班备降成本。目标一的表达式见式（9.27）。需要注意的是，式（9.27）中的 z_1 仅是式（9.33）中的一部分，目的是减少公式长度，便于理解，不是本节的目标函数。式（9.27）表示单个航班的备降成本，等式右侧包含两项，第一项 $\mathrm{CAirport}_{f,a}$ 表示航班在备降机场备降所需的机场成本和飞行成本，包括航路费、航油费、停场费、租用客桥费等。第二项 $\mathrm{CPassenger}_{f,a}$ 表示航班备降后的乘客服务费和餐食费。这两项的展开形式见式（9.28）和式（9.29）。

$$z_1 = \mathrm{CAirport}_{f,a} + \mathrm{CPassenger}_{f,a} \tag{9.27}$$

$$\mathrm{CAirport}_{f,a} = \left(d(f,a) + d(a,\mathrm{target})\right) \times \left(\mathrm{CAirway} + \frac{R_{\mathrm{fuel}} \times \mathrm{CFuel}}{v} + \frac{\mathrm{CHour}}{v}\right)$$
$$+ \mathrm{CApproach}_a + \mathrm{CCycle}_a + \mathrm{CAircraft} + \mathrm{Stay}_{f,a} \times \mathrm{CParking}_a$$
$$+ \mathrm{Deplane}_{f,a} \times \mathrm{TGround}_{f,a} \times \mathrm{CBridge} + \mathrm{CMaintain} + \mathrm{CDep} \tag{9.28}$$

$$\mathrm{CPassenger}_{f,a} = \mathrm{Deplane}_{f,a} \times \left(\mathrm{NP}_f - \mathrm{AbanP}_{f,a}\right) \times \left(\mathrm{CMeal} + \mathrm{CService}_a\right) \tag{9.29}$$

目标二：最大化乘客满意度，即最小化乘客前往计划目的地的时间成本和金钱成本。目标二的表达式见式（9.30）。同样需要注意的是，式（9.30）中的 z_2 仅是式（9.33）中的一部分，目的是减少公式长度，便于理解，不是目标函数。式

（9.30）表示单个航班备降后造成的乘客损失，第一项 $\text{CAban}_{f,a}$ 表示弃乘乘客前往计划目的地的总成本，其中包括机场到高铁站的换乘时间、在高铁站的等待时间和高铁行驶时间。第二项 $\text{CWait}_{f,a}$ 表示服从航空公司安排的乘客的等待成本。这两项的展开形式见式（9.31）和式（9.32）。

$$z_2 = \text{CAban}_{f,a} + \text{CWait}_{f,a} \qquad (9.30)$$

$$\text{CAban}_{f,a} = \text{Deplane}_{f,a} \times \text{AbanP}_{f,a} \times \left(\text{CHsr}_a + \text{A}\alpha_{f,a} \times \left(\text{Trs}_a + \text{WHsr}_a + \text{THsr}_a \right) \right)$$
$$(9.31)$$

$$\text{CWait}_{f,a} = \left(\text{NP}_f - \text{Deplane}_{f,a} \times \text{AbanP}_{f,a} \right) \times \text{W}\alpha_{f,a} \times \left(\text{TGround}_{f,a} + \text{TFlight}_a \right)$$
$$(9.32)$$

乘客换乘同城高铁站最早一班高铁的平均等待时间 WHsr_a 和弃乘乘客数 $\text{AbanP}_{f,a}$ 的计算方法与基于确定性中断时间的备降选址模型相同。

这里使用线性加权法将双目标转化成单目标问题。假设 λ 表示目标一 z_1 的权重，μ 表示目标二 z_2 的权重，且满足 $\lambda + \mu = 1$。航班 f 备降到机场 a 的成本函数可以表示为

$$\text{CDiversion}_{f,a}\left(T_0, d_0\right) = \lambda \times z_1 + \mu \times z_2 \qquad (9.33)$$

根据对模型的假设，在决策点 T_0 时中断恢复时间 d_0 具有不确定性，假设 d_0 服从 $\left[\underline{d_0}, \overline{d_0} \right]$ 上的均匀分布，概率密度函数为 $f(d_0)$。在 T_1 时接收到准确中断恢复信息，假设 d_0 服从 $\left[\underline{d_0'}, \overline{d_0'} \right]$ 上的均匀分布，概率密度函数为 $f'(d_0)$。两阶段决策模型的目标函数 obj_4 见式（9.34），目的是通过比较航班备降的期望成本和继续飞行的期望成本，在决策点 T_0 为航班安排应对机场中断的策略。

$$\min \text{obj}_4 = \sum_{f \in F} \sum_{a \in A} x_{f,a} \times \int_{\underline{d_0}}^{\overline{d_0}} \text{CDiversion}_{f,a}\left(T_0, d_0\right) \times f(d_0) \mathrm{d}d_0$$
$$+ y_f \times \int_{\underline{d_0'}}^{\overline{d_0'}} \text{Diversion}_f\left(d_0\right) \times \text{CDiversion}_{f, \min\left(\text{CDiversion}_{f,a}\left(T_0, d_0\right)\right)}\left(T_1, d_0\right)$$
$$\times f'(d_0) \mathrm{d}d_0$$
$$(9.34)$$

式（9.34）中，$\int_{\underline{d_0}}^{\overline{d_0}} \text{CDiversion}_{f,a}\left(T_0, d_0\right) \times f(d_0) \mathrm{d}d_0$ 表示航班备降的期望成本，由式（9.33）和概率密度函数 $f(d_0)$ 的乘积进行积分得出。式（9.34）中的

$\int_{d'_0}^{\overline{d'_0}} \text{Diversion}_f(d_0) \times \text{CDiversion}_{f,\min(\text{CDiversion}_{f,a}(T_0,d_0))}(T_1,d_0) \times f'(d_0)\,\mathrm{d}d_0$ 表示继续飞

行的期望成本。选择继续飞行的航班在时间点 T_1 得知准确的中断恢复时间，如果
航班的剩余飞行时间大于目的地机场的剩余中断时间，那么该航班可以在目的地
机场重新开放后直接降落。此时，式（9.34）中 $\text{Diversion}_f(d_0)$ 的值为 0，航班的
备降成本为 0。相反地，如果航班的剩余飞行时间小于目的地机场的剩余中断时
间，那么该航班无法直接降落在目的地机场，必须在时间点 T_1 改变航向，飞往计
划备降机场，即备降至使得成本函数 $\text{CDiversion}_{f,a}(T_0,d_0)$ 值最小的备选机场，此
时，式（9.34）中 $\text{Diversion}_f(d_0)$ 的值为 1。

该模型的约束条件如式（9.35）~式（9.37）所示：

$$\sum_{a\in A} x_{f,a} + y_f = 1, \quad \forall f\in F \tag{9.35}$$

$$\sum_{f\in F} x_{f,a} \leqslant \text{Cap}_a, \quad \forall a\in A \tag{9.36}$$

$$x_{f,a}\in\{0,1\}, \quad y_f\in\{0,1\}, \quad \forall f\in F, \quad \forall a\in A \tag{9.37}$$

式（9.35）表示航班 f 只能选择备降或者继续飞行，备降机场有且只有一个；
式（9.36）对备降机场的最大允许备降航班数进行了限制；式（9.37）表示决策变
量是 0-1 变量。

9.3 实证案例和分析

本节将基于 2021 年 7 月 26 日北京首都国际机场发生的大规模备降事件，对
本章提出的三个备降管理模型展开实证分析，阐述实证方法和优化结果，验证模
型和高铁备选模式的有效性。

2021 年 7 月 26 日晚，北京首都国际机场所在区域出现雷雨天气，22 时 50
分北京市气象台发布暴雨黄色预警信号，北京首都国际机场进出港航班大面积延
误。根据公开数据统计，截至 26 日 23 时 33 分，飞往北京首都国际机场的航班累
计取消 185 架次，累计改航备降 44 架次。备降机场分别为北京大兴国际机场、天
津滨海国际机场、济南遥墙国际机场、太原武宿国际机场、石家庄正定国际机场
和长春龙嘉国际机场。此次雷雨天气在给航空公司造成严重经济损失的同时，也
扰乱了乘客的出行计划。

本节模型求解使用 Python DOcplex 库实现，所有程序均在配备 AMD[①]

---

① AMD 是 Advanced Micro Devices（超威半导体）的缩写，是一家美国半导体公司。

Ryzen（锐龙）7 5800H 的 CPU、16.0 GB（gigabyte，吉字节）的 RAM（random access memory，随机存储器）、64 位的 Windows 10 操作系统的个人笔记本电脑上运行。

9.3.1 乘客重新安置模型结果分析

1. 样本选择和数据来源

在备降后乘客重新安置模型的求解算例中，不考虑备降后取消的航班。因此，经过筛选后的备降航班共 29 次，备降机场共 6 个，备降乘客共 3493 人，其中 3 架飞机备降在长春龙嘉国际机场、4 架飞机备降在济南遥墙国际机场、1 架飞机备降在太原武宿国际机场、9 架飞机备降在天津滨海国际机场、6 架飞机备降在石家庄正定国际机场、6 架飞机备降在北京大兴国际机场。

节选的航班运行数据如表 9.2 所示，包含航班的计划起飞和到达时间、实际起飞和到达时间，以及实际备降地等信息。

表 9.2　航班运行数据节选（后验模型）

航班	计划起飞时间	实际起飞时间	实际到达时间	计划到达时间	备降地	备降时间	乘客数/人
CA1234	2021/7/26 16:40	2021/7/26 16:45	2021/7/27 5:58	2021/7/26 22:35	北京大兴国际机场	2021/07/26 22:55	62
CA1574	2021/7/26 18:50	2021/7/26 18:57	2021/7/27 0:44	2021/7/26 21:20	天津滨海国际机场	2021/07/26 21:19	79
CA1398	2021/7/26 19:00	2021/7/26 19:10	2021/7/27 1:07	2021/7/26 22:15	天津滨海国际机场	2021/07/26 22:27	99
HU7196	2021/7/26 19:00	2021/7/26 19:16	2021/7/27 1:23	2021/7/26 22:00	天津滨海国际机场	2021/07/26 22:29	126
CA1478	2021/7/26 19:15	2021/7/26 19:37	2021/7/27 6:40	2021/7/26 23:00	北京大兴国际机场	2021/07/26 23:39	54

由于此次大规模备降时间发生在夜间，满足乘客换乘时间的高铁数量较少，算例求解出的结果不利于充分体现高铁备选模式的意义。此外，模型中假设了备降航班都在备降当天再次起飞前往计划目的地机场。为满足这一设定，算例中将大规模备降时间提前 7 小时，即最早的备降时间和最晚的备降时间分别为 13 时 59 分和 17 时 39 分。

由于高铁运行时刻表受天气和日期影响较小，我们收集了中国铁路 12306 网站上的高铁运行数据，表 9.3 展示了部分数据（需要说明的是，本章使用的数据于 2022 年采集，由于高铁调整，相关列车的发车时间、到达时间、票价可能略有调整，但不影响验证本章所提备降方法的有效性）。算例中设置 20 列高铁供乘客改乘，其中长春西站 3 列、济南西站 5 列、太原南站 3 列、天津南站 5 列、石家庄站 4 列。以上五个高铁站的选择综合了高铁停靠站点和乘客在机场与高铁站之间的换乘时间，北京周边的高铁网络分布图（节选）如图 9.4 所示（图片来源为高铁网，网址为 http://www.gaotie.cn/）。为降低不确定性，表 9.3 中的高铁票价均为二等座价格。由于备降在北京大兴国际机场后，乘客大多选择乘坐地铁前往北京市区，本节根据地铁发车频率，对大兴机场站的发车时间、到达时间和票价等信息做出了推算。

表 9.3　高铁运行数据节选（后验模型）

高铁站	列车号	发车时间	到达时间	二等座票价/元
天津南	G178	15：01	15：43	61.00
天津南	G2558	15：31	16：05	58.00
济南西	G128	15：37	17：22	211.00
济南西	G16	16：10	18：12	202.00
天津南	G1070	16：28	17：03	58.00
济南西	G132	16：42	18：31	194.00
天津南	G180	16：43	17：17	61.00
石家庄	G336	16：47	17：59	126.00

2. 算例假设

为贴合实际情况，在算例中做出的假设如下：

（1）乘客时间价值受出行目的、消费观念和收入等多方面因素影响，为了保证合理的问题复杂度，本文参考 Hu 等[4]对时间成本的假设，设定每个乘客的延误时间成本 CostP 为 1.3 元/分钟。

（2）综合飞机和高铁的时间信息，假设模型中的离散时间间隔为 20 分钟。

（3）假设北京大兴国际机场和大兴地铁站（大兴机场站）之间的换乘耗时 Trs_a 为 10 分钟，其余备降机场与当地高铁站的换乘耗时 Trs_a 为 40 分钟。

（4）根据约束设定，假设每个高铁的剩余座位数 Seats_g^a 为 20 个。

（5）假设乘客在地面等待的时间权重 β_{wait} 和乘客被重新安置的时间权重 β_{transp} 的和为 1，$\beta_{\text{wait}} = 0.5$，$\beta_{\text{transp}} = 1 - \beta_{\text{wait}} = 0.5$。

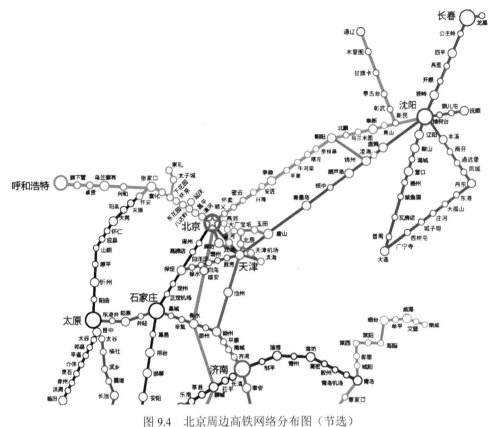

图 9.4　北京周边高铁网络分布图（节选）

所有圆圈表示高铁线路的不同站点，不同粗细、不同颜色的线条分别表示各自的高铁线路

3. 高铁备选模式优势分析

为验证高铁备选模式的优势，表 9.4 将优化后的乘客重新安置方案与实际情况进行了对比。通过计算实际到达时间和预计到达时间的差值，得出大规模备降事件中每个乘客的平均延误时间约为 240.97 分钟。求解上述优化模型后，重新安置方案中有 140 名乘客改乘，平均延误时间为每人 232.63 分钟，因此，每个乘客减少了约 8.3 分钟的延误。从优化结果中还可以看出，改乘高铁的乘客都备降在了天津滨海国际机场和北京大兴国际机场，因为在这两个机场改乘高铁和地铁较为便捷，发车频次、票价和行驶时间上都有一定优势。此外，由乘客改乘引起的平均改乘成本为 1.86 元/人，这是航空公司为减少乘客延误承担的额外经济损失。

表 9.4 优化后的乘客重新安置方案与实际情况对比

指标	实际情况	提供高铁换乘方式
等待乘客数/人	3493	3353
改乘高铁乘客数/人	0	140
改乘高铁乘客备降地	无	天津滨海国际机场 北京大兴国际机场
平均延误时间/（分钟/人）	240.97	232.63
平均改乘成本/（元/人）	0	1.86

4. 高铁剩余座位敏感性分析

为了探讨高铁剩余座位数对重新安置方案的影响，本节计划对高铁剩余座位 $Seats_g^a$ 进行敏感性分析，分别测试 $Seats_g^a$ 等于 60、100、140 和无限制的情况。无限的剩余座位意味着高铁剩余座位不再是约束条件，即删除模型中的式（9.5）。高铁容量的敏感性分析结果如表 9.5 所示。

表 9.5 高铁容量敏感性分析结果

$Seats_g^a$/个	等待乘客数/人	改乘高铁乘客数/人	改乘高铁乘客备降地	平均延误时间/（分钟/人）	平均改乘成本/（元/人）	目标函数值/万元
20	3353	140	天津滨海国际机场 北京大兴国际机场	232.63	1.86	50.2
60	3073	420	天津滨海国际机场 北京大兴国际机场	216.27	5.58	47.8
100	2827	666	天津滨海国际机场 北京大兴国际机场	207.48	8.77	46.9
140	2656	837	天津滨海国际机场 北京大兴国际机场	201.29	10.90	46.2
无限制	2510	983	天津滨海国际机场 北京大兴国际机场	195.88	12.96	45.7

从表 9.5 中可以看出，随着 $Seats_g^a$ 的增加，改乘高铁的乘客数不断增加，这表明优化后，重新安置乘客方案更趋向于安排乘客改乘高铁离开。相应地，乘客平均延误时间减少，平均改乘成本增加，优化模型的目标函数值降低。由此可见，在以乘客为中心的优化模型中，安排更多的乘客改乘高铁，不但能减少乘客在旅途中的延误时间，还能减少航空公司的重新安置成本。当然，这是在不考虑飞机从备降机场飞往计划目

的地的客座率的情况下的结论。因此，在大规模备降事件中，为了提升乘客满意度，航空公司可以考虑和铁路公司合作，安排乘客尽快前往计划目的地，以避免长时间的延误。

5. 地面等待时间权重敏感性分析

设定 β_{wait} 和 β_{transp} 两个权重，目的是探讨重新安置乘客的优化模型应该更注重乘客在备降地等待的时间还是乘客在乘坐飞机或高铁时花费的时间。本节设定的其他参数值不变，令乘客地面等待时间的权重 β_{wait} 分别等于 0.1、0.3、0.5、0.7 和 0.9，步长为 0.2；乘客重新安置时间的权重 β_{transp} 等于 $1-\beta_{wait}$。地面等待时间权重的敏感性分析结果如表 9.6 所示。

表 9.6　地面等待时间权重敏感性分析结果

β_{wait}	等待乘客数/人	改乘高铁乘客数/人	改乘高铁乘客备降地	平均延误时间/（分钟/人）	平均改乘成本/（元/人）	目标函数值/万元
0.1	3493	0	无	240.97	0	33.1
0.3	3393	100	天津滨海国际机场 北京大兴国际机场	234.10	1.32	41.9
0.5	3353	140	天津滨海国际机场 北京大兴国际机场	232.63	1.86	50.2
0.7	3273	220	天津滨海国际机场 北京大兴国际机场 济南遥墙国际机场	228.97	4.78	58.3
0.9	3233	260	天津滨海国际机场 北京大兴国际机场 济南遥墙国际机场	227.10	7.07	66.2

随着地面等待时间权重 β_{wait} 的增加，改乘高铁的乘客数增加，相应地，乘客平均延误时间减少，平均改乘成本增加。这是因为地面等待时间权重更高，模型向着减少乘客地面等待时间的方向优化，会安排更多的乘客改乘高铁。然而，目标函数值不再随着改乘高铁乘客数的增加而减少，这是权重值改变导致的。特别地，当 β_{wait} 等于 0.1 时，地面等待时间权重非常小，这使得减少乘客延误不再是优化方案关注的重点。因此，优化结果与实际情况相同。反之，当 β_{wait} 等于 0.9 时，优化方案将致力于把乘客安排至地面等待时间较短的高铁上，其他备降地的高铁速度和高铁票价不再是严苛的限制条件。因此，优化结果中出现了从济南遥墙国际机场改乘的乘客。如果一些乘客因个人喜好、气候原因和身体原因等不愿

意在备降地停留，即他们的地面等待时间权重较高，航空公司可以安排乘客改乘最早的高铁离开。

6. 乘客时间价值敏感性分析

本节讨论乘客对备降后滞留期间花费的所有时间的看重程度，即乘客单位时间延误成本 CostP。根据 Hu 等[4]的假设，本节设定了 CostP 的参考值，但这是航空公司对乘客时间价值的估算。由于每个人对时间的看法不同，可以假设乘客的 CostP 值普遍很高或很低，接下来将分析这一参数对重新安置方案的影响。设定乘客单位时间延误成本 CostP 分别等于 0.3、1.3、2.3、3.3 和 4.3，步长为 1，得到的乘客时间价值敏感性分析结果如表 9.7 所示。

表 9.7　乘客时间价值敏感性分析结果

CostP	等待乘客数/人	改乘高铁乘客数/人	改乘高铁乘客备降地	平均延误时间/（分钟/人）	平均改乘成本/（元/人）	目标函数值/万元
0.3	3453	40	北京大兴国际机场	237.13	0.46	11.8
1.3	3353	140	天津滨海国际机场 北京大兴国际机场	232.63	1.86	50.2
2.3	3273	330	天津滨海国际机场 北京大兴国际机场 济南遥墙国际机场	228.97	4.78	87.9
3.3	3233	260	天津滨海国际机场 北京大兴国际机场 济南遥墙国际机场	227.10	7.07	125.0
4.3	3233	260	天津滨海国际机场 北京大兴国际机场 济南遥墙国际机场	227.10	7.07	162.2

从表 9.7 中可以观察到，随着乘客单位时间延误成本 CostP 的增加，改乘高铁乘客数增加，相应地，乘客平均延误时间减少，平均改乘成本增加。目标函数值增加是因为目标函数中包含 CostP 的项增大。例如，CostP 等于 3.3 和 4.3 时，在其他指标相同的情况下，目标函数值不同。同样地，乘客对时间的看重程度提高时，一部分备降在济南遥墙国际机场的乘客被安排改乘高铁。结果表明，航空公司应该针对时间价值不同的乘客设定不同的重新安置方案，安排中转乘客和商务人士等尽快改乘高铁前往目的地。

9.3.2 确定性备降选址模型结果分析

1. 样本选择和数据来源

在确定性中断时间备降选址模型求解中，算例选取北京首都国际机场附近的8个国际机场作为备降机场，分别为：大连周水子国际机场、济南遥墙国际机场、太原武宿国际机场、天津滨海国际机场、石家庄正定国际机场、北京大兴国际机场、呼和浩特白塔国际机场和沈阳桃仙国际机场。

由于模型研究航空公司备降选址问题，算例选取当日飞往北京首都国际机场的航班作为研究对象，基于历史航班运行数据，表9.8显示了航班计划起飞时间、实际起飞时间、实际到达时间、计划到达时间、乘客总数和起飞站经纬度等关键信息。

表 9.8　航班历史运行数据节选（先验模型）

航班	计划起飞时间	实际起飞时间	实际到达时间	计划到达时间	乘客总数/人	起飞站经度（东经）	起飞站纬度（北纬）
CA1594	2021/7/26 22:35	2021/7/26 22:38	2021/7/26 23:58	2021/7/27 00:05	103	120.992 98	37.658 14
CA1816	2021/7/26 20:45	2021/7/26 20:43	2021/7/27 00:25	2021/7/26 23:45	109	118.127 77	24.544 16
CA1358	2021/7/26 20:00	2021/7/26 20:10	2021/7/27 01:59	2021/7/26 23:10	111	113.810 83	22.639 44
CA8215	2021/7/26 21:30	2021/7/26 21:26	2021/7/27 02:06	2021/7/26 23:40	112	114.208 05	30.783 88
CA1552	2021/7/26 21:15	2021/7/26 21:14	2021/7/26 23:26	2021/7/26 23:25	114	118.254 19	29.731 38

除了航班运行数据，模型中还涉及高铁运行数据。根据模型假设，算例中统计了高铁发车间隔、高铁行驶时长和票价，数据来源于中国铁路12306网站。此外，选取大连北站、济南西站、太原南站、天津站、石家庄站、呼和浩特东站和沈阳站作为换乘高铁站，选择标准综合了高铁停靠站点和乘客在机场与高铁站之间的换乘时间，北京周边的高铁网络分布图（节选）见图9.4。

最后，事件发生当日，部分航班备降在北京大兴国际机场，在北京大兴国际机场降落的乘客前往北京市中心的热门选择是地铁，因此，算例中将北京大兴国际机场开往北京市中心的地铁假设为城际高铁，供乘客选择是否弃乘。综上，开往北京的高铁运行的相关数据见表9.9。

表 9.9　开往北京的高铁运行相关数据（先验模型）

高铁站	平均行驶时长/分钟	平均发车间隔时间/分钟	平均票价/元
大连北	270	120	420
济南西	110	10	200
太原南	170	45	180
天津	35	12	55
石家庄	80	9	130
大兴(大兴机场站)	50	10	40
呼和浩特东	150	68	210
沈阳	200	35	310

2. 算例假设

为贴合实际情况，本节假设如下：

（1）根据事件描述，假设北京首都国际机场发出备降告警的时间点 T 为 22:50。算例中研究六种中断情景，假设中断恢复时长 d_0 分别为 1 小时、2 小时、3 小时、4 小时、5 小时和 6 小时。

（2）结合表 9.8 中的航班历史运行数据，假设实际起飞时间晚于备降告警点 T 的航班不在备降航班集合 F 中，剩余飞行时长超过中断恢复时长 d_0 的航班也不在备降航班集合 F 中。

（3）根据《航班正常管理规定》第三十五条，机上延误超过 3 个小时（含）且无明确起飞时间的，承运人应当在不违反航空安全、安全保卫规定的情况下，安排旅客下飞机等待。因此，地面停留时间小于 3 小时的航班不支持乘客下机换乘高铁，表 9.1 中下客参数临界值 n 的值设置为 3。

（4）根据民用机场收费规则，停场 2 小时以内免收停场费；停场 2～24 小时，按照起降费的 15% 计收，不足 24 小时按 24 小时计收。因此，表 9.1 中停场参数临界值 m 的值设置为 2。

（5）根据民用机场收费规则，部分机场成本与机场等级和机型相关。除天津滨海国际机场、大连周水子国际机场和沈阳桃仙国际机场是二级机场以外，其他备降机场均属于三级机场[①]。

（6）根据国航数据估算，维修成本约为燃油成本的 22%，折旧成本约为燃油成本的 30%。

（7）根据 Hu 等[4]、Lee 等[5]对乘客延误成本，即时间价值的设定，假设 $\alpha_{f,a}$ 服

---

① 是按照 2017 年调整的标准计算的，可参考 https://www.chyxx.com/industry/201704/518249.html。

从 $[0,5]$ 上的均匀分布，即 $\underline{\alpha_{f,a}} = 0$，$\overline{\alpha_{f,a}} = 5$。

（8）由于部分成本计算与机型相关，根据乘客数将飞机分为宽体飞机和窄体飞机。为简化计算，宽体飞机最大起飞重量统一为 230 吨（这里仅为参数假设，不进行具体机型考虑），窄体飞机最大起飞重量统一为 77 吨。

（9）假设北京大兴国际机场和大兴地铁站（大兴机场站）之间的换乘耗时 Trs_a 为 10 分钟，其余备降机场与当地的高铁站换乘耗时 Trs_a 为 40 分钟。

（10）根据数学模型的约束设定，假设每个备降机场存在备降容量约束，大规模备降期间允许备降航班数 Cap_a 为 9 架。

（11）利用线性加权法将多目标问题转化为单目标问题，引入权重因子 λ 和 μ，假设两个目标同等重要，即 $\lambda + \mu = 1$ 且 $\lambda = \mu$。

3. 考虑高铁网络的优越性

为比较基于高铁网络下的选址模型的优越性，首先针对不同复杂度中断场景筛选空中航班集合。机场发出中断告警和具体中断恢复时间后，筛选剩余飞行时间小于中断恢复时长的空中航班，得到的备降航班数如表 9.10 第二列所示。

表 9.10 不同中断恢复时间下优化前后结果

中断恢复时间/小时	备降航班数/架	优化后目标函数值/元	就近原则目标函数值/元	总成本节省率	备降成本节省率	乘客损失节省率
1	26	678 222	915 023	26%	7%	41%
2	52	2 297 259	2 626 863	13%	−2%	24%
3	61	3 518 184	3 890 339	10%	−3%	19%
4	63	3 470 101	4 953 166	30%	5%	46%
5	63	3 407 439	5 720 018	40%	9%	59%
6	63	3 526 955	6 410 003	45%	10%	62%

从表 9.10 中可以看出，中断恢复时间增加将导致备降航班数量增多。然而，2021 年 7 月 26 日北京正处于疫情防控阶段，航班量较少且航线距离较短，中断时长超过 4 小时后不再新增备降航班。表 9.10 的第三列和第四列分别记录了在不同中断规模下考虑高铁网络的优化后目标函数值和就近原则的目标函数值。在中断时长小于或等于 3 小时的情景中，航班在备降机场停留时间不会超过 3 小时，机上乘客需遵守《航班正常管理规定》在飞机上等待，因此不存在换乘高铁的选择；模型主要通过优化航班在备降机场的停留时长来降低乘客等待时间成本，航空公司备降成本可能比就近原则高，总成本节省率较低。在中断时长大于或等于

4 小时的情景中，考虑高铁网络后的航班备降选址方案比就近方案减少了更多的备降成本和乘客损失，具有一定优越性；其中，在中断时长为 6 小时的情景下，甚至可以节约将近一半的总成本。这里以 5 小时中断时长为例，部分航班优化前后的结果对比如表 9.11 所示。

表 9.11　部分航班优化前后结果对比

航班	起飞机场	优化后选址策略			就近原则选址策略（优化前）		
		备降机场	备降成本/元	乘客损失/元	备降机场/元	备降成本/元	乘客损失/元
CA1552	黄山屯溪国际机场	济南遥墙国际机场	32 206	54 147	济南遥墙国际机场	38 902	109 138
CA1250	库尔勒梨城机场	呼和浩特白塔国际机场	39 300	61 147	呼和浩特白塔国际机场	45 132	105 499
CA1264	银川河东国际机场	呼和浩特白塔国际机场	42 732	60 430	呼和浩特白塔国际机场	48 492	104 542
CA1622	哈尔滨太平国际机场	沈阳桃仙国际机场	62 809	57 386	沈阳桃仙国际机场	66 481	107 735
CA1642	哈尔滨太平国际机场	沈阳桃仙国际机场	69 504	62 797	沈阳桃仙国际机场	73 032	117 058
HU6222	贵阳龙洞堡国际机场	大连周水子国际机场	142 653	56 078	太原武宿国际机场	106 144	79 161
CA1466	南宁吴圩国际机场	北京大兴国际机场	12 504	22 707	北京大兴国际机场	21 720	106 716
ZH9174	南宁吴圩国际机场	石家庄正定国际机场	55 856	48 528	太原武宿国际机场	69 572	109 983
CA1556	南昌昌北国际机场	太原武宿国际机场	88 778	49 671	济南遥墙国际机场	78 905	101 261

从列举的 9 架航班来看，本章提出的备降选址模型相较于就近原则备降策略的优势在于减少了目标函数 obj_3 的值，也就是备降带给乘客的损失。以航班 CA1250 为例，虽然优化前后选择的备降机场都是呼和浩特白塔国际机场，但是基于高铁网络下的备降选址模型允许时间价值高的乘客换乘高铁前往北京首都国际机场，减少了这部分乘客的时间成本。有利于乘客的恢复方案往往更加符合航空公司的实际需求。因此，考虑高铁网络的备降方案相较于采用就近原则备降具有一定优势，可以减少航班备降事件给航空公司带来的负面影响。

4. 高铁备选模式影响分析

事实上，高铁行驶时长、发车间隔和票价的不同都会影响乘客的出行选择。从图9.4和表9.9的高铁运行数据中可以发现，大多数情况下开往北京的高铁的行驶时长和票价与高铁站和北京的距离成正比。

考虑到《航班正常管理规定》的限制，中断时长小于或等于4小时的情景下换乘高铁大多不被允许，本节统计了中断5小时和6小时两种情景下空中航班选择的备降机场的分布。图9.5假设不考虑机场容量限制，由于从北京大兴国际机场换乘高铁具有明显的时间和价格优势，大多数航班倾向于备降在此地，也有少量航班备降在离北京较近的石家庄正定国际机场。

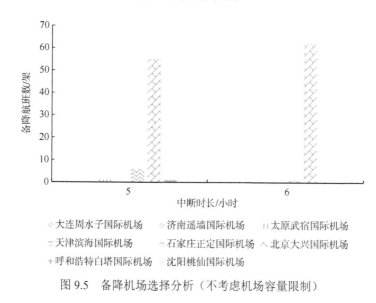

图9.5　备降机场选择分析（不考虑机场容量限制）

然而，沈阳和大连在高铁换乘方面与距离无关。大连在地理位置上离北京更近，但在高铁耗时、票价和发车间隔方面都不具备优势。因此，图9.6中考虑机场容量限制的结果表明，备降在沈阳桃仙国际机场的航班比备降在大连周水子国际机场的航班多。

综上，在大规模备降事件中，如果航空公司期望降低备降给乘客带来的负面影响，可以优先考虑备降在高铁换乘便捷的机场。

5. 机型影响分析

飞机机型不仅影响备降模型中的机场成本，还决定了载客数量。为了更清晰地比较机型差异对备降选址的影响，本节从乘客数据入手，假设乘客数量大于135的航班由宽体飞机执飞，小于135的由窄体飞机执飞。根据第4部分（高铁备选

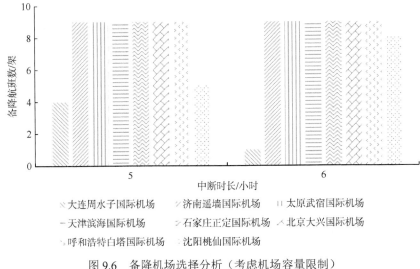

图 9.6　备降机场选择分析（考虑机场容量限制）

模式影响分析）的结论，如果不限制机场剩余容量，北京大兴国际机场是备降成本较低的选择。表 9.12 统计了考虑机场容量限制下，备降北京大兴国际机场的宽体飞机和窄体飞机数量。比较备降选址结果，在中断恢复时长超过 4 小时（含）后，宽体飞机的比例更高。由此可见，航空公司更希望通过安排乘客人数较多的宽体飞机备降到换乘高铁较方便的机场，以此来优化备降成本，并提高乘客满意度。

表 9.12　备降北京大兴国际机场的宽、窄体飞机数对比

中断恢复时间/小时	备降北京大兴国际机场的 窄体飞机数/架	备降北京大兴国际机场的 宽体飞机数/架
4	2	7
5	1	8
6	1	8

6. 乘客满意度权重分析

本节利用线性加权法将模型中的双目标问题转化为单目标问题，假设目标函数 obj_2 的权重 λ 和目标函数 obj_3 的权重 μ 相等且等于 0.5。但是航空公司通常更加关注自身利益，并不是将经济损失和商誉损失看得同等重要。因此，本部分将讨论多目标问题的权重因子对备降决策的影响。

假设中断恢复时间为 5 小时，目标函数 obj_3 的权重 μ 从 0.1 递增到 0.9，步长

为 0.2，同时，目标函数 obj_2 的权重 λ 逐步递减。图 9.7 统计了加权后总目标、目标函数 obj_2 和目标函数 obj_3 的值随权重因子变化的趋势。其中，实线代表目标函数 obj_2 的值，即备降产生的额外成本。虚线代表目标函数 obj_3 的值，即备降给乘客带来的损失。

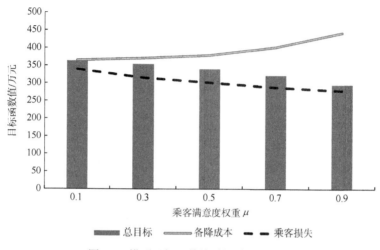

图 9.7　模型目标函数值受权重影响分析

由图 9.7 可知，目标函数 obj_3 的值随着权重 μ 的增高而降低，同理，目标函数 obj_2 的值也会随着权重 λ 的增高而降低。根据模型设定，航空公司有两个期望：降低备降成本和提高乘客满意度。因此，为保证整体最优，模型将重点优化航空公司更看重的目标。图 9.7 中柱状部分代表线性加权后的总目标函数值，随着权重 μ 的增大，总目标函数值的变化趋势与乘客损失的变化趋势相同。

航空公司只考虑备降成本或乘客满意度时的备降机场选择分布如图 9.8 所示。图 9.8（a）统计了考虑机场容量限制下的备降选址分布，由于大连高铁站在行驶时间、发车间隔和票价上都存在劣势，航空公司只考虑乘客满意度的备降决策中不会安排航班在大连周水子国际机场备降，这与图 9.6 结果类似。观察图 9.8（b）可以发现，不考虑机场容量限制时，以备降成本为中心和以乘客满意度为中心的备降选址分布差别不大，北京大兴国际机场是备降机场的热门选择，这与图 9.5 结果类似。

因此，在备降决策过程中，不论是把备降成本作为主要优化目标，还是把乘客满意度作为主要优化目标，如果北京大兴国际机场有足够的容量支持中断航班备降，将会成为备降机场的首选。相反地，除非是燃油不足，备降在大连周水子国际机场将增加很多成本。

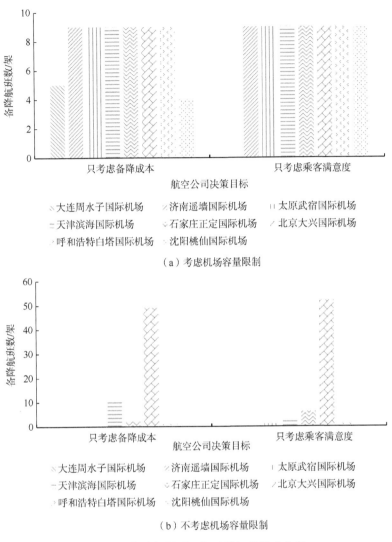

图 9.8　备降机场受目标函数权重影响分析

7. 航班备降频率敏感性分析

由于实际案例发生在 2021 年，受疫情影响，航班数量仅为 2019 年的 60% 左右。因此，本节将探讨不同航班备降频率（以下简称航班频率）对备降机场决策的影响。

首先，假设中断恢复时间为 5 小时，航班频率分别设定为表 9.10 中备降航班数（第二列）的 1 倍、2 倍、3 倍和 4 倍。增加航班频率的方法是推迟航班的实际起飞时间以生成新的航班。例如，表 9.7 中航班 CA1358 实际起飞时间为 20：10，在航班频率为 2 倍的情景下，将生成实际起飞时间增加 5 分钟的新航班"CA1358a"。该航班的实际起飞时间为 20:15，其他信息与 CA1358 相同。以此类推，航班频率为 i 倍时，将新增一组实际起飞时间延长 $5(i-1)$ 分钟的航班集。

其次，从图 9.8（b）中可以发现在不考虑机场容量限制的前提下，中断航班倾向于备降在北京大兴国际机场、天津滨海国际机场和石家庄正定国际机场。然而，在航班频率较大的情景下，这三个热门备降机场不能接受所有航班备降，其余航班只能选择成本较高的备降机场。因此，为探究航班频率对备降机场决策的影响，本节假设北京大兴国际机场、天津滨海国际机场和石家庄正定国际机场的容量有限，其他五个备降机场容量不限。

图 9.9 总结了航班频率增加时，大连周水子国际机场、济南遥墙国际机场、太原武宿国际机场、呼和浩特白塔国际机场和沈阳桃仙国际机场备降航班的数量。在考虑高铁换乘模式的前提下，由于济南高铁在发车频率、票价和行驶时间上具有优势，选择备降在济南遥墙国际机场的中断航班占比最大。呼和浩特白塔国际机场也具有一定优势，没有航班选择备降在大连周水子国际机场，这与前面的结论一致。

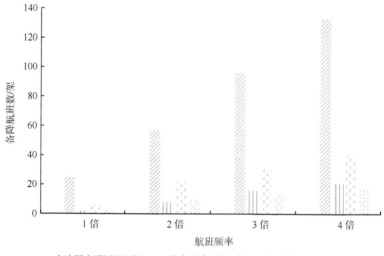

图 9.9　备降机场受航班频率影响分析

除此之外，根据表 9.13 的结果可以发现，航班频率增加不会影响备降选址模型的优势，优化后的目标值始终低于采用就近原则备降（优化前）的目标值。然而，由于热门备降机场的容量有限，随着航班频率的增加，备降选址模型的总成本节省率不断降低，这是因为大多数航班只能备降在济南遥墙国际机场等成本较高的机场。

表 9.13 不同航班频率下优化前后结果

航班频率	优化后目标值/元	优化前目标值/元	总成本节省率
1 倍	3 340 136	5 720 018	42%
2 倍	7 221 472	11 371 907	36%
3 倍	11 077 895	16 904 991	34%
4 倍	14 591 223	21 933 448	33%

因此，在航班频率较高的中断事件中，如果目的地机场周边热门备降机场容量有限，选择距离较远但高铁换乘优势大的机场备降，也可以有效减少航空公司备降成本和乘客损失。

8. 高铁发车频率敏感性分析

受京津冀交通一体化发展战略影响，为满足民众出行需求，热门方向增开多个高铁班次，乘客从石家庄和天津换乘高铁前往北京十分高效便捷。从图 9.8（b）中也可以发现，在高铁换乘模式下，北京大兴国际机场、石家庄正定国际机场和天津滨海国际机场具有离目的地机场较近和高铁换乘成本较低的特点，成为备降机场的热门选项。因此，本节探究了航班备降选址受大兴机场站高铁发车间隔的影响，结果记录在表 9.14 中。

表 9.14 航班备降选址受北京大兴机场站高铁发车间隔的影响分析

航班	高铁发车间隔			
	30 分钟	60 分钟	90 分钟	120 分钟
CA1466	北京大兴国际机场	北京大兴国际机场	北京大兴国际机场	北京大兴国际机场
CA4111	北京大兴国际机场	北京大兴国际机场	石家庄正定国际机场	北京大兴国际机场
CA1410	北京大兴国际机场	北京大兴国际机场	北京大兴国际机场	石家庄正定国际机场
CA1612	北京大兴国际机场	北京大兴国际机场	北京大兴国际机场	北京大兴国际机场
CA1550	天津滨海国际机场	天津滨海国际机场	天津滨海国际机场	天津滨海国际机场
HU7248	北京大兴国际机场	北京大兴国际机场	北京大兴国际机场	石家庄正定国际机场
HU7810	北京大兴国际机场	北京大兴国际机场	天津滨海国际机场	天津滨海国际机场
CA1236	北京大兴国际机场	北京大兴国际机场	北京大兴国际机场	北京大兴国际机场
CA1354	北京大兴国际机场	北京大兴国际机场	天津滨海国际机场	天津滨海国际机场
CA1466	北京大兴国际机场	北京大兴国际机场	北京大兴国际机场	北京大兴国际机场

在中断恢复时间为 5 小时的情景下，假设北京大兴国际机场的高铁发车间隔时间从 30 分钟增加至 120 分钟，步长为 30 分钟。北京大兴机场站发车间隔保持不变时，备降选址模型中选择备降在北京大兴国际机场的航班号如表 9.14 第一列所示。当北京大兴国际机场的高铁发车间隔时间增加时，这些航班选择的备降机场被记录在表 9.14 的第二列至第五列中。根据表 9.14 可知，发车间隔时间增加到 30 分钟和 60 分钟时，只有 CA1550 的备降机场改变，发车间隔时间继续增加后，备降机场改变的航班数增多。由此可见，高铁发车频率将会对备降机场的选择结果产生影响，如果距离北京首都国际机场较近的备降地的高铁发车频率较低，选择距离较远但发车频率较高的备降机场将会是更加经济的决策。

9.3.3　不确定性备降选址模型结果分析

不确定性备降选址模型的数据来源和数据形式与确定性备降选址模型相同。

1. 算例假设

为贴合实际情况，在算例中做出的假设如下：

（1）假设北京首都国际机场发出备降告警的时间点 T_0 为 22: 50，中断恢复时间 d_0 具有不确定性，d_0 服从[1, 6]上的均匀分布。

（2）假设机场告知空中航班准确中断恢复时长的时间点 T_1 为 23: 20，且 T_1 服从[0.5, 5.5]上的均匀分布。

（3）其余假设与确定性备降选址模型相同。

2. 两阶段决策模型的优越性

在实际航班中断事件中，航班收到中断告警时可能面临中断恢复时长未知的情况，两阶段决策模型通过比较航班继续飞行的期望成本和备降的期望成本，给出了应对不确定性中断事件的方案，如表 9.15 所示。

表 9.15　航班应对中断的措施（部分）

航班	起飞机场	应对中断措施	备降机场
CA1713	杭州萧山国际机场	备降	天津滨海国际机场
CA1508	杭州萧山国际机场	备降	济南遥墙国际机场
ZH9111	宜春明月山机场	继续飞行	无
CA1478	乌鲁木齐地窝堡国际机场	备降	北京大兴国际机场
CA1876	柳州白莲机场	继续飞行	无
3U8820	中卫沙坡头机场	继续飞行	无
CA1240	兰州中川国际机场	备降	北京大兴国际机场

表 9.15 列举了部分航班在两阶段模型中的选择结果。例如，CA1713 选择在时间点 T_0 立即备降到天津滨海国际机场，CA1478 选择在时间点 T_0 立即备降到北京大兴国际机场，CA1876 选择在时间点 T_0 继续飞行，直到获得准确的中断恢复信息。

为了验证中断信息不确定时两阶段决策模型的优越性，本节将两阶段模型优化后的结果与安排所有航班仅执行备降措施的结果进行了对比，对比结果见表 9.16。从表 9.16 中可以发现，采用两阶段模型优化后的目标成本比仅执行备降措施的成本低，产生这一结果的原因是两阶段模型中大约 2/3 的航班被安排继续飞行。因此，在中断恢复时长不确定的情景下，如果航班符合继续飞行的硬性条件，保持飞行状态是更节约成本的决策。

表 9.16　两阶段模型与仅执行备降措施的结果比较

指标	两阶段模型优化结果	仅执行备降措施结果
中断航班数/架	63	63
备降航班数/架	20	63
继续飞行航班数/架	43	0
总目标值/元	2 423 703	3 359 720

3. 滚动优化方法的优越性

在实际情况中，由机场关闭引起的航班中断事件往往具有不确定性。采用两阶段决策模型简化了为中断航班做备降决策的过程，忽略了中断航班在收到备降告警的时间点 T_0 和收到准确中断恢复时长的时间点 T_1 之间的状态。滚动优化方法在两阶段决策模型的基础上，增加了为空中航班做备降决策的次数。在滚动优化的过程中，第一次做决策的时间点为收到备降告警的时间 T_0，在航空公司收到准确的中断恢复信息之前，每间隔 Δt 分钟更新一次航班飞行状态，并评估是否安排航班备降，直到获得确定的中断恢复信息为止，具体流程如图 9.10 所示。

假设 $\Delta t=10$，即每隔 10 分钟对空中剩余中断航班进行一次备降决策，表 9.17 记录了滚动优化的结果。从表 9.17 中可以看出，空中航班于 22:50 收到第一次备降告警，在不确定中断恢复时间的情景下，有 12 架航班选择备降到备选机场，包括北京大兴国际机场、石家庄正定国际机场、济南遥墙国际机场、呼和浩特白塔国际机场和沈阳桃仙国际机场。10 分钟后，针对继续飞行的 51 架空中航班做出第二次决策，根据航班在空中飞行的最新位置状态，此时只有 1 架航班选择备降到北京大兴国际机场。时间继续滚动，有 3 架航班选择在 23:10 备降到北京大兴国际机场、石家庄正定国际机场和天津滨海国际机场。滚动优化在时间点 T_1 截止，剩余47架空中航班将在23:20根据收到的确定的中断恢复时长备降到备选机场或直接飞往目的地机场。

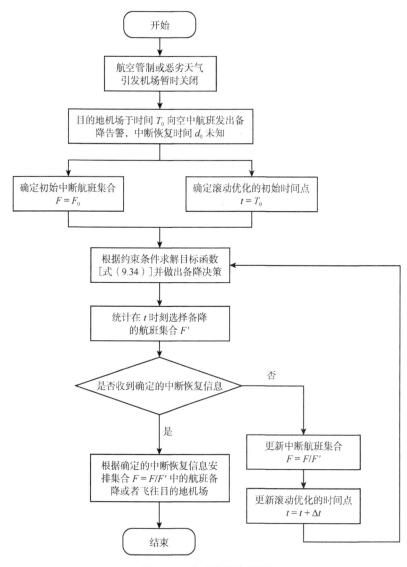

图9.10 滚动优化流程图

表9.17　每隔10分钟的滚动优化结果

滚动优化 时间节点	中断航班数/架	备降航班数/架	备降机场	继续飞行航班数/架
22：50	63	12	北京大兴国际机场 石家庄正定国际机场 济南遥墙国际机场 呼和浩特白塔国际机场 沈阳桃仙国际机场	51
23：00	51	1	北京大兴国际机场	50
23：10	50	3	北京大兴国际机场 石家庄正定国际机场 天津滨海国际机场	47

同理，假设 $\Delta t=5$，表9.18记录了每隔5分钟滚动一次的优化结果。综上，滚动优化为空中航班提供了更多的决策机会，更符合航班应急管理中的实际情况。

表9.18　每隔5分钟的滚动优化结果

滚动优化 时间节点	中断航班数/架	备降航班数/架	备降机场	继续飞行航班数/架
22：50	63	12	北京大兴国际机场 石家庄正定国际机场 济南遥墙国际机场 呼和浩特白塔国际机场 沈阳桃仙国际机场	51
22：55	51	1	太原武宿国际机场	50
23：00	50	1	北京大兴国际机场	49
23：05	49	2	北京大兴国际机场 济南遥墙国际机场	47
23：10	47	1	天津滨海国际机场	46
23：15	46	1	石家庄正定国际机场	45

表9.19对比了滚动频率不同时的优化结果。从表9.19中可以看到，每隔10分钟优化一次空中航班的滚动优化结果中，有16架航班在不同的时间节点被安排备降。每隔5分钟优化一次空中航班的滚动优化结果中，有18架航班在不同的时间节点被安排备降。由于滚动优化法优化次数较多，优化结果中选择备降的航班数也比不使用时多，因此，备降成本较高。但是对比求得的总目标值发现，使用

滚动优化法的总目标值更低，符合预期效果。空中的飞行情况是瞬息万变的，飞机储存的燃油量也是有限的，滚动优化是空中航班中断应急管理中较为常用的方法。为了保证乘客和机组人员的安全，在现实备降事件中根据航班实时状态，做出合理和安全的决策是航空公司应尽的职责。因此，在算力允许的情况下，提升滚动优化的频率有助于在保障航班安全的同时，减少航班中断给航空公司带来的损失。

表 9.19　滚动优化频率对结果的影响

求解方法	备降航班数/架	备降成本/元	总目标值/元
滚动优化法（每隔 10 分钟）	16	549 547	2 601 123
滚动优化法（每隔 5 分钟）	18	623 932	2 601 063
不使用滚动优化法	13	438 443	2 628 204

本 章 小 结

在空中交通管制或恶劣天气等因素引发的大规模备降事件中，由于空中决策较为紧急，航空公司往往采取就近原则安排航班的备降机场，从而引发一系列负面影响。本章基于目的地机场确定性中断时长，研究了如何在收到中断告警时，给航空公司提供同时满足最小化备降成本和乘客损失的备降选址方案。

本章首先结合中国高铁发展情况，将备降后换乘高铁模式引入多目标整数规划模型中，为乘客提供换乘选项。其次，以 2021 年 7 月 26 日北京首都国际机场大规模备降事件为案例，收集和汇总了历史航班运行数据和相关高铁数据，利用线性加权法和 Python DOcplex 库求解了不同中断情景下的多目标整数规划问题。由于模型是为空中航班设计决策方案，通常要求需要在较短时间内给出解决方案，而本章所提出的模型可以在一秒内进行快速求解，能够满足本章问题的实时性需求。最后，通过对比优化前后结果，探讨了高铁换乘模式的优势，并从机型、旅客满意度权重、航班频率和高铁发车频率的角度开展了进一步分析和讨论。结果表明，基于高铁网络的模型相较于就近原则具有优越性，能够有效减少备降成本和旅客损失。但是在备降航班数量较多的情况下，节约成本的能力有所降低。由于模型考虑乘客出行选择，航空公司更趋向于将航班备降至距离目的地机场近且高铁换乘成本低的机场，例如北京大兴国际机场。如果北京大兴机场站的高铁发车频率很低，备降到距离目的地机场较远但高铁发车频率高的机场将成为最优的抉择。此外，备降成本和乘客满意度的权重差异会影响备降选址方案。

本章在航空公司中断管理研究中考虑了中断乘客的行为选择，并将高铁网络加入了空中备降选址决策模型。本章提出的模型和方法可为航空公司中断管理计算机辅助决策系统的设计提供参考。因此，建议航空公司在进行空中备降选址决策时参考乘客的时间价值，以平衡备降成本和乘客损失，减少中断事件对航空公司造成的负面影响。同时，与铁路部门加深合作也能更好地服务乘客。

参 考 文 献

[1] Marzuoli A，Boidot E，Colomar P，et al. Improving disruption management with multimodal collaborative decision-making：a case study of the Asiana crash and lessons learned[J]. IEEE Transactions on Intelligent Transportation Systems，2016，17（10）：2699-2717.

[2] 赵文智，王化佳. 一个航班备降延误的成本分析[J]. 中国民航大学学报，2009，27（6）：45-47.

[3] 李航，郭晓梅，胡小兵. 灾害性天气下航空公司天气成本测算模型[J]. 中国安全科学学报，2019，29（6）：7-12.

[4] Hu Y Z，Song Y，Zhao K，et al. Integrated recovery of aircraft and passengers after airline operation disruption based on a GRASP algorithm[J]. Transportation Research Part E：Logistics and Transportation Review，2016，87：97-112.

[5] Lee J，Marla L，Jacquillat A. Dynamic disruption management in airline networks under airport operating uncertainty[J]. Transportation Science，2020，54（4）：973-997.

第10章　双城居民周通勤行为及社会最优实证研究

本章首先基于京津高铁数据分析城际居民周通勤行为，然后利用数据对双城经济系统社会最优及竞争均衡进行实证分析研究。

10.1　基于高铁数据的城际居民周通勤行为分析

跟踪改革开放以来中国城市的发展历程，可以看到一些这样的情况：首先是集中精力和资源发展几个城市。比如，1979 年中央决定在深圳、珠海、汕头和厦门四个城市设立经济特区，1992 年国务院批复同意设立上海市浦东新区。这些城市的发展也逐渐带动了其周围城市的发展，比如上海带动了苏州等城市的发展，也逐渐形成了几个城市群。但是在大城市经济得到快速发展的同时，一些弊端也逐渐暴露出来，如空气污染、高房价、交通拥堵等"大城市病"。其中一个重要原因在于这些大型城市承担了太多的人口。

为了解决这些问题，同时更好地带动周边城市的发展，国家顺应城市发展的规律，提出了类似城市群概念的规划。2019 年 2 月 18 日，中共中央、国务院印发了《粤港澳大湾区发展规划纲要》。2019 年 12 月 1 日，中共中央、国务院印发了《长江三角洲区域一体化发展规划纲要》。类似的还有《京津冀协同发展规划纲要》《成渝地区双城经济圈建设规划纲要》等。所以在未来一段时间，中国城市发展的一个重要方向将是城市群。

把视线放到国外的发达国家，在日本有以东京为中心的城市群，在美国有分别以纽约和芝加哥为中心的两大城市群。从这些已经比较成熟的城市群中，可以看到城市群的一些特征：存在一个超大型城市，如纽约、东京、伦敦，周围有不同规模的城市，相互之间联系紧密；城市群区域内人口密度比较大，经济发展水平比较高，是各自国家重要的经济引擎。中国的城市群在未来也会朝着这个方向发展，所以研究城市群的发展是一个非常重要的课题。

城市群不是几个城市简单地聚集在一起，而是要在交通、物流、通信等基础设施互联互通的基础上，加强经济产业、公共服务之间的联系，最后形成一个有机整体。区域间人口的流动是经济发展一个非常重要的因素，城市群之间的人口流动又有不一样的特点。

可以观察到，城际通勤是城市群之间一个非常重要的特征。通勤指的是在居住地和工作地之间的往返，城际通勤指的是一个人居住和工作在不同的城市，他的上下班通勤是从一个城市到另一个城市，这样的跨城市上下班称为城际通勤，区别于我们所熟悉的市内通勤。与一般的城市间人口流动不同，城际通勤具有高频次的特点。我国河南省、四川省等人口大省，有较多的人会前往浙江省、广东省等经济发达的地区工作，然后一般会在春节之前返回家乡，春节后再去往工作地，由此形成了中国独特的大规模人口流动——春运。但是城际通勤的频次非常高，以北京和天津之间的城际通勤为例，一般跨城上班的人会居住在天津，每周的周一上午前往北京工作，周五晚上返回天津，一周两次城际通勤，甚至更高频次，明显高于以春运为代表的一年两次的流动。但是几乎很少有居住在北京，但是工作在天津的人。也就是说，城际通勤一般是单向的。

此外，值得关注的还有关于城际通勤的方式，包括自驾与城际高铁等。针对自驾，以京津为例，从 2019 年 11 月 1 日起，进入北京市六环路（不含）以内道路和通州区全域范围道路（不含高速公路主路）行驶的外省、区、市核发号牌（含临时号牌）的载客汽车，须办理进京通行证[1]。在这之前，会有一部分不居住在北京的人开非北京牌照的车辆进入北京上班通勤。但是该政策实施后，这部分人必须更换交通方式，或者无法继续在北京工作。注意，这个政策出台的另一个背景是北京实施机动车牌照摇号政策，部分北京居民为了避开摇号，而选择办理非北京牌照的车辆，这在一定程度上加剧了北京的交通拥堵。所以无法准确判断限制非北京牌照的政策对于城际通勤的具体影响[2-5]。

除了自驾，城际通勤的另外一个重要交通方式为城际高铁，国内许多学者对高铁出行做了大量的研究[6-10]，本章着眼于以高铁为出行方式的城际通勤。以京津为例，北京和天津之间除了京沪高铁（经过天津）外，还有另外一条平行的京津城际铁路，高铁无论运行在哪条线路上，两城之间的单程时间都在 30 分钟左右。部分城际通勤的人会选择乘坐高铁。以高铁为交通工具的城际通勤在中国的城市群中已经存在，除了京津，在长三角地区也出现了类似的情况。这主要得益于中国高铁建设的快速发展。

至于城际通勤的产生原因，本章认为是由于在中国，一般城市群的中心城市的政府会出台疏解人口或限制人口增长的一些政策措施。在北京尤其明显，根据《北京城市总体规划（2016 年—2035 年）》[2]（以下简称《规划》），"北京市常住人口规模到 2020 年控制在 2300 万人以内，2020 年以后长期稳定在这一水平""到 2020 年中心城区集中建设区常住人口密度由现状 1.4 万人/平方公里下降到 1.2 万人/平方公里左右，到 2035 年控制在 1.2 万人/平方公里以内"。此外，北京市围绕该目标提出了一系列的政策举措。比如，在北京通州区建设北京城市副中心。由此，北京延续了多年以来的限制人口户籍的政策。这很可能是部分在北京工作的人选择居住在天津的主要原因。北京限制人口规模的原因是多样的，其中之一是北京的资源承载力有限。在《规划》中，测算北京人口容量的一个主要依据是北京的水资源。北京是一个人均水资源比较少的城市，所以"南水北调"工程的目的地之一就是北京。另外，北京的城市公共服务无法满足大规模人口的需求。比如，北京的三甲医院经常人满为患。还有其他原因，比如北京的高房价。北京的高房价一方面是人口过多导致的，另一方面也阻止了更多的人涌入北京。对于京津冀城市群来说，它与长三角城市圈和粤港澳大湾区有一个非常重要的区别是，比较小型城市的发展较为缓慢。所以北京限制城市人口可能对于区域内其他的城市来说是一个机会。

之前大部分关于城际通勤的文献都是基于模型的理论研究[3-5]，本章是基于数据的实证研究。本章主要通过爬虫程序爬取京津之间城际高铁的售票数据，以此来分析京津之间的城际通勤现象。

10.1.1　数据来源和概述

本文利用 Python 爬虫从 12306 网站爬取北京和天津之间的高铁数据。选择12306 网站主要有以下几点原因。

（1）12306 网站作为中国铁路的官方网站，相比于其他第三方订票平台，其数据是第一手数据。其提供的信息具有较高的可信度和准确度。

（2）12306 网站的数据具有较强的实时性，会以很快的响应速度显示车票的余票信息变化，这也使得数据的实时性较好，在研究旅客在时间上的购买规律时具有更高的可信度。

（3）12306 网站的数据完整，包含的车站及车次完整。这使得可以获得的数据广度更大，可供研究的区域也更多。

12306 网站提前 14 天售票，不同车站的起售时间不同。为了确保爬取的车站开启售票且在一天之内已经充分出售车票，爬虫程序运行的时间为每天 20 点至21 点。

北京和天津之间的高铁在北京停靠的车站是北京南站，在天津停靠的车站则包括天津站、天津西站、塘沽站、军粮城北站、滨海站、天津南站等。但是京津之间的城际高铁（车次以 C 开头）只到天津站、天津西站、塘沽站、军粮城北站、滨海站，前往天津南站的一般是京沪高铁上的列车（车次以 G 开头）。铁路售票一般优先保证距离较长的需求，所以京沪高铁不能完全反映京津之间的联系，因此本章只考虑京津城际高铁，即车次以 C 开头的列车。

本章数据爬取的时间范围为 2021 年 9 月 27 日至 2022 年 1 月 9 日这 15 周，以及 2023 年 4 月 24 日至 2023 年 7 月 2 日这 10 周。需要指出的是，2021 年 9 月27 日至 2022 年 1 月 9 日，京津之间没有发生因为疫情防控而大规模限制出行的现象。

从 12306 网站爬取的数据主要有八列，第一列为车次，第二列为出发站，第三列为经停站，第四列为出发时间，第五列是到达经停站的时间，第六列至第八列分别为商务座、一等座和二等座的售票情况。这里需要解释一下 12306 网站对外展示的售票情况一般为"有"或者"无"，即该等级座位还有余票时显示"有"，该等级座位没有余票时显示"无"。但是在余票极少，据观察一般是数量小于 10 时，会显示具体数字。从北京到天津的城际高铁列车（部分）数据爬取结果如表 10.1 所示。

表 10.1　北京到天津的城际高铁列车（部分）数据爬取结果

车次	出发站	经停站	出发时间	到达时间	商务座售票情况	一等座售票情况	二等座售票情况
C2551	北京南	天津	06:00	06:30			
C2551	北京南	滨海	06:00	06:56			
C2553	北京南	天津	06:05	06:35			
C2553	北京南	塘沽	06:05	06:56			
C2553	北京南	滨海	06:05	07:08			
C2601	北京南	天津西	06:10	06:42			
C2201	北京南	天津	06:15	06:52			

从天津到北京的城际高铁列车（部分）数据爬取结果如表 10.2 所示。

表 10.2　天津到北京的城际高铁列车（部分）数据爬取结果

车次	出发站	经停站	出发时间	到达时间	商务座售票情况	一等座售票情况	二等座售票情况
C2606	天津西	北京南	05:33	06:13			
C2608	天津西	北京南	05:42	06:22			
C2002	天津	北京南	05:58	06:28			
C2202	天津	北京南	06:04	06:45			
C2610	天津西	北京南	06:08	06:40			
C2612	天津西	北京南	06:19	06:58			
C2614	天津西	北京南	06:29	07:12			

10.1.2　数据处理和分析

由于列车绝大部分座位都是二等座，所以我们主要分析二等座的售票情况。2021 年 9 月 27 日至 2022 年 1 月 9 日这 15 周中，前 6 周从北京到天津的城际高铁的售票情况如附图 10.1 所示 [见本章附录，因篇幅所限，仅列了前六周。其中每张图的横纵坐标都是相同的，横坐标表示高铁列车的发车时间，纵坐标表示提前售完车票的天数（最大为 14，代表提前 14 天售罄）。附图 10.2～附图 10.4 同]。从附图 10.1 中可以得到如下结论。

（1）在正常工作周（非国庆和元旦），一般周五晚上出现从北京到天津的出行高峰。高峰的时间段约为 17：00 至 21：00。其中最高峰约为 19：00 至 20：00。

（2）周一和周五以及周末两天的列车数（对应的图上的点数量更多）要比剩下三天的列车数多。

附图 10.2 是从 2021 年 9 月 27 日至 2022 年 1 月 9 日这 15 周中，前 6 周从天津到北京的城际高铁的售票情况。从附图 10.2 中可以得到如下结论。

（1）在正常工作周（非国庆和元旦），一般周一早上出现从天津到北京的高峰。高峰的时间段约为 6：00 至 8：30。其中最高峰约为 6：30 至 8：00。

（2）周二到周四早上也有高峰，但是是比较零星的几辆列车，一般是 7：20 从天津站开往北京南站的列车。

（3）周一和周五以及周末两天的列车数要比剩下三天的列车数多（不含国庆假期）。

附图 10.3 是从 2023 年 4 月 24 日至 2023 年 7 月 2 日这 10 周中，前 6 周从北京到天津的城际高铁的售票情况，从附图 10.3 中可以得到如下结论。

（1）在正常工作周（非五一和端午），一般周五晚上出现从北京到天津的出行高峰。高峰的时间段约为 17：00 至 21：00。其中最高峰约为 19：00 至 20：00。

（2）周一和周五以及周末两天的列车数要比剩下三天的列车数多。

附图 10.4 是从 2023 年 4 月 24 日至 2023 年 7 月 2 日这 10 周中，前 6 周从天津到北京的城际高铁的售票情况，从附图 10.4 中可以得到如下结论。

（1）在正常工作周（非五一和端午），一般周一早上出现从天津到北京的高峰。高峰的时间段约为 6：00 至 8：30。其中最高峰约为 6：30 至 8：00。

（2）周二到周五早上也有高峰，但是是比较零星的几辆列车，一般是 7：20 从天津站开往北京南站的列车。

（3）周一和周五以及周末两天的列车数要比剩下三天的列车数多。

对比 2021 年节选周和 2023 年节选周的数据结果，可以发现，在工作日，周五晚上从北京到天津的出行高峰和周一早上从天津到北京的出行高峰没有发生太大改变，但是 2023 年节选周比 2021 年节选周，出现了周六上午从北京到天津和周日晚上从天津到北京的出行小高峰，推测可能是因为政策的调整，导致两地的周末短途出行增多。

10.1.3　以周通勤为主要特征的京津城际通勤行为

通过以上情况的分析，我们可以看到对于工作通勤来说，主要表现为在工作日的周五晚上从北京到天津的出行高峰，以及周一早上从天津到北京的出行高峰。由此可以推断京津城际通勤主要以周通勤为主要特征，且是从天津到北京的单向通勤。同时还伴随着少量的每日通勤，表现为天津到北京周二到周五上午的出行小高峰，但是这个每日通勤并没有和周通勤一样伴随着从北京到天津晚上的出行小高峰，推测可能是因为：①每日通勤人数相对周通勤少；②下班时间相对于上班时间比较灵活，所以通勤者不必赶某一些固定时间段的列车。

周通勤意味着每周工作的第一天出现从天津到北京的出行早高峰，每周工作的最后一天出现从北京到天津的出行晚高峰。对于国内工作来说，节假日调休会改变周一到周五工作的情况，这也可以验证城际之间存在周通勤行为。例如，2022年1月3日是元旦假期，虽然是星期一但是是假期，1月4日（周二）是该周工作的第一天，出现了从天津到北京的出行早高峰。2023年6月22日（周四）到6月24日（周六）是端午假期，6月25日是周日，但是是工作第一天，也出现了从天津到北京的出行早高峰，与此同时6月26日从天津到北京的出行早高峰不像其他正常周一那么明显。

10.2　双城经济系统社会最优及竞争均衡实证研究

第 3 章建立了双城经济系统社会最优及竞争均衡理论模型，本节将运用第 3 章的理论模型开展实证研究。由于理论模型是连续模型，而现实世界中的经济系统本质上是离散的。因此，本节将介绍如何对一个离散的经济系统进行连续化处理，进而计算双城经济系统社会最优和竞争均衡的结果。在第 3 章构建的理论模型中，有一些参数与通勤成本直接相关。这些参数一旦发生变化，城际通勤的人数、居民的均衡效用和社会福利也会随之改变。本节将讨论导致这些参数发生改变的潜在交通政策，进而探讨这些潜在交通政策的福利经济影响。

10.2.1　研究区域

本节选取上海和嘉兴作为实证研究的对象。这两个城市都位于长江三角洲地区。长江三角洲是我国经济最发达、人口最密集的区域之一，它包含了上海、江苏、浙江和安徽四个省市。根据国家统计局公布的数据，截至 2018 年底，长江三角洲地区常住人口约为 2.25 亿人，区域面积为 35.8 万平方千米。2018 年，长江三角洲地区生产总值约为 21.15 万亿元，以不到全国 4% 的区域面积，创造了我国近 1/4 的经济总量。作为我国经济最发达的区域，长江三角洲的高铁通车里程全国领先。截至 2020 年底，长江三角洲地区的高铁通车里程超过了 5000 公里[11]，且高铁建设高潮仍在持续。高速铁路的迅猛发展极大地促进了该区域的经济社会发展和人员流动。

上海是长江三角洲地区的核心城市，同时还是全球的金融中心、交通中心和技术创新中心。根据上海市统计局发布的数据，2018 年，上海的总面积为 6340.5 平方千米，人口约为 2423 万人，地区生产总值约为 3.3 万亿元，占长江三角洲地区生产总值的 15% 以上。2018 年上海非私营单位①平均工资为 140 270 元，远高于它的周边城市。

嘉兴毗邻上海，是长江三角洲地区的二线城市，其面积为 4223 平方千米。2018 年嘉兴户籍人口约为 360.44 万，地区生产总值约为 4871.98 亿元。根据嘉兴市统计局发布的数据，2018 年嘉兴非私营单位平均工资为 89 311 元。高铁开通之前，从嘉兴乘火车到上海大约需要 1.5 小时；高铁开通后，这一时间下降到 30 分钟左右，这使得很多嘉兴人选择到上海工作，从而出现了城际通勤的现象。这是本章选择这两个城市作为研究对象的主要原因。

尽管两个城市的占地面积都很大，然而有相当一部分地区还属于欠开发或未开发状态。根据《上海市城市总体规划（2017—2035 年）》，只有上海外环线以内的区域才被定义为中心城区，这一区域包括杨浦、虹口、静安、普陀、长宁、徐汇和黄埔全区，以及浦东新区的一部分，面积约为 664 平方千米。2018 年，上海中心城区的地区生产总值约为 2.13 万亿，大约占全上海地区生产总值的三分之二。这意味着上海的主要经济活动集中在中心城区。嘉兴的中心城区一般是指嘉兴三环线以内的区域，面积约为 162 平方千米[12]。嘉兴中心城区由南湖和秀洲两区组成。因此，将上海外环线和嘉兴三环线分别定义为两个城市的边界（或者称为经济边界）。此外，上海虹桥站（高铁站）和嘉兴南站（高铁站）都位于两个城市的边界外。

10.2.2　参数标定

已有研究表明，γ 的取值一般在 0.05 左右[13]，本节令 $\gamma = 0.05$。其他参数（如全要素生产率 A_i）需要收集现实数据来标定。表 10.3 给出了参数标定所需要的数据。需要指出的是，本节选用 2018 年的统计数据来标定相关参数，且以年为单位来计算社会福利和居民效用。因此，居民的收入指的是年收入，通勤成本指的是年通勤成本。

---

① 具体包括国有单位、集体单位、联营经济、股份制经济、外商投资经济、港澳台投资经济等。

表 10.3　参数标定所需数据

输入	描述	单位	具体值	数据来源
N_i	城市 i 的人口[①]	人	上海：12 436 800 嘉兴：1 288 700	上海统计局； 嘉兴统计局
s_i	城市 i 的人均居住面积	平方米	上海：37 嘉兴：41.26	界面新闻[②]； 《2018 年嘉兴市国民经济和社会 发展统计公报》
v_i	城市 i 的车辆平均运行速度	千米/小时	上海 20.84 嘉兴：31.49	百度地图《2018 年度中国城市交 通报告》
$mcpk_i$	在城市 i 通勤一公里的货币 成本	万元	上海：0.000 15 嘉兴：0.000 1	根据出租车公里计价估计得到
tcic	城际通勤的时间成本	小时	0.65	中国铁路 12306 网站
mcic	城际通勤的货币成本（即 高铁票价）	万元	0.003 9	中国铁路 12306 网站
GDP_i	城市 i 的地区生产总值	万元	上海：213 388 800 嘉兴：12 464 200	上海统计局； 嘉兴统计局
twd	年度总工作天数	天	232	《国务院办公厅关于 2018 年部分 节假日安排的通知》

注：对于人均居住面积，理论模型假设系统中的居民具有相同的住房消费量，现实中不同城市的人均居住面积往往是不同的。由于上海和嘉兴的人均居住面积比较接近，因此本章忽略了住房面积差异对居民效用的影响；对于车辆平均运行速度及城际通勤的时间成本，为了将停车时间、候车时间等考虑进去，本节对原始数据进行了适当修正。具体地，车辆平均运行速度缩小了 1.3 倍，城际通勤时间放大了 1.3 倍。为简明起见，图 10.4 至图 10.15 的数据单位不再进行逐一标注

用地区生产总值来衡量一个城市的总产出，则有 $GDP_i = A_i N_i^{1+\gamma}$，将 GDP_i 和 N_i 代入 $GDP_i = A_i N_i^{1+\gamma}$ 求解，可得

$$A_1 = \frac{GDP_1}{N_1^{1+\gamma}} = 7.5810 \tag{10.1}$$

$$A_2 = \frac{GDP_2}{N_2^{1+\gamma}} = 4.7864 \tag{10.2}$$

当全要素生产率确定后，即可计算出上海和嘉兴的年平均工资：

$$w_1 = A_1 N_1^{\gamma} = 17.1579 \tag{10.3}$$

$$w_2 = A_2 N_2^{\gamma} = 9.6719 \tag{10.4}$$

---

① $i = 1$ 表示上海，$i = 2$ 表示嘉兴。

② 上海人均住房面积提高至 37 平方米，期望寿命提高至 83.63 岁，https://baijiahao.baidu.com/s?id=16478759762 76670786&wfr=spider&for=pc[2024-03-22]。

　　两个城市的年平均工资估计值比官方公布的数据要高一些（2018年，上海和嘉兴非私营单位的年平均工资分别为140 270元和89 311元）。这是因为本节估计的工资水平代表的是中心城区的平均水平，而官方报道的工资水平是整个城市（包括非中心城区）的平均工资。2018年总工作日是232天，如果每天工作8小时，那么上海每小时的工资约等于92.45元。因此，将人们的时间价值设定为92元/小时，或者居民的时间价值vot = 0.0092[①]。

　　根据表10.3中的数据，可以估算出上海和嘉兴的城市半径分别为12.10千米和4.11千米。这一组数据与真实值很接近[②]。

　　通勤成本包括时间成本和货币成本。因此，年城际通勤成本为

$$T = \text{twd}\left(2 \cdot \text{mcic} + 2 \cdot \text{vot} \cdot \text{tcic}\right) = 4.6678 \qquad (10.5)$$

　　年市内通勤成本的估算需要一定的技术处理。这是因为，现实中计算一个城市的集计通勤成本本质上是一个离散问题，是在连续假设条件下推导出来的。因此，需要将这一离散问题连续化。下面介绍这一离散问题如何被连续化的。

　　人口被假定服从均匀分布。为了满足这一假设，可以将一个城市用若干同心圆进行分割。如图10.1所示，该圆形区域被10个同心圆分割。

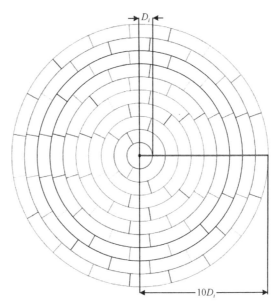

图 10.1　人口均匀分布图示

　　① 假设系统中的人口是同质的，这意味着所有人的时间价值相同。对于嘉兴的居民，他如果到上海工作，可以获得的小时工资为92.45元，也就是他的机会工资。因此，本节用上海居民的小时工资来衡量人们的时间价值。
　　② 上海市政府一般被认为是上海的市中心。运用百度地图的测距工具，从上海市政府沿东西南北四个方向到上海外环路的直线距离分别为：15.1千米、11.5千米、15.9千米和12.1千米，平均值为13.65千米。同样地，将嘉兴市政府视为嘉兴的市中心，测得从嘉兴市政府沿东西南北四个方向到嘉兴三环路的直线距离分别为：5.4千米、4.9千米、5.0千米和6.3千米，平均值为5.4千米。

用 K 表示同心圆的总数，$D_i = \sqrt{s_i}$ 表示相邻两个同心圆之间的距离。本节把 D_i 当作单位距离，也就是说，在城市 i 通勤 D_i 千米所面临的交通成本为 t_i。由此可知，城市 i 内部单位距离的年通勤成本为

$$t_i = \text{twd} \left(\overbrace{2 \cdot \text{mcpk}_i \cdot \frac{\sqrt{s_i}}{1000}}^{\text{日货币成本}} + \overbrace{2 \cdot \text{vot} \cdot \frac{\sqrt{s_i}/1000}{v_i}}^{\text{日时间成本}} \right) \quad (10.6)$$

将表 10.3 中的相关数据代入式（10.6）可得：$t_1 = 0.0017$，$t_2 = 0.0012$。显然，t_1 和 t_2 估计值满足假设 $t_1 \geqslant t_2$。

从里往外数，第 k 个同心圆的半径为 kD_i，这里 $k = 1, 2, \cdots, K$。由此可知：第 1 个同心圆的面积为 πD_i^2，也就是说，平均意义上有 π 个人居住在最里面的圆形区域，这 π 个人从居住地到市中心所面临的交通成本为 t_i；第 k 个同心圆与第 $k+1$ 个同心圆之间的圆环面积为：$\pi\big((k+1)D_i\big)^2 - \pi(kD_i)^2 = (2k+1)\pi D_i^2$，这里 $k = 1, 2, \cdots, K-1$，也就是说，平均意义上有 $\pi(2k+1)$ 个人居住在这一圆环区域，他们从居住地到市中心的通勤成本为 kt_i。因此，城市 i 的集计交通成本为

$$\text{ACC}_i^d = t_i \sum_{k=1}^{K} k\pi(2k-1) = t_i \pi \frac{4K^3 + 3K^2 - K}{6} \quad (10.7)$$

其中，上标 d 是单词 "discrete"（离散）的缩写，它表示集计通勤成本是用离散模型计算得到的。现在让每一个同心圆的半径都缩小 D_i 倍，那么会得到一个半径为 K 的新的圆形区域。对原来的圆形区域进行压缩处理后，可以给出计算集计交通成本的另一表达式：

$$\text{ACC}_i^c = t_i \int_0^K 2\pi r^2 \mathrm{d}r = t_i \frac{2\pi K^3}{3} \quad (10.8)$$

其中，上标 c 是 "continuous"（连续）的缩写，它表示集计交通成本是用连续模型计算得到的。注意到：

$$\lim_{K \to \infty} \frac{\text{ACC}_i^d}{\text{ACC}_i^c} = \lim_{K \to \infty} \frac{4K^3 + 3K^2 - K}{4K^3} = 1 \quad (10.9)$$

式（10.9）表明，当 K 趋近于无穷大时，用离散模型计算得到的集计交通成本就等于用连续模型计算得到的结果。实际上，当 $K = 100$ 时，ACC_i^d 与 ACC_i^c 的比值为 0.99，已经非常接近于 1。根据表 10.3 中的数据计算得到上海和嘉兴的 K 值分别为 1990 和 640，都远大于 100。这说明这种连续化处理方式是合理且可行的。

类似地，不难验证，通过连续化处理后，第 3 章推导的各种公式都可以直接运用。

本节最后介绍农业租金的估计方法。在传统的城市经济学相关文献中，学者一般用地租来衡量土地的价值。然而，在中国用房价来衡量土地的稀缺性可能更合适。这是因为，很少有人选择在嘉兴租房而通勤到上海工作。此外，古语说"有恒产者有恒心"。中国老百姓更倾向于购买住房而不是租赁住房，即使后者更便宜。因此，本节用房价来衡量土地的价值。特别地，分别用两个城市中心城区外围区域房价的平均值来代替农业租金。

上海的中心城区被宝山、闵行、嘉定和浦东四个区所包围。根据 2018 年的数据，这四个区域的二手房每平方米的销售价格分别为：42 163 元、35 051 元、50 526 元以及 59 832 元。因此，上海边界处的住房均价为 46 893 元。嘉兴的中心城区被桐乡、海盐、海宁、平湖和嘉善五个区域包围，这五个区域每平方米的平均房价分别为：14 921 元、9449 元、14 232 元、12 983 元以及 13 149 元[①]。因此，嘉兴边界的住房均价为 12 947 元。假设所有的购房者都是通过抵押贷款的方式购买住房。具体地，假设每个购房者先付 30% 的首付，剩余部分从银行贷款，分 30 年还清。根据 2018 年的银行利息，计算得到上海的购房者、嘉兴的购房者每年需要偿还的贷款本息分别为 75 156 元、23 136 元。因此，取 $R_1 = 7.5156$ 万元，$R_2 = 2.3136$ 万元。

如今，中国还保留着户籍制度。户籍制度在一定程度上限制了人口在农村与城市之间、小城市与大城市之间的自由流动。尽管近些年来很多地方都放松了落户限制，然而像上海这样的超大城市，其户籍限制仍然非常严格。当考虑户籍制度的限制时，不能认为人口是内生的。然而，城市人口外生可以看作是人口内生的一种特例。因此，不影响理论模型的适用性。

10.2.3 社会最优和竞争均衡

本节先讨论社会最优的结果。由于上海和嘉兴的人口是外生的，因此只需要确定最优的城际通勤人数。回想一下，第 3 章共讨论了两类社会最优问题。第一类社会最优的解空间为 $N_{21} \in \left[0, (2/\pi)N_2\right]$，这个解空间等价于 $\eta \in [0,1]$。特别地，当 $\eta = 0$ 时，$N_{21} = (2/\pi)N_2$，而当 $\eta = 1$ 时，$N_{21} = 0$。第二类社会最优的解空间为 $N_{21} \in \left[(2/\pi)N_2, N_2\right]$[②]，它可以等价为 $\mu \in [0,1]$。特别地，当 $\mu = 0$ 时，$N_{21} = (2/\pi)N_2$，

---

① 由于收集房价的历史数据较为困难，本节中上海和嘉兴的二手房数据是"中国房价行情"2020 年 7 月提供的数据。"中国房价行情"是中国房地产业协会主办的 App。自从中央明确房子"住而不炒"的定位后，上海等不少城市的房价在过去几年都保持相对稳定，因此 2020 年的数据也能近似反映 2018 年的房价。

② 实际上，第二类社会最优只可能发生在 $N_{21} = N_2$ 处。这里还是遍历了整个解空间。

而当 $\mu = 1$ 时，$N_{21} = N_2$。本节通过遍历整个解空间来寻找最优解（实际上是枚举的思想）。

图 10.2 反映了在两类社会最优的情况下，社会福利（SW）随 η 和 μ 的变化情况。为了方便比较，将两类社会最优的结果画到了同一幅图里面。图中虚线的数值是根据式（3.11a）计算得到的，实线的数值是根据式（3.29）计算得到的。结果表明，社会最优发生在 $\eta = 0.5252$ 处。也就是说，在社会最优状态，184 950 名嘉兴居民需要通勤到上海工作。类似地，可以通过遍历整个解空间找到竞争均衡的结果。

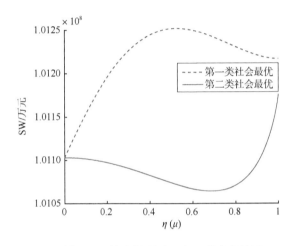

图 10.2　社会福利随 η 和 μ 的变化情况

图 10.3 给出了第一类竞争均衡时，系统中各类群体（上海的居民、城际通勤者和嘉兴的市内通勤者）的效用随 η 的变化情况。如果没有城际通勤，上海和嘉兴的均衡效用分别为 7.4283 和 6.8598[①]。然而，居住在嘉兴高铁站附近的居民发现到上海工作可以获得更高的效用［图 10.3（b）中 u_{21} 对应的曲线］，从而出现了城际通勤。一个稳定的均衡发生在 $\eta = 0.8293$ 处（即 $N_{21} = 23\ 920$），此时，嘉兴的均衡效用为 6.8524。由图 10.3（a）可知，随着城际通勤人数的增加，上海的居民的效用逐渐升高，即上海的居民总是从城际通勤中获益[②]。

第二类竞争均衡只可能出现在 $N_{21} = N_2$ 处，此时计算得到上海和嘉兴的均衡

---

① 需要指出的是，当不允许人口自由流动时，两个城市的均衡效用可以不相等。

② 这一结果是在没有考虑负外部性的情况下得到的。实际上，集聚并不总是产生正外部性，也会导致交通拥堵、资源紧缺等负外部性。直觉上，如果城际通勤者给上海造成的负外部性超过了他们所贡献的价值，上海的居民会因为城际通勤而受损。

效用分别为7.5125和6.0095。尽管这个均衡也是一个稳定均衡，但这个均衡实际上不会出现。这是因为第一个均衡（即 $N_{21} = 23\,920$）出现后，其他区域的嘉兴居民不再有动机到上海去工作。如果他们选择去上海工作，获得的效用反而更低，见图10.3（b）中 u_{22} 对应的曲线。

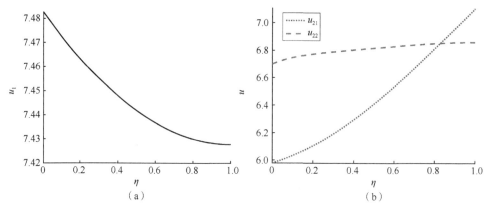

图10.3 第一类竞争均衡下系统中各类群体效用随 η 的变化情况

上述结果表明，运用构建的模型确实预测到了上海和嘉兴之间存在的城际通勤现象。此外，竞争均衡状态下城际通勤者的人数小于社会最优状态。这表明中央政府应该鼓励城际通勤以提高社会福利。10.2.4 节将会介绍通过实施城际通勤补贴可以将系统诱导到社会最优状态。

此外，当前两个城市之间高铁的运能可能不足以满足城际通勤的需要。尽管每天有超过 90 趟高铁车次从嘉兴发往上海，但是只有一部分车次是在早上发车（其他时段的车辆不适合城际通勤）。即使对于那些在早高峰时段发出的列车，有相当一部分只是把嘉兴当作经停站而不是始发站。这意味着留给城际通勤者的座位很有限。以目前的高铁运能，单日服务城际通勤的人数不超过 10 000 人，这一数值远低于竞争均衡时的城际通勤人数，更不用说社会最优了。因此，不是每一个想到上海工作的嘉兴居民都能买到票。实际上，高铁运能不足从而抑制了城际通勤的规模并不是个例。京津城际铁路也存在这样的现象。天津到北京的城际铁路的车票在高峰期，尤其是星期一和星期五是非常紧张的。为此，政府应该扩大投资，建设新线，提高运营能力，满足城际通勤需求，从而提高社会福利。

高铁的开通使得嘉兴劳动力流失，最终使得嘉兴的均衡效用下降，出现了虹吸效应。注意，这一结果是在假设两个城市的产业完全相同的情况下得到的。该结果提示，为了克服虹吸效应的影响，嘉兴应该发展与上海互补而不是竞争的产业，这应该成为嘉兴市政府中长期规划的一个重点。

对于房价而言，理论模型预测到，城际通勤会使得嘉兴南湖区（高铁站所在城区）的房价上升。确实，2018 年数据显示，南湖区的二手房均价为每平方米 16 013 元，是嘉兴五个区县中最高的。

10.2.4　灵敏度分析

因为本章的主要工作是探究城市及城际交通政策的福利经济影响，所以本节只讨论当城际通勤和市内通勤成本发生变化时，社会福利及均衡效用的变化情况。在众多参数中，只有 T、t_1 和 t_2 与通勤成本直接相关，而影响这三个参数的输入主要包括：tcic、mcic、v_i 和 $mcpk_i$。下面先介绍可能引起这些输入发生改变的交通政策，即潜在交通政策。

注意到城际通勤成本 T 的值由 tcic 和 mcic 共同决定。一般来说，tcic 与城际交通基础设施的投资水平呈负相关，即政府在城际交通基础设施上的投入越多，tcic 越小。为了说明这种负相关关系，不妨假设平原上存在两个没有道路连接的城市，此时可以认为 tcic 无穷大。为了降低 tcic，中央政府可以选择在两个城市之间修建一条普通公路（A），或者高速公路（B），或者高速铁路（C）。如果用 C_A、C_B 和 C_C 来表示三种方案的成本（包括建设成本、维护成本和运营成本等），用 $tcic_A$、$tcic_B$ 和 $tcic_C$ 来表示三种方案实施后城际通勤的时间成本，则在一般情况下，有 $C_A < C_B < C_C$，$tcic_A > tcic_B > tcic_C$。因此，当 tcic 减小时，可以认为是城际交通基础设施的投资水平提高了。而 tcic 增大，则可以理解为高铁的运行速度被调低了[①]。和 tcic 相比，mcic 的政策意义就直观多了。它增大时，可以认为是实施了城际通勤（拥堵）收费；它减小时，可以认为是实施了城际通勤补贴。

影响 t_i 的输入主要有 v_i 和 $mcpk_i$。与 tcic 类似，当 v_i 增大时，可以认为地方政府对市内交通的投资增大了；而当 v_i 减小时，可以认为地方政府实施了限速措施。对于 $mcpk_i$，当它增大或减少时，可以认为地方政府实施了拥堵收费或通勤补贴。因此，灵敏度分析实际上可以理解为分析实施上述潜在的交通政策所产生的影响。具体来说，就是要分析潜在的交通政策将会对社会福利和均衡效用产生怎样的影响。

表 10.4 总结了引起通勤成本改变的潜在交通政策。

---

① 有时，从运行安全或运营成本的角度考虑，相关部门会对高铁运行速度进行限制。比如，2011 年的"7·23"甬温线特别重大铁路交通事故发生后，当时的铁道部就调低了高铁的运行速度。

表 10.4　引起通勤成本改变的潜在交通政策

输入	变化情况	潜在交通政策
tcic	上升/下降	高铁运行速度调低/城际交通基础设施投资增大
mcic	上升/下降	城际通勤收费/城际通勤补贴
v_i	上升/下降	市内交通投资增大/限速
$mcpk_i$	上升/下降	拥堵收费/通勤补贴

　　当 tcic 变化时，最优城际通勤人数和社会福利的变化情况见图 10.4。具体地，当 tcic 小于 0.6587 小时时，嘉兴的居民都应该到上海去工作，而当 tcic 从 0.6587 小时逐渐增大到 0.8197 小时时，最优城际通勤人数逐渐减小。特别地，当 tcic 等于 0.6587 小时时，存在两个最优解①，这使得最优城际通勤人数的曲线出现了间断的现象。当 tcic 大于 0.8197 小时时，嘉兴的人不应该到上海去工作。此外，整体来看，tcic 下降，社会福利逐渐提高。如果认为 tcic 的下降是城际交通基础设施投资水平的提高导致的，那么城际交通基础设施投资水平的提高有助于提高社会福利②。注意到高铁开通前乘火车从嘉兴到上海大约需要 1.5 小时，因此，图 10.4（a）说明在普速铁路时代，嘉兴人不应该到上海去工作。

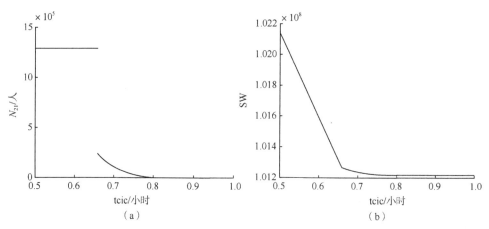

图 10.4　tcic 变化时最优城际通勤人数和社会福利的变化情况

　　图 10.5 给出了最优城际通勤人数和社会福利随高铁票价的变化情况。具体地，当 mcic 小于 37 元时，嘉兴的居民都应该到上海去工作，而当 mcic 从 37 元逐渐增大到 52 元时，最优城际通勤的人数逐渐减小。特别地，当 mcic 等于 37 元时，

---

　　① 由于社会最优问题不是一个凸规划问题，因此存在多个最优解并不奇怪。

　　② 需要指出的是，这一结论是在没有考虑投资成本的情况下得到的。如果投资所需的资金由系统外的第三方承担，那么这一结论显然是成立的。如果投资的资金由系统本身负担，比如通过收入税来融资，那么存在一个使得社会福利最大化的最优投资水平。此时，投资的边际收益与边际成本恰好相等。

存在两个最优解。当 mcic 大于 52 元时，嘉兴的人不应该到上海去工作。整体来看，实施城际通勤补贴可以提高社会福利。以本章的实证研究为例，在社会最优状态（$\eta = 0.5252$），上海的居民获得的效用为 7.4404。对于城际通勤者而言，他们所获得的效用为 6.4400，而对于嘉兴的市内通勤者而言，他们所获得的效用为 6.8186。计算结果表明，对城际通勤者的每次出行，补贴 8 元即可将系统诱导到社会最优状态，从而提高社会福利。实施城际通勤补贴后嘉兴的均衡效用变成了 6.8186。

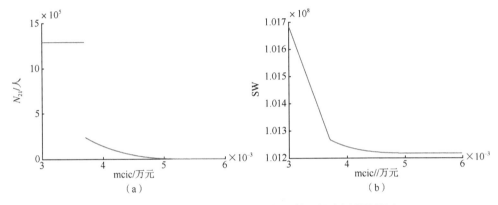

图 10.5　mcic 变化对最优城际通勤人数和社会福利的影响

类似地，图 10.6～图 10.9 依次给出了最优城际通勤人数和社会福利随 v_1、v_2、$mcpk_1$ 和 $mcpk_2$ 的变化情况。可以看到，随着 v_i 增大，社会福利逐渐提高，而随着 $mcpk_i$ 增大，社会福利逐渐降低。此外，无论对于哪个参数，在某一时刻都出现了两个最优解的情况。两个最优解的出现使得最优城际通勤人数的曲线出现了间断，然而，社会福利曲线始终是连续的。

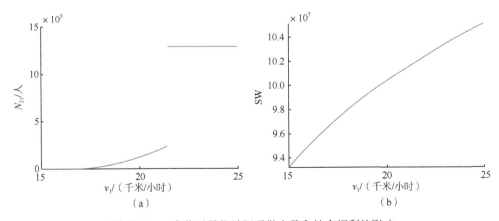

图 10.6　v_1 变化对最优城际通勤人数和社会福利的影响

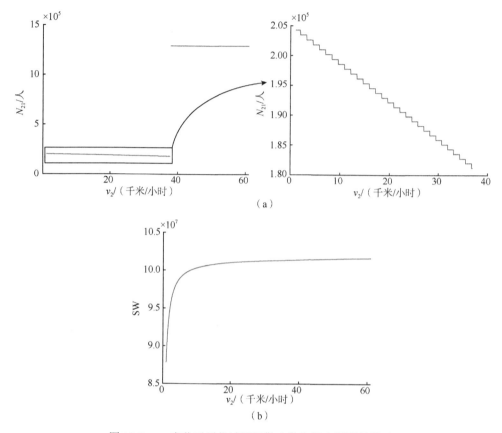

图 10.7　v_2 变化对最优城际通勤人数和社会福利的影响

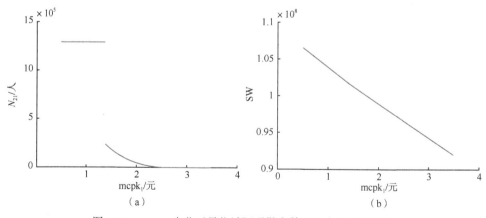

图 10.8　$mcpk_1$ 变化对最优城际通勤人数和社会福利的影响

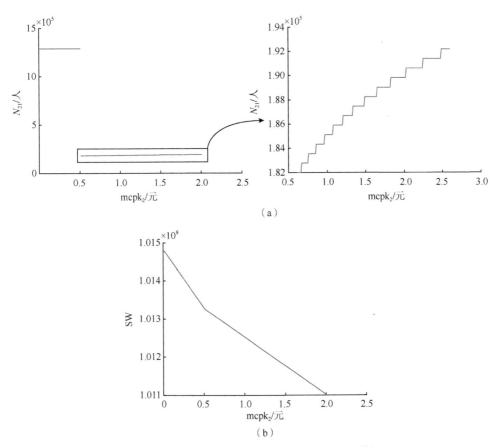

图 10.9　mcpk_2 变化对最优城际通勤人数和社会福利的影响

　　整体上看，无论是扩大对城际交通基础设施的投资还是扩大对市内交通的投资都有助于提高社会福利，实施通勤补贴也可以提高社会福利，相反，实施城际通勤收费会降低社会福利。

　　表 10.5 总结了社会最优问题灵敏度分析的结果。以 v_2 为例，当 v_2 不超过 37.8 千米/小时时，会出现第一类社会最优，反之会出现第二类社会最优。无论 v_2 如何变化，N_{21} 都不可能等于零。因此用"N"表示此种情形不会出现。表 10.5 中"↓""↑"分别表示随着参数的增大，社会福利下降和上升。

表 10.5　社会最优问题灵敏度分析结果

参数	$N_{21}=0$	$N_{21}\in\left(0,(2/\pi)N_2\right)$	$N_{21}=N_2$	SW
v_1 /（千米/小时）	<16.67	[16.67, 21.40]	>21.40	↑
v_2 /（千米/小时）	N	（0, 37.8]	>37.8	↑

续表

参数	$N_{21} = 0$	$N_{21} \in \left(0, (2/\pi)N_2\right)$	$N_{21} = N_2$	SW
tcic/小时	>0.8197	[0.6587, 0.8197]	<0.6587	↓
mcic/元	>52	[37, 52]	<37	↓
mcpk$_1$/元	>2.600	[1.385, 2.600]	<1.385	↓
mcpk$_2$/元	N	≥0.52	<0.52	↓

讨论完潜在交通政策对最优城际通勤人数和社会福利的影响后，下面分析这些潜在交通政策将会对均衡状态下的城际通勤人数和居民效用产生怎样的影响。直觉上，城际通勤时间和高铁票价下降会促进城际通勤，这一认知在图 10.10 和图 10.11 中得到了确认。

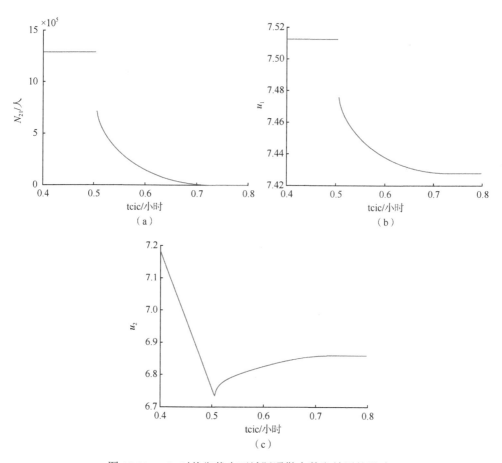

图 10.10　tcic 对均衡状态下城际通勤人数和效用的影响

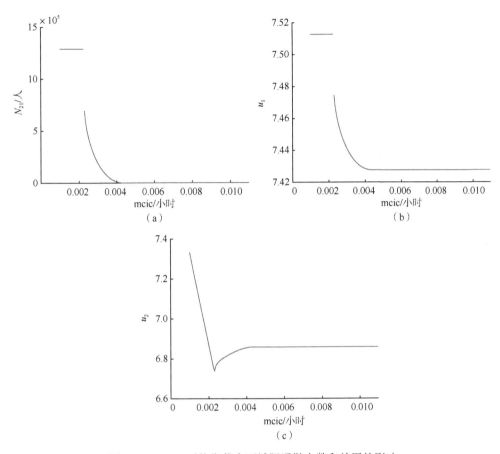

图 10.11　mcic 对均衡状态下城际通勤人数和效用的影响

　　具体地，当 tcic/mcic 超过 0.732 小时/44 元时，居住在嘉兴的人都不愿意到上海去工作，此时上海和嘉兴两地的均衡效用分别为 7.4283 和 6.8598。这一结果表明，高铁未开通之前，嘉兴人不愿意到上海去工作。当 tcic/mcic 从 0.732 小时/44 元逐渐下降到 0.506 小时/23 元时，越来越多的嘉兴人发现到上海工作可以获得更高的效用，因此均衡状态城际通勤的人数逐渐增多。在这一阶段，上海的均衡效用逐渐上升，而嘉兴的均衡效用逐渐下降。这一结果证实了虹吸效应的存在。具体来说，随着城际通勤成本的下降，一部分嘉兴人选择到上海去工作，从而增加了上海的集计产出，最终提高了上海人的效用水平；而嘉兴因为失去了一部分劳动力，集计产出下降，从而使得效用水平降低。然而，这一结论并不总是成立的。当 tcic/mcic 低于 0.506 小时/23 元时，所有居住在嘉兴的人都愿意到上海去工作，此时嘉兴人的效用反而提高了。这是因为：当城际通勤成本下降到一定程度时，选择到上海工作获得的工资收入可以抵扣增加的交通成本。这说明"睡城"可能使得所有人的效用得到提升①。

　　同社会最优问题一样，在开展竞争均衡问题的灵敏度分析时，同样观察到了城际通勤人数的跳跃现象。均衡城际通勤人数的突变也导致了上海居民均衡效用的突变，这是因为，均衡人数的突变会导致上海的工资水平发生突变，而对交通成本和房价没有影响。然而，嘉兴居民的均衡效用还是连续的。这是因为，城际通勤在影响工资的同时，也对交通成本和房价产生了影响。

　　由于 v_1 和 mcpk_1 变化时，城际通勤人数和均衡效用的变化规律与 tcic 和 mcic 变化时的结果保持一致（即城际通勤成本增加，选择到上海工作的人数降低），此处不再一一展开分析。v_1 和 mcpk_1 对均衡状态下城际通勤人数和效用的影响分别如图 10.12 和图 10.13 所示。

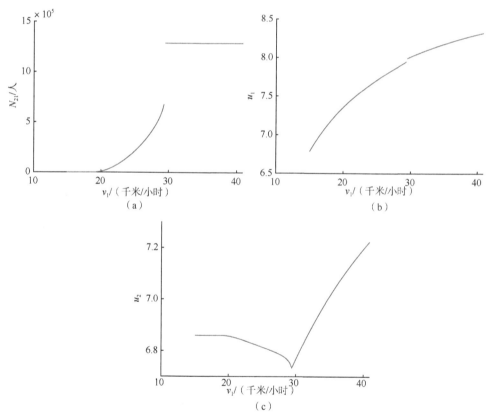

图 10.12　　v_1 对均衡状态下城际通勤人数和效用的影响

---

　　① 读者可能会疑问，如果小城市成了"睡城"，那么小城市是不是就没有财政收入了？实际上，现实生活中的城市并不是只有一个产业。尽管劳动力流失使得小城市通过个人所得税获得的财政收入下降，但是大城市的居民为了逃避高房价选择到小城市买房也会促进小城市房地产及相关产业的发展。此外，小城市的居民也需要消费，他们到大城市工作，收入增加，从而提高了消费能力，这也有利于促进小城市第三产业的发展。这些产业的发展也能增加财政收入。

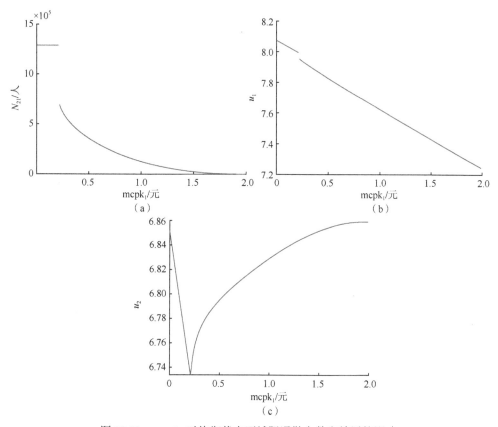

图 10.13 mcpk$_1$ 对均衡状态下城际通勤人数和效用的影响

当 v_2 增大（或者 mcpk$_2$ 减小）时，越来越多的嘉兴人觉得留在嘉兴工作是更明智的选择，见图 10.14 和图 10.15。随着市内通勤成本（mcpk$_2$）下降，嘉兴的均衡效用逐渐上升。相反，由于选择到上海工作的人越来越少，上海的均衡效用逐渐降低。

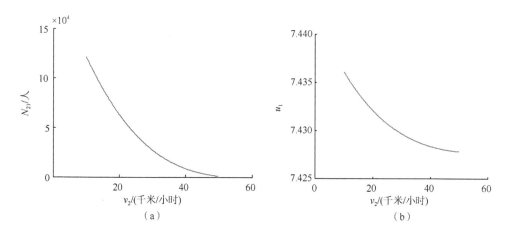

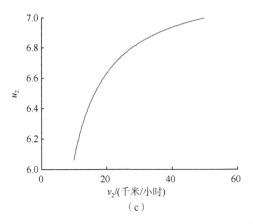

图 10.14　v_2 对均衡状态下城际通勤人数和效用的影响

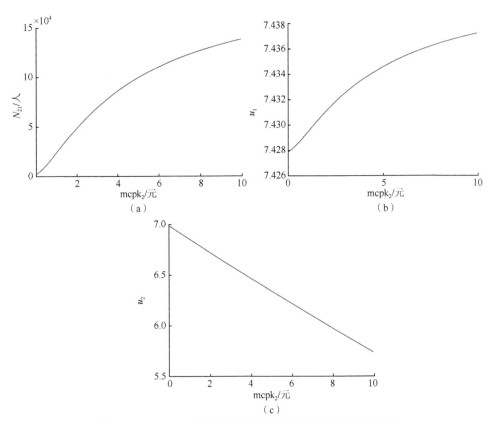

图 10.15　mcpk$_2$ 对均衡状态下城际通勤人数和效用的影响

表 10.6 总结了竞争均衡下的灵敏度分析结果。其中，"↓""↑"分别表示随着参数的增大，均衡效用下降和上升，而"↓↑"则表示随着参数的增

大，均衡效用先下降后上升。同表 10.5 一样，表 10.6 中"N"表示对应的情形不会出现。

表 10.6　竞争均衡灵敏度分析结果

参数	$N_{21} = 0$	$N_{21} \in \left(0, (2/\pi) N_2\right)$	$N_{21} = N_2$	u_1	u_2
v_1 / （千米/小时）	<19.03	[19.03, 29.30]	>29.30	↑	↓↑
v_2 / （千米/小时）	>56	（0, 56]	N	↓	↑
tcic/小时	>0.732	[0.506, 0.732]	<0.506	↓	↓↑
mcic/元	>44	[23, 44]	<23	↓	↓↑
mcpk$_1$ /元	>1.93	[0.22, 1.93]	<0.22	↓	↓↑
mcpk$_2$ /元	N	(0, 25]①	N	↑	↓

本　章　小　结

本章首先对北京和天津之间的高铁城际通勤行为开展了实证研究。主要通过爬虫程序在 12306 网站上爬取了高铁的售票数据进行分析。研究结果表明：京津城际通勤主要以周通勤、天津往北京的单向通勤为主要特征。具体表现为从北京到天津周五晚上的出行高峰和从天津到北京周一早上的出行高峰，但同时还伴随着少量的每日通勤，表现为天津到北京周二到周五上午的出行小高峰。此外，由于调休机制，偶尔会出现每周工作的第一天不是周一、最后一天不是周五的情况，从数据中也观察到调休后的每周工作的第一天和最后一天均出现了通勤高峰，这也从侧面验证了周通勤的特征。

接着，本章选择上海和嘉兴作为研究对象开展了关于城际通勤的实证研究。研究结果表明：在高铁未开通之前，在竞争均衡状态，嘉兴人都不愿意到上海去工作；在社会最优状态，嘉兴人都不应该到上海去工作。高铁开通后，让一部分人到上海去工作可以提高社会福利。对于居住在嘉兴南站附近的居民，他们发现到上海工作可以获得更高的效用，因此会选择到上海去工作。这促使了更多的人到高铁站附近买房安居，从而推高了这一区域的房价。由于最优城际通勤人数远高于均衡人数，因此实施城际通勤补贴可以提高社会福利。此外，由于高铁运能不足，城际通勤的需求可能受到了抑制。灵敏度分析的结果表明，尽管加大交通投资或者实施通勤补贴可以提高社会福利，然而这些政策的实施也可能加剧虹吸效应，使得嘉兴失去更多的劳动力。然而，当投资力度足够大，或者城际通勤补

---

① 当 mcpk$_2$ 超过 25 元时，N_{21} 和 u_2 会出现振荡。由于现实生活中 mcpk$_2$ 不太可能超过 25 元，因此本节不予考虑。

贴足够多时，越来越多的嘉兴人会选择到上海工作。此时，到上海工作获得的工资收入足以弥补通勤成本的增加，因此，嘉兴人的效用反而提高了。这表明，加大交通投资力度，或者实施更大力度的通勤补贴不仅可以提高社会福利，还可能使得所有人都受益。相反，实施城际通勤收费会降低社会福利，但可以在一定程度上解决嘉兴的劳动力流失问题。

　　本章的研究结果提示，为了克服虹吸效应的影响，嘉兴市政府应该发展与上海互补而不是竞争的产业。为了提高社会福利，中央政府应该加大对城际交通的投资力度，新建城际铁路线，提高服务城际通勤需求的能力。而对于地方政府而言，其可以视情况选择合适的交通政策来鼓励或抑制城际通勤，取决于地方政府是否想从城际通勤中获益。

参 考 文 献

[1] 北京市交通委员会，北京市环境保护局，北京市公安局公安交通管理局. 关于对部分载客汽车采取交通管理措施的通告[EB/OL]. http://jtgl.beijing.gov.cn/jgj/jgxx/gsgg/jttg/bjsgajgajtgljtg/572265/index.html[2023-06-25].

[2] 北京市规划和国土资源管理委员会. 北京城市总体规划（2016 年—2035 年）[EB/OL]. http://www.beijing.gov.cn/gongkai/guihua/wngh/cqgh/201907/t20190701_100008.html[2017-07-29].

[3] Brueckner J K. The structure of urban equilibria: a unified treatment of the muth-mills model[M]//Mills E S. Handbook of Regional and Urban Economics（Volume II）. Amsterdam: Elsevier Science Publishers，1987：821-845.

[4] Krugman P. Increasing returns and economic geography[J]. Journal of Political Economy，1991，99（3）：483-499.

[5] Ogura L M. Urban growth controls and intercity commuting[J]. Journal of Urban Economics，2005，57（3）：371-390.

[6] Shao S, Tian Z H, Yang L L. High speed rail and urban service industry agglomeration: evidence from China's Yangtze River Delta region[J]. Journal of Transport Geography，2017，64：174-183.

[7] Wang F，Wei X J，Liu J，et al. Impact of high-speed rail on population mobility and urbanisation: a case study on Yangtze River Delta urban agglomeration，China[J]. Transportation Research Part A：Policy and Practice，2019，127：99-114.

[8] Guo X Y，Sun W Z，Yao S Y，et al. Does high-speed railway reduce air pollution along highways?: Evidence from China[J]. Transportation Research Part D: Transport and Environment，2020，89：102607.

[9] 侯雪，刘苏，张文新，等. 高铁影响下的京津城际出行行为研究[J]. 经济地理，2011，9（31）：1573-1579.

[10] 孟斌，郑丽敏，于慧丽. 北京城市居民通勤时间变化及影响因素[J]. 地理科学进展，2011，30（10）：1218-1224.

[11] 上海市人民政府. 上海市城市总体规划（2017—2035 年）[EB/OL]. http://www.shanghai.gov. cn/newshanghai/xxgkfj/2035002.pdf[2024-09-11].

[12] 嘉兴市自然资源和规划局. 嘉兴城市总体规划（2003—2020 年）（2017 年修订）[EB/OL]. http://zrzyhghj.jiaxing.gov.cn/art/2020/7/29/art_1229240437_1966737.html[2020-07-29].

[13] D'Este G. Trip assignment to radial major roads[J]. Transportation Research Part B：Methodological，1987，21（6）：433-442.

附　录

（a）前三周

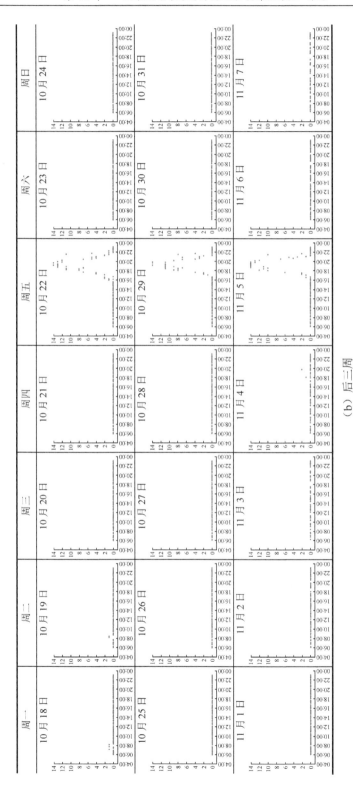

（b）后三周

附图 10.1　从北京到天津的城际高铁的售票情况（2021 年 9 月 27 日至 2021 年 11 月 7 日）

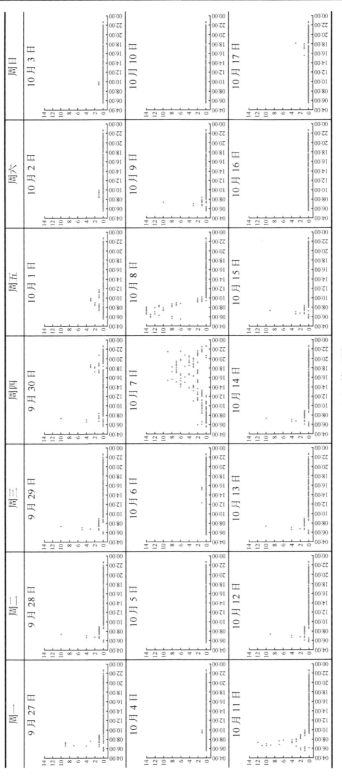

（a）前三周

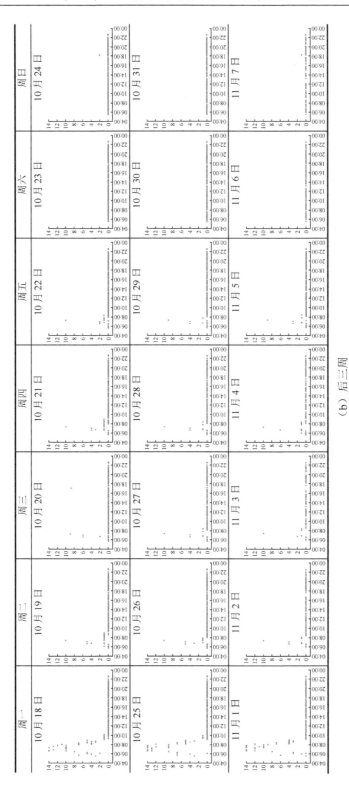

附图 10.2　从天津到北京的城际高铁的售票情况（2021 年 9 月 27 日至 2021 年 11 月 7 日）

（b）后三周

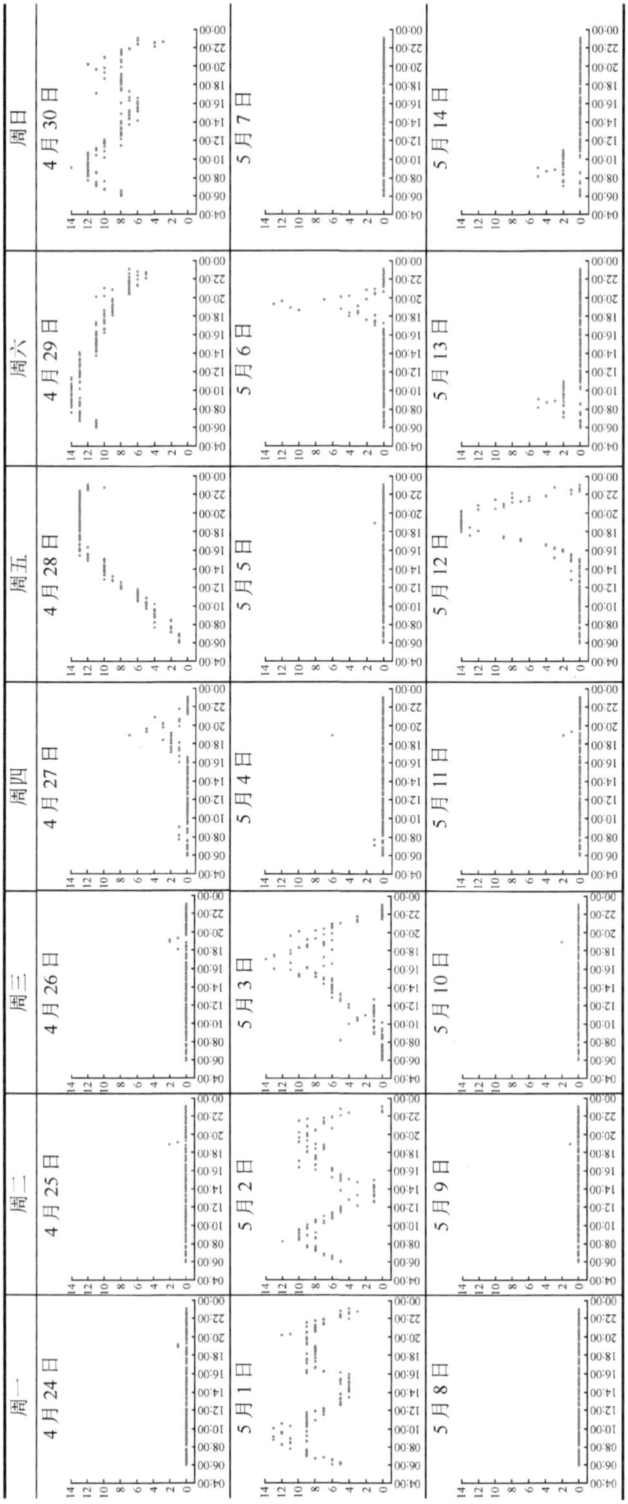

图三 续（a）

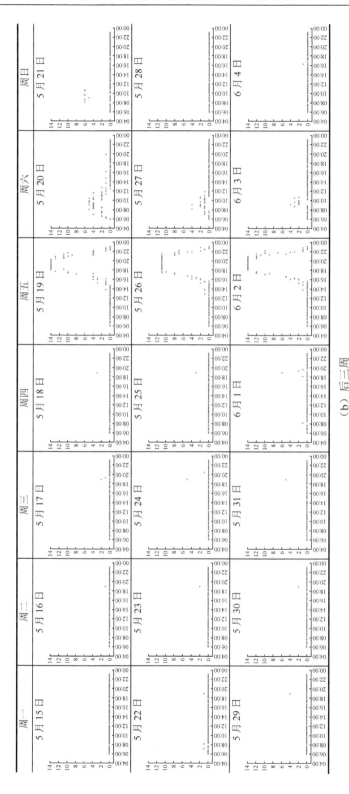

（b）后三周

附图 10.3　从北京到天津的城际高铁的售票情况（2023 年 4 月 24 日至 2023 年 6 月 4 日）

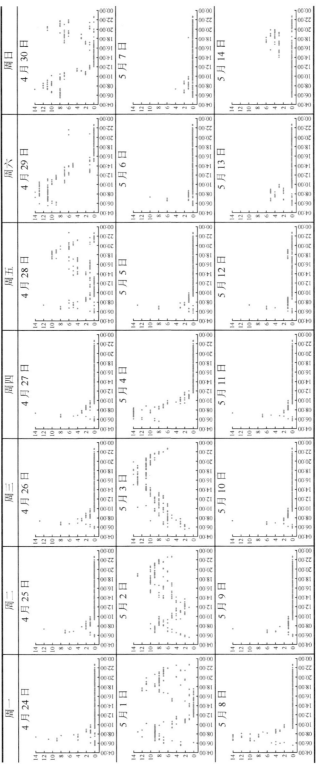

（a）前三周

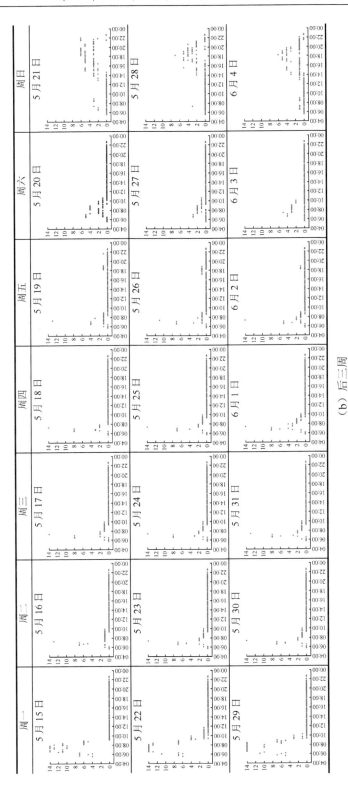

附图 10.4　从天津到北京的城际高铁的售票情况（2023 年 4 月 24 日至 2023 年 6 月 4 日）

（b）后三周

第11章 基于多源数据的城市居民出行空间特征研究

11.1 研究背景

本章研究的城市是厦门及其周边的漳州和泉州。厦门是福建省下辖的地级市，也是我国的经济特区之一，面积约为 1700 平方千米，2021 年常住人口 528 万人。厦门与漳州、泉州并称"厦漳泉"，是闽南"金三角"经济区。漳州陆地面积是 1.26 万平方千米，2021 年常住人口 507 万人。泉州面积约为 1.1 万平方千米，2021 年常住人口 885 万人。在《福建省国土空间规划（2021—2035 年）》[①]中，厦漳泉都市圈是国家重点发展区域。

传统城市空间结构识别主要基于自然地形地貌、交通条件分隔、城市物质空间形态、土地利用性质等，结合城乡规划师主观分析进行定性研判，以不考虑人口流动的"静态"识别为主[1]。而基于数据可以对城市空间结构进行量化分析。

之前也有学者开展了基于数据的城市空间结构分析，但是传统调查数据由于数据精度低、获取难度大、数据丰富程度不够，难以真实地反映城市的发展情况和城市内部区域的动态关系。本章主要基于多样化的大数据进行研究，恰好能够弥补传统数据的缺陷，且不受行政区划和传统数据统计口径限制。

11.2 国内外研究现状

11.2.1 城市空间结构的相关研究

城市空间结构是一个跨学科的研究对象，由于各个学科的研究角度不同，难以形成一个共同的概念框架。近年来，城市空间结构的研究中也提出了"流空间"（space of flows）的新理论。在 20 世纪末，社会学家 Castells[2-3]正式提出"流空间"，并赋予其动态空间的概念。"流空间"理论将城市视为网络，而探讨的侧重点在于网络中的各种介质的"流动"。在这一观点下，城市的各个部分被无数不同的流动紧密地联系在一起，比如通勤、娱乐等。

---

① 参见 https://www.fujian.gov.cn/zwgk/ghjh/gtkjgh/202407/P020240718595845603662.pdf。

随着数据时代的到来与智能设备的普及，学者逐渐能够获取到覆盖城市范围的各类大数据，如移动通信数据、企业分支信息、交易信息、社交网络信息、货运信息等[4-9]。这些大规模的数据在一定程度上支撑了"流空间"相关研究的发展。Neal[10]根据社会网络分析方法，提出了测度城市网络中城市的中心性和控制力的方法。信息流数据包括互联网流量、海底光缆带宽、电话通信数量、博客数据等。

中国学者对城市与区域网络组织和特征的探索，主要集中在对西方相关理论中国化分析框架的构建、对城市与区域间相互作用进行分析等方面[9, 11]。程遥和李涛[12]认为我国受行政等级多重含义的影响，城市网络分析单元的空间尺度应为县级单元，并在此尺度下对我国京津冀和长三角的城市网络进行了对比，形成了基于我国实情的城市网络研究框架。

11.2.2 数据在城市分析中的相关研究

学者针对数据在城市分析中的应用已经进行了充分的探索[13-19]，其中包括POI 数据、移动通信数据等。谷岩岩等[16]基于 POI 和出租车轨迹数据，定量探究北京市城市功能区空间分布及其相互作用关系。我国学者对手机移动通信的主要研究包括如下几个方面：个体的空间活动特征、职住联系与通勤特征，城市内或更大范围的出行 OD 与其时空分布特征，城市的空间联系结构与其动态变化特征，道路、轨道、公交客流等交通基础设施的客流特征等[20-25]。陈佳等[26]提出了一种基于手机定位数据，结合区域内 POI、房产价格等，利用空间聚类及语义分析等手段，对用户特征进行分析和挖掘的方法。

随着大数据、云计算、平台化技术和移动互联网等新兴技术的发展，大数据的开放逐步规范化[27-29]，国内研究机构能够获取大范围手机数据。在"流空间"理论的视角下，手机数据中获取的人流数据逐步应用于城市、都市圈、城市群的空间结构研究中。将移动通信数据应用于分析城市中人口的流动情况，以反映单个城市空间联系结构的研究成果在国内外已较为丰富。王德等[27]利用手机信令数据，从职住关系、通勤行为和居民消费休闲出行行为的微观个体行为视角构建了城市建成环境的评价框架，以上海宝山区为例对城市建成环境进行了综合评价，简要探讨了利用手机信令数据对城市建成环境评价的应用价值，并结合评价结果和区域发展目标，对宝山区的空间调整优化和居民行为引导提出了建议。

现在对城市空间结构的研究越来越趋向于进行多源数据综合分析，即在空间要素分布"静态"识别的基础上，增加空间功能联系的"动态"分析，反映城市空间结构的实际绩效，同时发挥多源数据互为补充、互为校核和互为支撑的作用。

11.2.3　社区发现算法

社区发现是研究复杂网络的一个重要方法，已被很多学者探索应用过[30-41]。大多数情况下，同一个社区中的节点由其接近性而具有相似的特征。其中，模块度最优化算法是基于模块度 Q 的算法[42]。较高的模块度值对应较好的网络划分这一假设。但模块度最优化是非确定性多项式（nondeterministic polynomially，NP）完全问题，比较经典的算法是 Louvain 算法[43]，该算法首先将所有的节点当作孤立的节点，然后不断地将两个节点合并，以使模块度不断增大。由于该算法只使用网络局部信息，因此算法复杂度很低，适用于大规模网络的社区发现。

动态社区检测算法是指在图模型中，随着时间流逝，动态更新顶点的社区划分的一类算法，其中包括随机游走算法。在随机行走算法中，步行者从一个节点开始在社区内行走，并在每个时间步移动到随机均匀选择的相邻节点。由于复杂图模型具有高密度和多条路径等特征，步行者在密集的社区内需要花费很长时间才能游走到终点。基于随机游动的最流行的技术有 PageRank 算法[44]和 Infomap（信息映射）算法[45]。

11.2.4　空间可达性分析

空间可达性作为一项分析工具，被广泛应用于城市规划、交通规划和地理等学科的研究及应用领域[39-41]。由于体现了土地利用和交通的互动性，它被作为一项重要的经济、社会指标，用于了解人们所能获得的活动机会以及开展经济建设活动可能获得的经济效益。空间可达性有许多子分类，其中包括地点可达性。地点可达性由机会和空间阻抗两部分组成，衡量的是机会与空间阻抗之间的相对大小。地点可达性的计算难度相对较低，因为它只需要计算机会和空间阻抗的相对大小。但这并不意味着地点可达性的计算过程简单，尤其在计算重力可达性时，指定反映真实情况的空间阻抗函数和空间阻抗系数并不容易。随意指定空间阻抗函数可能会产生可达性极值，脱离现实情况。根据研究范围内的交通出行模型生成空间阻抗系数是确定该系数的可行方法。

11.3　数据来源与处理

11.3.1　数据来源

本章研究的主要基础数据来自《2021 年度中国主要城市通勤监测报告》中的厦门和周边区域的通勤 OD 数据，根据 2020 年 9～11 月在线地图位置服务和移动通信运营商手机数据获得的城市人口居住地、就业地信息推演得到。这些数据选取了厦门及其周边区域的 37 926 个分析单元，每个分析单元为 250 米×250 米的栅格，每日通勤 OD 总量达到 190.72 万次。该数据主要是以厦门为中心的通勤人口，即以居住地或就业地至少一端位于厦门范围内的通勤人口作为研究对象，包含厦门内部通勤、厦门和漳州以及厦门和泉州之间的通勤。

本章还利用爬虫程序在链家网站上爬取了厦漳泉地区的小区数据，一共爬取了 5435 个小区的数据。

1. 通勤数据

表 11.1 是截取的部分通勤数据，记录了四列，分别是居住地 ID、工作地 ID、从居住地到工作地工作的通勤人数，以及居住地和工作地通勤距离的平均值。通勤距离均值是采用路网最短距离计算的，来自百度地图 250 米栅格计算的 OD 间路网距离，直线距离 2.5 千米内采用骑行方式路网距离，2.5 千米以上采用小汽车方式路网距离。

表 11.1　通勤数据（部分）

居住地 ID	工作地 ID	通勤人数/人	通勤距离均值/米
13082125-2806625	13137375-2810125	1	50 360
13128125-2803375	13127625-2802875	6	671
13157625-2797125	13158125-2796125	41	949
13136375-2800125	13131625-2801375	332	4 463

通勤数据一共有 111 多万条，涉及 190.72 万人。其中有 79 万多条数据对应的通勤人数为 1 人，最大通勤人数为 453 人。

居住地 ID 和工作地 ID 对应的是一个 250 米×250 米的栅格。一共有 37 926 个栅格。其中居住地的栅格有 29 748 个，工作地的栅格有 29 716 个，既是居住地又是工作地的栅格有 21 538 个。

同时，这个通勤数据相对于整个网络是稀疏的。因 37 926 个栅格一共应产生 14.38 亿个 OD，但是实际有通勤人数的约为 111 万个 OD，占比约 0.077%，可见这个 OD 矩阵是相当稀疏的。我们对通勤人数不同值域对应的 OD 对数和通勤总数及对应的比例进行了统计，具体如表 11.2 所示。

表 11.2　通勤人数值域统计表

通勤人数值域区段	OD 对数/个	OD 对数比例	通勤总数/次	通勤总数比例
1～＜10	1 109 285	99.162%	1 720 088	90.187%
10～＜100	9 333	0.834%	180 121	9.444%
≥100	45	0.004%	7 031	0.369%
合计	1 118 663	100%	1 907 240	100%

2. 栅格数据

表 11.3 记录了部分边长为 250 米栅格的相关信息（其中经度均为东经、纬度均为北纬），包括每一个 ID 对应栅格的形心经度、形心纬度、西南点经度、西南点纬度、西北点经度、西北点纬度、东北点经度、东北点纬度、东南点经度、东南点纬度，以及所在的市、区和街道。

表 11.3　栅格数据（部分）

250 米边长栅格 ID	形心经度	形心纬度	西南点经度	西南点纬度	西北点经度	西北点纬度	东北点经度	东北点纬度	东南点经度	东南点纬度	市	区	街道
13142625-2805375	118.05	24.57	118.05	24.57	118.05	24.57	118.06	24.57	118.06	24.57	厦门	集美区	杏林街道

3. 小区信息

本节利用爬虫程序爬取了链家网站厦门、漳州和泉州小区的信息，结合在线地图 API（application program interface，应用程序接口）得到的地理数据，可以得到表 11.4，包括小区名、所在行政区、平均房价、小区的楼数和小区的房屋数，以及小区所在的经度和纬度。

表 11.4　小区数据（部分）

小区名	所在行政区	平均房价/（元/米²）	楼数/栋	房屋数/户	经度（东经）	纬度（北纬）
尚德小区	晋江	14 012	6	488	118.572 527	24.798 963
石亭小区	思明	68 717	81	2 445	118.093 281	24.481 379

4. POI 数据

POI 指的是在地图上有意义的点，如商店、酒吧、加油站、医院、车站等。从互联网上获取的部分厦门的 POI 数据如表 11.5 所示。

表 11.5　厦门 POI 数据（部分）

名称	大类	中类	经度（东经）	纬度（北纬）	省份	城市	区域
虎尾宫	旅游景点	其他	117.963 424	24.645 509	福建省	厦门	集美区
双岭小学	科教文化	小学	117.981 809	24.635 477	福建省	厦门	集美区

11.3.2　数据基本处理

1. 通勤数据的空间分布

表 11.6 和表 11.7 是居住地和工作地在区县一级的 OD 矩阵（其中龙海市在 2021 年撤市设区，长泰县在 2021 年撤县设区），通过 OD 矩阵可以看出，通勤数据都是居住地或者工作地在厦门的，没有漳州和泉州内部或者两者之间的通勤行为。

表 11.6　工作地为厦门市的出行需求数据　　　单位：人次

居住地		厦门市					
		同安区	思明区	海沧区	湖里区	翔安区	集美区
厦门市	同安区	232 583	9 275	3 277	13 220	16 078	17 798
	思明区	7 049	215 965	11 715	74 077	8 359	16 403
	海沧区	2 944	22 239	155 864	16 271	2 523	14 184
	湖里区	11 937	133 693	11 601	232 000	11 218	23 483
	翔安区	13 439	13 397	1 869	13 455	131 409	5 024
	集美区	17 149	27 367	18 062	35 355	6 779	247 528
漳州市	芗城区	312	1 018	506	887	73	856
	龙文区	274	580	455	646	196	567
	长泰县	426	564	425	523	173	653
	龙海市	1 290	6 056	12 182	4 817	1 050	4 024
	华安县	75	24	110	30	11	102
	南靖县	5	41	103	37	0	111
	平和县	0	0	11	0	0	7
	漳浦县	76	796	502	865	95	442

居住地		厦门市					
		同安区	思明区	海沧区	湖里区	翔安区	集美区
泉州市	鲤城区	160	23	0	89	147	101
	丰泽区	260	0	0	40	280	19
	洛江区	34	0	0	0	62	0
	南安市	1 341	1 028	178	1 004	1 973	983
	安溪县	1 515	220	217	841	485	1 425
	惠安县	11	0	0	0	116	0
	晋江市	1 176	1 221	136	1 262	1 149	1 190
	永春县	7	0	0	0	2	0
	石狮市	232	200	0	302	274	160
	金门县	0	3	0	2	1	0

表 11.7　居住地为厦门市的出行需求数据　　　　单位：人次

工作地		厦门市					
		同安区	思明区	海沧区	湖里区	翔安区	集美区
漳州市	芗城区	472	805	512	831	57	852
	龙文区	368	447	484	696	151	582
	长泰县	516	542	889	666	160	1130
	龙海市	1238	3822	6290	3615	647	3412
	华安县	114	38	104	61	7	253
	南靖县	7	14	61	35	0	93
	平和县	0	0	17	0	0	8
	漳浦县	79	664	384	811	58	294
泉州市	鲤城区	161	7	0	65	111	77
	丰泽区	316	0	0	22	256	24
	洛江区	41	0	0	0	49	0
	南安市	1429	1064	301	1223	2147	940
	安溪县	1430	176	216	839	338	1035
	惠安县	4	0	0	0	90	0
	晋江市	1021	772	167	1157	970	890
	永春县	3	0	0	0	2	0
	石狮市	241	169	0	292	275	125
	金门县	1	4	0	2	1	1

2. 通勤距离的频数分布

不同通勤距离对应的通勤人数如图 11.1 所示，可以看出，通勤人数峰值对应的距离为 1000 米，可以看出大部分人的通勤距离比较短，也就是说主要是短途通勤。

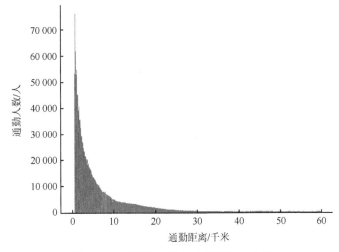

图 11.1　不同通勤距离对应的通勤人数

为了更加直观地看到通勤距离的分布，我们画出了不同通勤距离对应的通勤人数的累计分布图，如图 11.2 所示，其中横轴为通勤距离，纵轴为小于此通勤距离的人数占总通勤人数的比例，取值范围为 0～1，从图 11.2 中可以看到 60% 左右的通勤距离小于 10 千米。

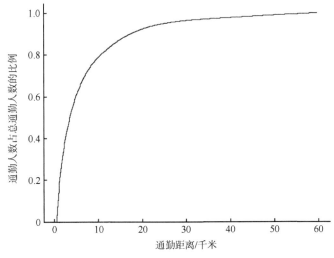

图 11.2　不同通勤距离对应的通勤人数的累计分布图

11.4 空间可达性分析

11.4.1 高斯两步移动搜索法

空间可达性可以理解为从一个地方到另一个地方,个体用最小的成本获得尽可能多的资源和服务。本节引入可达性计算方法:高斯两步移动搜索法。两步移动搜索法有两个优点:①可以解决供给与需求之间距离超过搜寻域半径的问题;②考虑了搜寻域内的供给者不一定只为该区域的需求者服务,还可能为相邻的地区服务这一因素。

首先引入高斯衰减函数:

$$G\left(d_{ij}, d_0\right) = \begin{cases} \dfrac{\mathrm{e}^{-\frac{1}{2}\left(\frac{d_{ij}}{d_0}\right)^2} - \mathrm{e}^{-\frac{1}{2}}}{1 - \mathrm{e}^{-\frac{1}{2}}}, & d_{ij} \leqslant d_0 \\ 0, & d_{ij} > d_0 \end{cases}$$

其中,d_{ij} 表示供给点 i 到需求点 j 的距离;d_0 表示供给点能够服务的极限距离。

其次进行两步移动搜索,第一步计算每个供给点 i 的供需比 R_i:

$$R_i = \frac{S_i}{\sum_{j \in \{d_{ij} \leqslant d_0\}} G\left(d_{ij}, d_0\right) P_j}$$

其中,S_i 表示供给点 i 的规模;P_j 表示需求点 j 的人口数量。

第二步计算每个需求点 j 相关服务的可达性 A_j(即需求点极限服务距离内所有供给点的供需比之和):

$$A_j = \sum_{i \in \{d_{ij} \leqslant d_0\}} G\left(d_{ij}, d_0\right) R_i = \sum_{i \in \{d_{ij} \leqslant d_0\}} G\left(d_{ij}, d_0\right) R \frac{S_i}{\sum_{j \in \{d_{ij} \leqslant d_0\}} G\left(d_{ij}, d_0\right) P_j}$$

不同供给点能够服务的极限距离 d_0 见表 11.8。

表 11.8 不同供给点能够服务的极限距离 d_0

设施大类	设施中类	极限距离/米
商业	购物中心	2 000
	超市	750
	便利店	500

设施大类	设施中类	极限距离/米
公共交通	地铁站	800
	公交站	500
教育	中学	1 500
	小学	750
	幼儿园	500
医疗	综合医院	2 000
	专科医院	1 000
	诊所	500
公共绿地	公园、广场	2 000
工作	工作地点	20 000

11.4.2　空间可达性的多元线性回归

考虑中心城区的数据，包括厦门的湖里区、思明区以及集美区和海沧区的部分。当我们以表 11.8 提到的可达性为自变量，以房价（单位：元/米^2）为因变量进行多元线性回归，可以得到表 11.9。

表 11.9　多元线性回归

变量	回归系数	标准差	t 统计量	P 值
常数项	32 920.000 0	2 485.941	13.244	0.000
购物中心	136.651 0	28.793	4.746	0.000
超市	−302.780 9	43.518	−6.958	0.000
便利店	−250.826 7	55.849	−4.491	0.000
地铁站	128.760 1	31.368	4.105	0.000
公交站	557.116 2	72.898	7.642	0.000
中学	278.425 8	37.296	7.465	0.000
小学	71.286 3	23.602	3.020	0.003
幼儿园	−79.197 5	57.042	−1.388	0.165
综合医院	284.519 5	26.347	10.799	0.000
专科医院	207.350 8	23.403	8.860	0.000
诊所	−33.789 4	67.310	−0.502	0.616
公园、广场	−300.188 2	53.293	−5.633	0.000
工作地点	119.052 4	30.486	3.905	0.000

从表 11.9 中可以看到，幼儿园和诊所的回归结果不显著，在回归结果显著的变量中，购物中心、地铁站、公交站、中学、小学、综合医院、专科医院和工作地点对中心城区的房价有正面影响。

11.5 出行空间网络的社区发现分析

上一部分的 OD 数据构成了一个矩阵。我们可以利用 OD 矩阵来构建一个有向加权网络 $G(V, E, W)$ 来表示出行空间网络，其中 V 是网络中的节点（node）的集合，表示研究区域中的空间单元；E 是网络中边（edge）的集合，表示研究区域中的空间单元之间存在连接；W 是网络中边的权重（weight）的集合。

11.5.1 基于 Louvain 算法的社区发现

本节采用的第一种社区发现算法是基于模块度的 Louvain 算法，也叫 Fast-unfolding（快速展开）算法。

Louvain 算法是一种基于模块度的社区发现算法。在复杂网络中，模块度是一个 -1 到 1 之间的度量值，用于比较划分后的社区内部联系的紧密程度与社区之间联系的紧密程度。Louvain 算法的基本思想是网络中节点尝试遍历所有邻居的社区标签，并选择能使模块度增量最大化的社区标签。在最大化模块度之后，可以将每个社区看成一个新的节点，重复以上遍历过程直到模块度不再增大。

采用 Louvain 算法，我们得到了 168 个社区，将社区按照面积从大到小排列，并依次编号。将社区编号作为横轴，社区面积设置为纵轴，可以得到图 11.3。

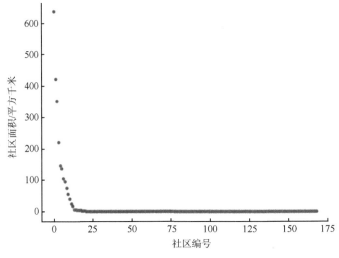

图 11.3 社区按照面积排序的结果（Louvain 算法）

保持按照面积排序的社区编号不变，对应的社区通勤流量（居住人数+工作人数）如图 11.4 所示。

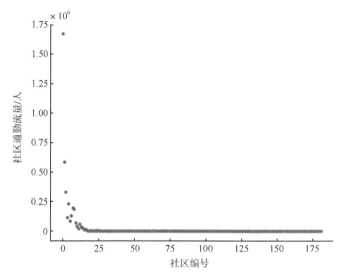

图 11.4　社区通勤流量随编号的变化图（Louvain 算法）

保持按照面积排序的社区编号不变，对应的社区单位面积通勤流量，即社区通勤流量密度如图 11.5 所示。

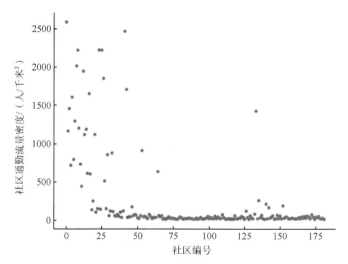

图 11.5　社区通勤流量密度随编号的变化图（Louvain 算法）

从图 11.5 中可以看出，少部分社区面积较大，绝大部分社区面积较小。当社区面积小于一定值的时候，社区无法有效地聚集在一起，一般在研究中取 10 平方千米为阈值，在 168 个社区中，面积大于 10 平方千米的有 12 个。社区发现的结果与行政区域不重合。不同的行政区域可能属于同一个社区，同一个行政区域内可能有多个社区，有的社区是跨行政区域的。因为社区发现的结果是从居民的通勤行为出发得到的，而居民的通勤行为有时不一定按照行政区域划分。

11.5.2 基于 Infomap 算法的社区发现

本章采用的第二种社区发现算法是 Infomap 算法。Infomap 算法的双层编码方式把社区发现同信息编码联系到了一起。一个好的社区划分，可以带来更短的编码。所以要找到一个使编码长度最短的社区划分。

Infomap 算法的大体步骤如下：首先进行初始化，每个节点都被看成是独立的社区；其次对图中的节点随机采样出一个序列，按顺序依次尝试将每个节点赋给邻居节点所在的社区，取平均编码长度下降最大时的社区赋给该节点，如果平均编码长度没有下降，该节点的社区不变；然后重复上一步，直到平均编码长度无法被优化。

Louvain 算法和 Infomap 算法都是遵循一种自下而上的思路，而不同之处在于：一是在决定如何合并社区方面，Louvain 算法使用模块度增益，而 Infomap 算法使用平均比特增益；二是 Louvain 算法遍历所有节点的相邻节点，而 Infomap 算法则是随机采样。

通过 Infomap 算法，我们得到了 396 个社区，将社区按照面积从大到小排列，并依次编号。将社区编号作为横轴，社区面积设置为纵轴，可以得到图 11.6。

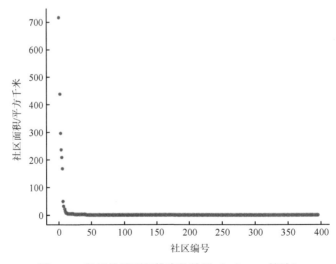

图 11.6　社区按照面积排序的结果（Infomap 算法）

保持按照面积排序的社区编号不变，对应的社区通勤流量（居住人数+工作人数）如图 11.7 所示。

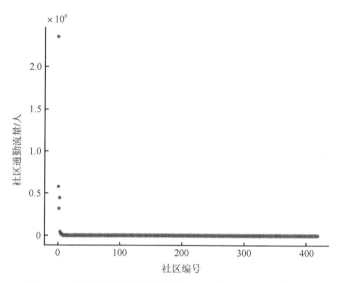

图 11.7　社区通勤流量随编号的变化图（Infomap 算法）

保持按照面积排序的社区编号不变，对应的社区单位面积通勤流量，即社区通勤流量密度如图 11.8 所示。

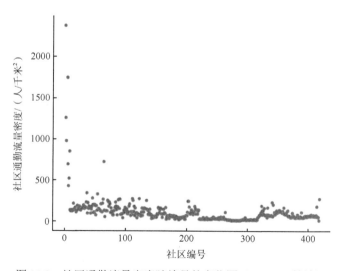

图 11.8　社区通勤流量密度随编号的变化图（Infomap 算法）

从图 11.8 中同样可以看出，少部分社区面积较大，绝大部分社区面积较小。

比起 Louvain 算法，单位面积通勤流量在编号较大的社区中随着编号增加有下降趋势，但是在编号较小的社区波动比较大。在 396 个社区中，面积大于 10 平方千米的有 9 个。

11.5.3　分析结果

以上网络分析所利用的 louvain 算法和 infomap 算法可以在复杂网络中识别出具有相似属性或紧密连接的节点群体，这些群体被称为社区。这些算法的目标是将网络中的节点分组，使得同一组内的节点相似度高，而不同组之间的节点相似度低。综上，可以得到以下结论：

（1）两个算法发现的社区内部通勤联系比较紧密，社区与社区之间的通勤联系没有社区内部那么紧密。

（2）社区都不完全与行政区域的划分重合，说明在实际中城市居民出行不是按照行政区域来进行的，而是根据自己的实际需求，因此有些社区是跨行政区的。

（3）地理分割也会影响城市居民的出行。比如，厦门岛被单独划分为一个社区，说明由于地理分割，厦门岛内部联系很紧密，岛内外的联系相对不紧密。

通过对社区发现结果进行分析，可以为城市交通管理、政策制定和公共服务等提供决策支持。例如，可以制定更精准的交通管理策略，提供更优质的公共交通服务，以满足不同社区的通勤需求。

本 章 小 结

本章对以厦门为中心的厦漳泉地区进行了研究，对厦门和周边区域的通勤OD、POI 等数据进行了可达性和社区网络发现分析。研究结果表明：存在厦门市内通勤以及厦门和周边区域之间的城际通勤，但是大部分的通勤距离都比较短。另外，通过对厦门房价进行可达性分析，发现购物中心、地铁站、公交站、中学、小学、综合医院、专科医院和工作地点对房价有正面影响，即距离上述地点越近的小区，房价越高。通过社区发现算法，研究了厦门内部通勤社区的分布和构成，可以帮助评估交通管理策略是否能很好地满足实际通勤状况。

参 考 文 献

[1] 吴启焰，朱喜钢. 城市空间结构研究的回顾与展望[J]. 地理学与国土研究，2001，17（2）：46-50.

[2] Castells M. The Informational City：Information Technology，Economic Restructuring，and the Urban-Regional Process[M]. Oxford：Blackwell，1989.

[3] Castells M. Grassrooting the space of flows[J]. Urban Geography，1999，20（4）：294-302.

[4] Bourne L S. Internal Structure of the City：Readings on Urban form，Growth，and Policy[M]. New York：Oxford University Press，1982.

[5] Burgess E W. The growth of the city：an introduction to a research project[M]//Park R E，Burgers E W，McKenzie R D. The City Reader. 7th ed. London：Routledge，2020：180-189.

[6] Hoyt H. The Structure and Growth of Residential Neighborhoods in American Cities[M]. Washington：Federal Housing Adminstration，1939.

[7] Harris C D，Ullman E L. The nature of cities[J]. The ANNALS of the American Academy of Political and Social Science，1945，242（1）：7-17.

[8] Hall P G. Globalization and the world cities[R]. Tokyo：United Nations University，1996.

[9] 唐子来. 西方城市空间结构研究的理论和方法[J]. 城市规划汇刊，1997（6）：1-11，63.

[10] Neal Z. Structural determinism in the interlocking world city network[J]. Geographical Analysis，2012，44（2）：162-170.

[11] 靳美娟，张志斌. 国内外城市空间结构研究综述[J]. 热带地理，2006，（2）：134-138，172.

[12] 程遥，李涛. 我国城市网络研究的空间敏感性初探：以京津冀和长三角城市群为例[J]. 城市发展研究，2019，26（1）：92-100.

[13] 占玮，陈朝隆，孙武，等. 基于多源数据的广佛都市区城市引力结构特征分析[J]. 热带地理，2021，41（6）：1292-1302.

[14] 张晔. 基于多源数据的城市功能区提取与分析[D]. 武汉：武汉大学，2020.

[15] 黄建中，胡刚钰，许晔丹. 基于人流活动特征的城市空间结构研究：以厦门市为例[J]. 上海城市规划，2019，（5）：62-67.

[16] 谷岩岩，焦利民，董婷，等. 基于多源数据的城市功能区识别及相互作用分析[J]. 武汉大学学报（信息科学版），2018，43（7）：1113-1121.

[17] 李峰清，赵民，吴梦笛，等. 论大城市"多中心"空间结构的"空间绩效"机理：基于厦门 LBS 画像数据和常规普查数据的研究[J]. 城市规划学刊，2017，（5）：21-32.

[18] 张亮，岳文泽，刘勇. 多中心城市空间结构的多维识别研究：以杭州为例[J]. 经济地理，2017，37（6）：67-75.

[19] 王静远，李超，熊璋，等. 以数据为中心的智慧城市研究综述[J]. 计算机研究与发展，2014，51（2）：239-259.

[20] 钮心毅，丁亮，宋小冬. 基于手机数据识别上海中心城的城市空间结构[J]. 城市规划学刊，2014，（6）：61-67.

[21] 宋少飞，李玮峰，杨东援. 基于移动通信数据的居民居住地识别方法研究[J]. 综合运输，2015，37（12）：72-76.

[22] 方家，王德，谢栋灿，等. 上海顾村公园樱花节大客流特征及预警研究：基于手机信令数据的探索[J]. 城市规划，2016，40（6）：43-51.

[23] 杨超，张玉梁，张帆. 基于手机话单数据的通勤出行特征分析：以深圳市为例[J]. 城市交通，2016，14（1）：30-36.

[24] 任颐，毛荣昌. 手机数据与规划智慧化：以无锡市基于手机数据的出行调查为例[J]. 国际

城市规划，2014，29（6）：66-71.

[25] 冉斌. 手机数据在交通调查和交通规划中的应用[J]. 城市交通，2013，11（1）：72-81.

[26] 陈佳，胡波，左小清，等. 利用手机定位数据的用户特征挖掘[J]. 武汉大学学报（信息科学版），2014，39（6）：734-738，744.

[27] 王德，钟炜菁，谢栋灿，等. 手机信令数据在城市建成环境评价中的应用：以上海市宝山区为例[J]. 城市规划学刊，2015，（5）：82-90.

[28] 陈芳淼，黄慧萍，贾坤. 时空大数据在城市群建设与管理中的应用研究进展[J]. 地球信息科学学报，2020，22（6）：1307-1319.

[29] 甄茂成，党安荣，许剑. 大数据在城市规划中的应用研究综述[J]. 地理信息世界，2019，26（1）：6-12，24.

[30] Fortunato S，Castellano C. Community structure in graphs[M]//Meyers R. Computational Complexity. New York：Springer，2012：490-512.

[31] Taylor P J，Derudder B，Witlox F. Comparing airline passenger destinations with global service connectivities：a worldwide empirical study of 214 cities[J]. Urban Geography，2007，28（3）：232-248.

[32] Hanssens H，Derudder B，van Aelst S，et al. Assessing the functional polycentricity of the mega-city-region of central Belgium based on advanced producer service transaction links[J]. Regional Studies，2014，48（12）：1939-1953.

[33] Wei Y H D，Leung C K，Li W M，et al. Institutions，location，and networks of multinational enterprises in China：a case study of Hangzhou[J]. Urban Geography，2008，29（7）：639-661.

[34] Taylor P J，Catalano G，Walker D R F. Measurement of the world city network[J]. Urban Studies，2002，39（13）：2367-2376.

[35] Fischer M M，Scherngell T，Jansenberger E. The geography of knowledge spillovers between high-technology firms in Europe：evidence from a spatial interaction modeling perspective[J]. Geographical Analysis，2006，38（3）：288-309.

[36] Bassens D，Derudder B，Taylor P J，et al. World city network integration in the Eurasian realm[J]. Eurasian Geography and Economics，2010，51（3）：385-401.

[37] 吴康，方创琳，赵渺希. 中国城市网络的空间组织及其复杂性结构特征[J]. 地理研究，2015，34（4）：711-728.

[38] 陈志诚，谢嘉成. 基于多源数据的厦门市城市空间结构识别与思考[C]//钟家晖. 夯实数据底座·做强创新引擎·赋能多维场景：2022年中国城市规划信息化年会论文集. 厦门：厦门市城市规划设计研究院有限公司综合技术管理办公室，2022：302-308.

[39] Dai D J. Black residential segregation，disparities in spatial access to health care facilities，and late-stage breast cancer diagnosis in metropolitan Detroit[J]. Health & Place，2010，16（5）：1038-1052.

[40] Zhen F，Qin X，Ye X Y，et al. Analyzing urban development patterns based on the flow analysis method[J]. Cities，2019，86：178-197.

[41] 王玉娟，杨山，刘帅宾，等. 开发区居民分类及其空间聚集性分析：以昆山经济技术开发区为例[J]. 世界地理研究，2018，27（6）：88-97.

[42] Newman M E J，Girvan M. Finding and evaluating community structure in networks[J]. Physical

Review E：Statistical，Nonlinear，and Soft Matter Physics，2004，69（2）：026113.

[43] Blondel V D，Guillaume J-L，Lambiotte R，et al. Fast unfolding of communities in large networks[EB/OL]. https://arxiv.org/pdf/0803.0476[2024-03-06].

[44] Brin S，Page L. The anatomy of a large-scale hypertextual web search engine[C]. Brisbane：The 7th International Conference on World Wide Web 7，1998.

[45] Rosvall M，Bergstrom C T. Maps of random walks on complex networks reveal community structure[EB/OL]. https://arxiv.org/pdf/0707.0609[2024-03-06].

后　　记

在这本《城市群交通行为分析与需求管理》终于完成之际，回首整个写作过程，不禁感慨万千。这不仅是一本书的完成，更是对城市群交通行为分析与需求管理这一领域深入研究和探索的总结。我们团队深感城市群交通问题不仅是管理技术问题，更是关乎国计民生、社会经济发展的大问题。从城市群交通行为的基础理论研究到实证分析，每一章都凝聚了我们的心血与智慧，希望能够为我国城市群交通的可持续发展贡献绵薄之力。

在撰写这本书的过程中，我们深入探讨了城市群交通行为的各个方面，从城际道路收费到高铁网络的影响，再到城市增长控制策略和城市税收政策的研究，每一章都是对这一领域的一次深入剖析。我们希望通过这些研究，为城市群交通规划和管理提供科学的理论依据和实践指导。

在研究过程中，我们遇到了许多挑战和困难。有时，数据难以获取；有时，模型构建复杂。但正是这些困难，激发了我们不断探索和创新的热情。我们不断地查阅文献，与同行交流，调整和完善研究思路和方法，最终形成了这本书的内容。

在研究过程中，我们得到了许多专家、同行的指导与帮助，在此表示衷心的感谢。同时，我们也要感谢科学技术部国家重点研发计划（2023YFE0115600）、国家自然科学基金重大项目（71890970）、国家自然科学基金基础科学中心项目（72288101）等的大力支持。此外，我们也要感谢科学出版社的编辑和工作人员为这本书的出版付出的辛勤劳动。

城市群交通行为分析与需求管理问题是一个复杂的系统工程，涉及多个学科领域。虽然我们在书中对这一问题进行了探讨，但仍有许多不足之处，敬请读者批评指正。随着我国城市化的深入推进，城市群交通问题将愈发凸显。我们期待有更多的学者、实践者加入这一研究领域，共同为解决城市群交通问题、促进我国城市群的可持续发展贡献力量。

最后，我们要感谢每一位读者对本书的关注和支持。愿本书能为我国城市群交通管理的发展带来启示，为城市群的美好明天添砖加瓦。

著　者

2024 年 12 月